Erich Fromm

Die Furcht vor der Freiheit

Europäische Verlagsanstalt

Titel der amerikanischen Originalausgabe »Escape from Freedom«,
erschienen 1947 bei Holt, Rinehart and Winston Inc., New York

4. unveränderte Auflage 1971
© 1966 by Europäische Verlagsanstalt
Frankfurt am Main
Druck: Elektra, Niedernhausen
ISBN 3 434 00009 7
Printed in Germany

Wenn ich nicht für mich bin, wer ist dann für mich?
Wenn ich nur für mich bin, was bin ich dann?
Wenn nicht jetzt — wann?

Talmud
Mischnah, Abot

Nicht himmlisch, nicht irdisch, nicht sterblich und nicht unsterblich haben wir dich erschaffen: auf daß du mögest frei sein, deinem eigenen Willen gemäß, deiner Würde gemäß dein eigener Schöpfer und Bildner! Dir allein schenkten wir Wachstum und Entwicklung nach eigenem freien Willen. Du trägst in dir die Keime allumfassenden Lebens.

Pico de Mirandola
Oratio de hominis dignitate

Nichts ist unveränderlich als die natürlichen und unwandelbaren Menschenrechte.

Thomas Jefferson

INHALT

I. Freiheit — ein psychologisches Problem...? . 11

II. Vom Auftauchen der Individualität und dem Doppelsinn des Begriffs Freiheit 31

III. Freiheit zur Zeit der Reformation
    1. Hintergrund: Mittelalter; Vordergrund: Renaissance 48
    2. Die Zeit der Reformation 70

IV. Das Doppelgesicht der Freiheit und der moderne Mensch 107

V. Fluchtmechanismen 137
    1. Autoritäre Tendenzen 142
    2. Der Zerstörungstrieb 177
    3. Automatische Anpassung 182

VI. Psychologie des Nazismus 203

VII. Freiheit und Demokratie
    1. Individualität als Illusion 233
    2. Freiheit und Selbstbestimmung . . . 249

Anhang: Charakter und Gesellschaftsprozeß . . . 270

Namen- und Sachregister 291

I

FREIHEIT — EIN PSYCHOLOGISCHES PROBLEM..?

Modernes Europa, Amerika, die Geschichte der Welt — seit Jahrtausenden kreist sie um die Bemühungen des Menschen, sich aus politischen, wirtschaftlichen, geistigen Fesseln zu lösen, in die er geschlagen ist. Unterdrückte begehrten neue Freiheiten und führten Kampf gegen die Privilegierten, die ihre Vorrechte verteidigten, und immer wenn eine Klasse für ihre eigene Befreiung kämpfte, verkündete und vermeinte sie, für die Freiheit an sich zu kämpfen und beschwor das Ideal der persönlichen Freiheit herauf, das jedem Unterdrückten teuer, mit seinem Sein verwachsen ist.

Aber nach jedem Einzelsieg in diesem endlosen Krieg um die Freiheit trat die siegreiche Klasse, die eben noch gegen jegliche Unterdrückung gefochten, alsbald an die Seite der Freiheitsfeinde und verteidigte mit ihnen gemeinsam die neu errungenen Vorrechte.

Trotz vieler Rückschläge hat die Freiheit Schlachten gewonnen, und viele sanken in diesen Treffen dahin in der Überzeugung: besser sei es, im Kampf gegen die Unterdrücker zu sterben als ohne Freiheit zu leben; ihr Tod war für sie die stärkste Bejahung ihrer Persönlichkeit. Die Weltgeschichte schien den Beweis zu liefern, daß der Mensch sich selber regieren, selbst sein Schicksal entscheiden und so fühlen und denken könne, wie er es für richtig hielt.

Die Erfüllung aller, im Menschen liegenden Möglichkeiten war das Ziel, dem sich die gesellschaftliche Entwicklung mit raschen Schritten zu nähern schien. Grundsätze des wirtschaftlichen Liberalismus, Prinzipien der Demokratie, die Forderung religiösen und privaten Selbstbestimmungsrechtes schienen Anzeichen und Ausdruck für das sehnsuchtsvolle Verlangen nach Freiheit zu sein, schienen die Menschheit der Verwirklichung ihrer Sehnsucht näher und näher zu bringen. Bindung auf Bindung zerriß. Der Mensch hatte die Herrschaft der Natur gebrochen und sich zum Herren über sie gemacht, hatte die Herrschaft des absolutistischen Staates und die der Kirche überwunden. Die Abschaffung der äußeren Botmäßigkeit erschien nicht nur notwendig, sondern auch völlig ausreichend, um das heftig begehrte Ziel: die Freiheit des Individuums, zu erreichen. Der erste Weltkrieg wurde von vielen als Endkampf angesehen, seine Beendigung als endgültiger Sieg der Freiheit. Die vorhandenen Demokratien schienen gestärkt, neue traten an Stelle der Despotien.

Doch es vergingen nur wenige Jahre, da tauchten bisher unbekannte Systeme auf, die all das verneinten, was die Menschheit in vielen Jahrhunderten errungen zu haben vermeinte. Denn der Kern dieser neuen Systeme, die das ganze gesellschaftliche und private menschliche Sein mit Beschlag belegten, war die völlige Unterwerfung Aller unter die Autorität einer Handvoll Leute, auf deren Tun und Lassen sie keinerlei Einfluß besaßen.

Anfangs trösteten sich noch einige mit dem Gedanken, dies autoritäre System beruhe nur auf dem Wahnsinn Weniger und müsse daher binnen kurzem in sich zusammenbrechen. Andere wiegten sich in dem Glauben, den Italienern und Deutschen fehle nur eine hinlängliche Ausbildungszeit in Demokratie; man möge geduldig warten — mit der Zeit würden sie schon die politische Reife westlicher Demokratien erlangen! Und dann war da eine Illusion, die dahin ging: dieser Hitler verdanke seine Riesenmacht nur einem gerissenen Schwindel; er samt seinen Kumpanen herrsche allein durch rohe Gewalt; das Volk sei nur ein willenloses Opfer von Täuschung und Terror. Diese weitverbreitete Illusion war die gefährlichste.

Die Hinfälligkeit all dieser Deutungen wurde in den seither verflossenen Jahren offenbar. Notgedrungen erkennen wir: es waren Millionen Deutscher genau so eifrig bereit, ihre Freiheit dahinzugeben, wie ihre Väter es waren, für sie zu kämpfen. Statt Freiheit zu begehren, suchten sie einen Weg, ihr zu entrinnen. Millionen anderer waren indifferent und hielten die Freiheit nicht für wert, sie zu verteidigen und für sie zu sterben. Wir erkannten auch: die Krise der Demokratie ist keine ausschließlich italienische oder deutsche Frage, vielmehr stellt sie sich jedem modernen Staat — ganz gleich, welcher Symbole oder Parolen die Feinde der Freiheit sich dabei bedienen; die Freiheit ist nicht weniger in Gefahr, ob sie nun im Namen des Faschismus*) oder des Antifaschismus angegriffen wird. John Dewey hat diese Wahrheit so eindringlich formuliert, daß auch ich sie mit seinen Worten ausdrücken will: «Die ernste Bedrohung unserer Demokratie ist nicht das Vorhandensein ausländischer totalitärer Staaten, sondern liegt in unserer eigenen Haltung, unserer eigenen Ordnung. Sie waren Vorbedingungen für die Siege der fremden Gewalt in den fremden Ländern. Darum ist der Kampfplatz hier — bei uns, in uns und unserer Ordnung.»**) Dies ist zu beherzigen, wenn wir den Faschismus wirklich vernichten wollen. Wunschdenken hilft da nichts. Optimistische Schlagworte helfen nichts — so wenig wie eine indianische Regenbeschwörung! Neben den wirtschaftlichen und gesellschaftlichen Zuständen, die den Aufstieg des Faschismus ermöglichten, erhebt sich das menschliche Problem. Es ist der Zweck dieses Buches, jene Antriebe im Wesen des heu-

---

*) Mit «Faschismus» bezeichne ich jedes autoritäre System nach Art des italienischen oder deutschen. Das deutsche System als solches wird mit dem Wort «Nazismus» bezeichnet.
**) John Dewey, «Freedom and Culture», London 1940.

tigen Menschen zu ergründen, welche ihn in faschistischen Ländern dazu brachten, seine Freiheit preiszugeben, und die in unserm eigenen Volk noch in Millionen von Menschen die Oberhand haben.

Betrachten wir die psychologische, menschliche Seite der Freiheit und ihre Kehrseite, auf der wir Machtbegierde und Selbstunterwerfung bemerken, so erheben sich folgende Fragen:

Worin besteht das Erlebnis der Freiheit?

Wohnt das Verlangen nach Freiheit dem Menschen von Natur aus inne? Ist es auf jeder kulturellen Entwicklungsstufe das gleiche? Oder ist es je nach dem Grad der Verpersönlichung innerhalb einer bestimmten Gesellschaftsschicht und nach Klassen verschieden?

Bedeutet Freiheit nur Abwesenheit von äußerem Druck oder auch die A n w e s e n h e i t von irgend etwas — und wenn, wovon?

Welche sozialen und ökonomischen Ursachen hat das Streben nach Freiheit?

Kann Freiheit zur Bürde werden, vor der die Menschen fliehen, weil sie ihnen zu schwer? Warum ist dann diese Freiheit für viele das ersehnte Ziel? Warum ist sie für andere eine Bedrohung?

Lebt da nicht auch vielleicht neben dem angeborenen Freiheitsverlangen ein triebhafter Wunsch, sich zu unterwerfen und zu gehorchen? Wenn nicht — wie läßt sich dann die Anziehungskraft erklären, welche die Unterwerfung unter den Willen eines Führers auf so viele ausübt?

Bezieht sich der Unterwerfungsdrang, die Gier zu gehorchen immer nur auf sichtbare — oder auch auf unsichtbare Autoritäten, solche im Innern des Menschen, wie Pflicht oder Gewissen? Auf einen anonymen Führer, genannt öffentliche Meinung?

Gewährt Unterwerfung geheime Befriedigung? und wie sieht die aus?

Und ferner: Was mag das sein, was im Menschen diese unersättliche Machtgier erzeugt? Ist es Stärke? Lebenskraft? Oder eine tiefgehende Schwäche und Unfähigkeit zu einem natürlichen ursprünglichen Leben in Liebe?

Welches sind die seelischen Bedingungen, die zu diesem weitgreifenden Machtstreben beitragen — und welches die sozialen Bedingungen, auf denen diese psychologischen Ursachen ihrerseits wieder beruhen?

Die Analyse der menschlichen Aspekte von Freiheit und autoritärem Zwang erfordert zunächst die Erörterung eines allgemeinen Problems: der Rolle, welche die psychologischen Faktoren als tätige Kräfte im Gesellschaftsprozeß spielen — und dies führt wiederum zu der speziellen Frage nach der Wechselwirkung der psychologischen, ökonomischen und ideologischen Faktoren im Gesellschaftsprozeß. Jeder Versuch, die Anziehungskraft zu verstehen, die der Faschismus auf Völker ausübt, zwingt uns, den Anteil der psychologischen Faktoren ins Auge zu fassen. Denn wir haben es hier mit einem politischen System zu tun, das sich in der Hauptsache nicht an die vernünftigen Mächte der Selbsterhaltung und des eigenen Wohlergehens wendet, sondern das teuflische Kräfte im Menschen aufwühlt und in Bewegung setzt, unterweltliche Mächte, an deren Vorhandensein man nicht glaubte, oder die man längst, längst aus dieser Welt verschwunden wähnte. Das übliche Bild des Menschen war in den letzten Jahrhunderten das eines vernunftbegabten Wesens, dessen Handlungen durch sein eigenstes Interesse und die Geschicklichkeit, diesem gemäß zu verfahren, bestimmt waren. Sogar Autoren, die wie Hobbes Machtgier und Feindseligkeit als treibende Kräfte im Menschen ansahen, erklärten das Vorhandensein selbst dieser Kräfte als Ausfluß des Nützlichkeitsdenkens: da allen Menschen das gleiche Verlangen nach Glück innewohne, jedoch nicht genug Reichtum vorhanden sei, um alle im gleichen Maß zu befriedigen, müsse notwendig einer den andern bekämpfen und Macht erringen, um sich den Genuß dessen, was er besitze, auch für die Zukunft zu sichern.

Doch auch Hobbes' Bild war schon veraltet. Je erfolgreicher das Bürgertum die Macht politischer oder religiöser Herrschaften brach, je erfolgreicher der Mensch die Natur meisterte, je mehr Individuen wirtschaftlich unabhängig wurden, um so stärker wurde der Glaube an eine vernünftige Welt und an den Menschen als ein im Grunde vernünftiges Wesen. Die finsteren teuflischen Mächte im Menschen wurden ins Mittelalter oder noch frühere Zeiten verbannt, wurden durch mangelndes Wissen oder listige Ränke betrügerischer Priester und Könige erklärt. Man blickte auf diese Zeitläufte wie auf einen längst erloschenen Vulkan, der keine Schrecken mehr barg. Man fühlte sich sicher und baute darauf, daß die Errungenschaften der Demokratie alle dunkeln Mächte verscheucht hätten. Die Welt schien hell und gefahrlos wie die wohlbeleuchteten Straßen einer modernen Großstadt. Krieg galt als der letzte Überrest aus der Vorzeit; da brauchte es nur noch den einen Weltkrieg, um allem Krieg in der Welt ein Ende zu machen. Wirtschaftskrisen nahm man als Unfall — obwohl sich diese Unfälle mit ziemlicher Regelmäßigkeit einstellten.

Als der Faschismus zur Macht gelangte, waren die meisten Zuschauer sowohl theoretisch wie praktisch unvorbereitet. Sie konnten nicht glauben, daß der Mensch einen solchen Willen zum Bösen zeige, eine derartige Machtgier, solche Mißachtung der Rechte des Schwächeren oder vor allem ein solches Verlangen, sich unterjochen zu lassen.

Wenige nur hatten das dem Vulkanausbruch vorausgegangene Grollen bemerkt. Nietzsche — und auf andere Weise Karl Marx — hatte den selbstzufriedenen Optimismus des neunzehnten Jahrhunderts aufgestört. Weitere Warnung kam etwas später von Freud. Zwar hatten er und die meisten seiner Schüler noch eine etwas naive Vorstellung von dem, was auf sozialem Gebiet im Anzug war; die Anwendung seiner Psychologie auf soziale Fragen ergaben meist irreführende Konstruktionen. Allein indem er sein Denken und Forschen den Erscheinungen individueller Gefühls-, Gemüts- und Geistesstörungen zuwandte, hat er uns auf den Gipfel des Vulkans geführt und tief in den kochenden Krater hineinblicken lassen. Er ging weiter als irgendeiner vor ihm. Er lenkte die Aufmerksamkeit auf die Beobachtung und Analyse der irrationalen und unbewußten Kräfte, die das menschliche Verhalten vielfach bestimmen. Er und seine Nachfolger enthüllten nicht nur den vernunftfernen, unterbewußten Sektor der menschlichen Seele, dessen Dasein von dem modernen Rationalismus nicht beachtet worden war — er legte auch dar, daß diese irrationalen Phaenomena bestimmten Gesetzen unterliegen und somit verstandesgemäß zu ergründen sind. Er lehrte uns die Sprache der Träume und der körperlichen Symptome nicht minder verstehen als die Vernunftwidrigkeiten im menschlichen Alltag. Er hat entdeckt, daß diese Irrationalitäten ebenso wie das ganze Charaktergefüge des Individuums Reaktionen auf Einflüsse der Außenwelt sind, besonders auf Vorfälle aus frühester Kindheit.

Doch war sein Denken so sehr vom Geist seines Kulturkreises durchtränkt, daß er die durch sie gesetzten Grenzen nicht zu überschreiten vermochte, und diese Grenzen wurden zu Schranken sogar für sein Verstehen des kranken Individuums; Freuds Verständnis für das normale Individuum und für die im gesellschaftlichen Sein wirksamen Strömungen wurde dadurch völlig gehemmt.

Da dieses Buch die Mitwirkung psychologischer Faktoren innerhalb des gesamten Gesellschaftsprozesses behandelt und seine Analysen auf einigen der grundlegenden Freudschen Entdeckungen beruhen — besonders jenen, die sich auf das Wirken unbewußter Kräfte und ihre Abhängigkeit von äußeren Einflüssen beziehen — dürfte es für die Leser wohl nützlich sein, gleich zu Beginn einige der allgemeinen

Grundsätze unserer Untersuchung zu erfahren und damit einen Hauptunterschied dieser Betrachtung und der klassischen Auffassung Siegmund Freuds.

Freud übernahm den traditionellen Glauben an eine fundamentale Spaltung von Mensch und Gesellschaft, sowie die überlieferte Lehre von der Verderbtheit der menschlichen Natur. Für ihn ist der Mensch von Grund auf antisozial. Die Gesellschaft muß ihn erst zähmen; sie muß ihm die Befriedigung einiger biologischer — und daher unausrottbarer — Triebe erlauben. In der Hauptsache jedoch muß sie die Urtriebe des Menschen läutern oder ihnen auf geschickte Art Einhalt tun. In Verfolg dieser Unterdrückung natürlicher Impulse durch die Gesellschaft ergibt sich etwas ganz Wunderbares: die unterdrückten Triebe verwandeln sich in kulturell wertvolle Bestrebungen und werden so zu einer Basis menschlicher Zivilisation und Gesittung. Freud hat dafür das Wort Sublimierung geprägt. Übersteigt jedoch bei einer Person das Ausmaß der Unterdrückung ihre Fähigkeit zur Sublimierung, so wird sie neurotisch, und eine Lockerung des Drucks ist geboten. Im allgemeinen jedoch besteht eine gegenseitige Beziehung zwischen der Befriedigung menschlicher Triebe und der Kultur: je mehr unterdrücktes Triebleben, um so mehr Kultur (und um so größer die Gefahr nervöser Störungen). In der Hauptsache jedoch befinden sich die Beziehungen des Einzelnen zur Gesellschaft — immer nach Freuds Theorie — im Gleichgewicht: das Individuum bleibt sich dem Wesen nach gleich; es ändert sich nur, soweit die Gesellschaft größeren Druck auf seine Naturtriebe ausübt (und so größere Sublimierung erzwingt) oder aber mehr Befriedigung zuläßt (und damit Kultur zum Opfer bringt).

Wie die sogenannten «menschlichen Ur-Instinkte» in der Annahme früherer Psychologen, spiegelt auch Freuds Auffassung der menschlichen Seele vor allem die bei den Menschen seiner eigenen Zeit beobachteten Triebe. Das Individuum seines eigenen Kulturkreises bedeutet für Freud: «der Mensch». Die für den Menschen der gegenwärtigen Gesellschaft bezeichnenden Leidenschaften, Süchte und Ängste werden als ewige, im biologischen Zustand des Menschen wurzelnde Kräfte betrachtet. Ich könnte hierzu zahlreiche Beispiele anführen, möchte jedoch nur eine Erläuterung geben, die mir besonders wichtig erscheint, weil sie sich auf den ganzen Begriff des Menschen als eines sozialen Wesens bezieht.

Freud betrachtet das Individuum stets in seinen Beziehungen zu andern. Diese Beziehungen aber, wie er sie sieht, gleichen auffallend den wirtschaftlichen Beziehungen des Individuums im kapitalistischen Staat. Jeder arbeitet für sich, individualistisch auf eigene Gefahr und nicht in erster Linie gemeinschaftlich. Trotzdem aber ist der Einzelne kein Robinson Crusoe; er bedarf der andern als Kunden, Arbeitgeber, Arbeitnehmer; er muß verkaufen, kaufen, geben, nehmen; Waren- und Arbeitsmarkt fungieren als Ordner dieser Beziehungen. So tritt das Individuum in wirtschaftliche Beziehungen zu andern und dies zu dem einzigen Zweck: zu verkaufen und zu kaufen. Im wesentlichen ist Freuds Vorstellung von den menschlichen Beziehungen von gleicher Art: Der Einzelne erscheint reichlich mit biologisch bedingten Trieben versehen, die nach Befriedigung rufen. Um ihnen Genüge zu tun, tritt das Individuum in Beziehung zu andern «Objekten»; andere Individuen sind so immer nur Mittel zur Befriedigung von Bedürfnissen, die schon entstanden waren, ehe noch der Einzelne in Berührung mit anderen trat. So gleicht das Feld menschlicher Beziehungen im Freudschen Sinn einem Markt; es ist ein Tauschplatz zur Deckung biologisch gegebener Bedürfnisse, und die Beziehung zum Partner ist immer nur Mittel zum Zweck, nie Ziel an sich.

Im Gegensatz zu Freuds Betrachtungsweise beruht die in dieser Schrift dargebotene Analyse auf der Voraussetzung und Annahme, daß das psychologische Grundproblem in der Sonderart der Beziehung von Welt und Individuum liegt — nicht in der Befriedigung oder Vereitelung dieses oder jenes triebhaften Verlangens an sich; und ferner auf der Annahme, daß die Beziehung des Menschen zur Gesellschaft nicht im Gleichgewicht, nicht statisch ist. Es ist nicht so, als befinde sich auf der einen Seite das von Natur mit bestimmten Trieben ausgestattete Individuum und auf der andern, von ihm geschieden, die Gesellschaft, die die ihm eingeborenen Neigungen vereitelt oder befriedigt. Notdürfte wie Hunger, Durst, Sexus sind allen Menschen gemeinsam; nur jene Triebe, welche die Unterschiede im Charakter der Menschen ausmachen, wie Liebe, Haß, Machtgier, Unterwürfigkeitsdrang, Sinnenfreude und Sinnenfurcht sind dem Gesellschaftsprozeß unterworfen und resultieren aus ihm. Die erhabensten wie die scheußlichsten Neigungen sind nicht etwa Bestandteil einer fixierten, biologisch bestimmten Menschennatur, sondern Folgen des Gesellschaftsprozesses, der den Menschen gestaltet. Mit andern Worten: die Gesellschaft hat nicht bloß die Funktion, zu unterdrücken (das hat sie unter anderem auch), sondern ebenso eine schöpferische. Des Menschen Wesen, seine Leidenschaften und Ängste sind ein Kulturerzeugnis. Tatsächlich ist der Mensch die bedeutendste Schöpfung und wichtigste Leistung ununterbrochenen menschlichen Mühens; den Bericht hierüber nennen wir Weltgeschichte.

Diesen geschichtlichen Vorgang der Menschenschöpfung zu erfassen, ist die Hauptaufgabe der Sozialpsychologie. Warum erfolgen von einer zur andern Geschichtsepoche bestimmte, deutliche Veränderungen im Charakter des Menschen? Weshalb ist der Geist der Renaissance so anders als der des Mittelalters? Wieso unterscheidet sich die Charakterstruktur des Menschen unter dem Monopolkapitalismus von der im neunzehnten Jahrhundert? — Es ist die Aufgabe der Sozialpsychologie, uns zu erklären, wodurch neue Fähigkeiten und neue, böse oder auch gute Leidenschaften in Erscheinung treten.

Wir finden zum Beispiel, daß von der Renaissance bis auf unsere Tage ein heißes Verlangen nach Ruhm die Menschen erfüllt, während dies heut so natürlich erscheinende Streben im mittelalterlichen Menschen kaum vorhanden war.*) In der gleichen Epoche entfaltete sich in den Menschen der Sinn für Naturschönheit, den sie zuvor nie besaßen. Und in den nordeuropäischen Ländern entwickelt der Mensch vom 16. Jahrhundert an einen unersättlichen Arbeitseifer, der vor dieser Zeit dem freien Mann mangelte.

Doch ist nicht nur der Mensch von der Geschichte — die Geschichte ist auch vom Menschen gemacht. Die Lösung dieses scheinbaren Widerspruchs gehört in das Gebiet der Sozialpsychologie.**) Nicht nur muß diese uns zeigen, wie Leidenschaften, Wünsche, Ängste sich als *Folge* des Gesellschaftprozesses verändern, sondern auch wie die also neu geformten menschlichen Energien, ihrerseits fruchtbar, auf den Gesellschaftsprozeß umformend einwirken. So sind zum Beispiel das Trachten nach Ruhm und Erfolg und der Arbeitstrieb Tatkräfte, ohne die sich der Kapitalismus nicht hätte entwickeln können. Ohne diese und einige andere Eigenschaften hätte dem Menschen der Antrieb und damit die Möglichkeit gefehlt, den Anforderungen des modernen kommerziellen und industriellen Systems entsprechend vorzugehen.

Aus dem Gesagten ergibt sich, daß der in dieser Schrift vertretene Standpunkt dem Freuds widerspricht, nach welchem die Geschichte das Ergebnis psychischer, nicht sozial bedingter Kräfte wäre. Ebenso entschieden aber widerspricht

---

*) Vgl. Jacob Burckhardt, «Kultur der Renaissance in Italien», zweiter Abschnitt, drittes Kapitel.
**) Vgl. die Beiträge der Soziologen J. Dollard, K. Mannheim, H. D. Lasswell, der Anthropologen R. Benedict, J. Hallowell, R. Linton, M. Mead, E. Sapir, sowie A. Kardiners Anwendung psychoanalytischer Erkenntnisse auf die Anthropologie!

er jenen Theorien, die den menschlichen Faktor als treibendes Element im Gesellschaftsprozeß nicht beachten. Diese kritische Anmerkung wendet sich nicht allein gegen Theorien wie die Durkheims und seiner Schule, die aus der Soziologie psychologische Fragen am liebsten ganz ausscheiden möchten, sondern auch gegen alle, in mehr oder weniger behaviouristischer Psychologie gefärbten Theorien. Allen gemeinsam ist die Voraussetzung, die menschliche Natur besitze aus sich heraus keine eigene Triebkraft, und psychische Wandlungen seien nur im Sinne von neuen «Gewohnheiten» zu verstehen, als Anpassung an neue Kulturerrungenschaften. Zwar sprechen auch diese Theorien vom psychologischen Faktor, doch machen sie ihn zu einem Schatten, zu einer bloßen Bildungsschablone. Nur eine, von den weltbewegenden Kräften erfüllte Psychologie, zu welcher Freud die Grundlagen gab, wird dem Menschen gerecht werden. Wenn auch die Menschennatur nichts feststehendes ist, dürfen wir sie trotzdem nicht für unbegrenzt dehnbar und dazu geeignet halten, daß sie sich jeglichem Zustand anpaßt, ohne von sich aus eigene seelische Dynamismen zu entwickeln. Das Wesen des Menschen, obwohl das Produkt geschichtlicher Entwicklung, trägt in sich bestimmte Gesetze und psychische Mechanismen. Es ist die Aufgabe der Psychologie, sie zu ergründen.

Es scheint an dieser Stelle zum bessern Verständnis des Gesagten und noch zu Sagenden notwendig, den Begriff der «Anpassung» zu erklären. Meine Ausführungen sollen zugleich noch einige andere hier verwendete Ausdrücke klären, so auch, was mit den eben erwähnten «Gesetzen und psychischen Mechanismen» gemeint ist.

Wir unterscheiden zwischen «statischer» (das Gleichgewicht nicht störender) und «dynamischer» (bewegender, treibender, antreibender, produzierender) Anpassung. Unter statischer Anpassung verstehen wir eine solche, die den Charakter des Menschen nicht ändert, sondern nur die Annahme einer neuen Sitte bedeutet — wenn etwa ein Chinese, der nach Amerika kommt, von den Eß-Stäbchen zum Gebrauch von Messer und Gabel übergeht. Eine solche Anpassung übt auf die Persönlichkeit nur geringen Einfluß aus; sie erregt keine neuen Süchte und erzeugt keine neuen Charakterzüge.

Unter «dynamischer Anpassung» jedoch verstehe ich jene, die beispielsweise entsteht, wenn sich ein Knabe dem Kommando eines strengen, drohenden Vaters unterwirft, aus Furcht vor ihm Dinge ungetan läßt und zu einem «braven, folgsamen Jungen» wird. Indem dieser Junge sich dem Zwang der Situation anpaßt, vollzieht sich etwas in ihm; eine Spannung, ja eine Feindschaft gegen den Vater kann sich entwickeln — der Sohn unterdrückt sie; es wäre gefährlich, ihr Ausdruck zu geben, sie auch nur zu beachten. Und diese unterdrückte Feindseligkeit, die sich nicht offenbart, wird zum dynamischen Faktor in seinem Charaktergefüge. Sie vermag neue Furcht zu erzeugen und so zu noch tieferer Unterwerfung führen, sie kann die Gestalt unbestimmten Trotzes annehmen, einer Verachtung, die gegen niemand bestimmten, nur gegen das Leben im allgemeinen gerichtet ist. Gleich wie im ersten Beispiel paßt sich auch hier das Individuum bestimmten äußeren Umständen an, doch schafft diese Art Anpassung in ihm etwas Neues, weckt neue Triebe und neue Ängste. Jede Neurose bietet uns Beispiele der dynamischen Anpassung, und zwar handelt es sich dabei im wesentlichen um Anpassungen an solche äußeren Verhältnisse (zumal der frühesten Jugend), die an sich schon irrational, der kindlichen Entwicklung nachteilig waren. In ähnlicher Weise bieten bestimmte mit neurotischen Erscheinungen vergleichbare Phänomena (warum wir sie selbst nicht als neurotisch bezeichnen, davon später!) wie die zerstörenden oder sadistischen Impulse innerhalb einer sozialen Gruppe, uns sehr klare Beispiele für die dynamische Anpassung an soziale Verhältnisse, welche ebenfalls an sich irrational und der Entwicklung des Menschengeschlechts nachteilig und schädlich sind.

Vor der Frage nach den verschiedenen Arten der Anpassung erhebt sich nun die doppelte Frage: Was zwingt den Menschen, sich fast allen nur denkbaren Lebensbedingungen anzupassen, und wo sind die Grenzen seiner Anpassungsfähigkeit?

Unsere Antwort hierauf muß von der Tatsache ausgehen, daß es in der menschlichen Natur Sektoren gibt, die biegsamer und anpassungsfähiger sind als andere, und zwar zeigen jene Charakterzüge und seelischen Tendenzen, durch die die Menschen sich voneinander unterscheiden, ein besonderes Maß von Elastizität, Streck- und Dehnbarkeit: Liebe, Sadismus, Zerstörungs- und Unterwerfungstrieb, Machtgier, Verlangen nach Selbsterhöhung, Spartrieb, Menschenscheu, Freude am Sinnengenuß und Angst vor demselben. Diese und viele andere Wünsche und Ängste treten in der Entwicklung des Menschen als Reaktionen bestimmter Lebensbedingungen auf. Sobald sie erst einmal Charakterbestandteile eines bestimmten Menschen geworden sind, sind sie nicht mehr sonderlich biegsam; weder verschwinden sie, noch wandeln sie sich in einen anderen Trieb. Sie sind vielmehr nur in dem Sinne flexibel, daß die betreffende Person, besonders in ihrer Kindheit, entsprechend ihrem Lebens-Modus den einen oder anderen Trieb entwickelt, von denen jedoch keiner so starr und befestigt ist wie ein angeborener Wesensbestandteil, der sich weiter entwickelt und unter allen Umständen befriedigt werden muß.

Im Gegensatz zu diesen Bedürfnissen stehen die unabdingbaren Bestandteile der menschlichen Natur, die gebieterisch nach Sättigung rufen, Notdürfte, die im Physischen wurzeln wie Hunger, Durst, Schlafbedürfnis usf. Jede derselben hat eine bestimmte Grenze, jenseits derer Nichtbefriedigung unerträglich wird; ist die Grenze einmal überschritten, dann wird das Verlangen nach Befriedigung ein unüberwindlicher Drang. Diese physisch bedingten Impulse lassen sich unter dem Begriff des Selbsterhaltungstriebes zusammenfassen. Der Selbsterhaltungstrieb ist der Teil der Menschennatur, der unter allen Umständen Befriedigung braucht; daher liegen in ihm die primären Beweggründe menschlichen Verhaltens. Einfacher ausgedrückt: der Mensch muß essen, trinken, schlafen, sich gegen Feinde schützen usw. Damit er es kann, muß er arbeiten und produzieren.

«Arbeit» ist nicht etwas Allgemeines, Abstraktes. Arbeit ist immer ein konkretes Tun, das heißt: eine bestimmte Art Werk in einem bestimmten Wirtschaftssystem. Es kann jemand als Leibeigener in einem Feudalsystem, als Ackersmann in einem indianischen Pueblo, als selbständiger Gewerbetreibender im kapitalistischen Staat, als Verkäuferin in einem Warenhaus oder als Handlanger am laufenden Fabrikband arbeiten.

Diese verschiedenen Sorten von Arbeit erfordern ganz verschiedene persönliche Eigenschaften und bedingen verschieden geartete Beziehungen zu anderen Menschen.

Sobald der Mensch geboren ist, ist die Bühne für ihn gebaut. Er muß essen und trinken, und dazu bedarf es der Arbeit; das heißt: er wird unter den speziellen Bedingungen und auf die Weise arbeiten müssen, wie es die Art der Gesellschaft, in die er geboren, für ihn bestimmt. Beide Faktoren, sein Daseinsdrang und das Gesellschaftssystem, sind durch ihn als Einzelwesen nicht umzuändern. Und sie sind die Faktoren, die die Entwicklung jener anderen Wesenszüge, der bildsameren Triebe und Wünsche, bestimmen.

Auf diese Weise wird der Lebensmodus, wie er dem Individuum durch die Sonderart eines Wirtschaftssystems vorgeschrieben ist, zum primären Faktor im Aufbau seines Charakters. Denn der Selbsterhaltungstrieb zwingt ihn mit unbedingter Notwendigkeit, die Bedingungen, unter denen er leben soll, anzunehmen. Selbstverständlich schließt dies nicht aus, daß er gemeinsam mit andern ökonomische und politische Veränderungen erreichen kann — zunächst jedoch wird seine Persönlichkeit durch den besonderen Lebensmodus geformt, den er schon als Kind vor sich sieht und durch das Medium der Familie erlebt, die bereits alle, für diese besondere Gesellschaft oder Klasse typischen Merkmale aufweist.

Die Bedürfnisse der baren Notdurft sind jedoch nicht das einzige in der menschlichen Natur, was gebieterisch Befriedigung heischt. Es ist da noch ein weiterer, ebenso zwingender Bestandteil. Er wurzelt nicht im Körperlichen und ist doch Urgrund alles irdischen Treibens: der Drang nach Verbindung mit unserer Außenwelt, der Trieb heraus aus der Einsamkeit. Das Gefühl völliger Vereinsamung und Isoliertheit führt zu Geistesstörungen — so wie Hungern zum Tode führt. Und zwar bedeutet «Verbindung mit der Außenwelt» nicht unbedingt physischen Kontakt; ein Mensch kann rein physisch jahrelang allein, von der Außenwelt abgeschnitten und doch von ihrem Denken erfüllt und mit ihm verbunden, mit ihrem Urteil, ihrer Achtung und ihren Aufgaben verknüpft, zum mindesten so an gesellschaftliche Vorstellungen gebunden sein, daß ihm das Gefühl der Dazugehörigkeit bleibt. Und andererseits kann jemand mitten unter Leuten leben und doch von dem Gefühl des Verlassenseins überwältigt sein. Jenseits einer gewissen Grenze kann dieser Zustand zu schizophrenen Störungen führen. Diesen Mangel an Verbindung mit Wertschätzung, Hochachtung, Sinn- und Vorbildern wollen wir «das moralische Alleinsein» nennen und zugleich feststellen, daß moralisches Alleinsein ebenso unerträglich ist wie die physische Einsamkeit oder vielmehr, daß man diese erst dann nicht mehr auszuhalten vermag, wenn sie auch die moralische Einsamkeit in sich schließt.

Die geistig-ideelle Verbundenheit mit der Außenwelt

kann vielerlei Formen annehmen: der gottgläubige Mönch in seiner Zelle, der Politische in Einzelhaft, der sich mit den Genossen draußen verbunden fühlt — sie sind nicht moralisch vereinsamt. Und ebensowenig ist es der englische Gentleman, der noch in der exotischsten Umgebung sein *dinner jaket* trägt. Auch nicht der Kleinbürger, wenn er von seinen Mitmenschen getrennt, sich eins mit seiner Nation und ihren Symbolen fühlt, ja, die Verbindung zur Welt mag die edelste oder die abgedroschenste sein — selbst die Verbindung zu den niedrigsten, verächtlichsten Kreisen wird einem vollständigen Alleinsein noch tausendmal vorgezogen. Religion und Nation so gut wie jegliches «Brauchtum» und jeder Wahn, sei er noch so herabwürdigend oder albern, wenn nur der Einzelne dadurch mit andern zusammenhängt, bieten Zuflucht vor dem, was jeder am meisten scheut: Isolierung.

Die zwingende Notwendigkeit, das moralische Alleinsein zu meiden, ist am stärksten vielleicht in Balzacs «Leiden eines Erfinders» beschrieben, wo es heißt: «Aber merke dir eins und präge es dir in deinen noch bildsamen Geist: Entsetzen erfüllt den Menschen vor der Einsamkeit. Doch von allen Arten der Einsamkeit ist am schrecklichsten die moralische Einsamkeit. Die ersten Einsiedler lebten mit Gott und bewohnten die am dichtesten besiedelte Welt, die der Geister. Der erste Gedanke des Menschen, sei er Aussätziger, Gefangener, Verbrecher oder ein Krüppel, ist immer der, einen Leidensgefährten, einen Kumpan zu finden. Seine ganze Ausdauer, Macht und Spannkraft wendet er an die Befriedigung dieses Dranges, der das Leben selbst ist. Hätte ohne diese übermächtige Begier Satan jemals Gesellschaft gefunden? Es ließe sich aus diesem Stoff ein ganzes Epos gestalten; es würde ein Prolog zum ‚Verlorenen Paradies', denn das ‚Verlorene Paradies' ist nichts anderes als eine Apologie der Empörung.»

Es würde zu weit von unserem Hauptthema führen,

wollte ich hier die Frage beantworten, wieso die Furcht vor der Isolierung im Menschen so mächtig ist. Nur um beim Leser nicht den Eindruck aufkommen zu lassen, als hafte dem Drang, sich mit andern eins zu fühlen, irgendetwas Mystisches an, möchte ich hier die Richtung andeuten, in der die Antwort meiner Ansicht nach liegt.

Ein wichtiger Grund ist die Tatsache, daß Menschen ohne irgendwelche Zusammenarbeit nicht leben können. Auf jeder nur vorstellbaren Kulturstufe bedarf der Mensch zum Weiterleben der Mitarbeit anderer, sei es zum Zweck der eigenen Verteidigung gegen Feinde oder Naturgewalten, sei es um arbeiten und produzieren zu können. Selbst Robinson hatte seinen Gefährten Freitag; ohne ihn wäre er wahrscheinlich wahnsinnig geworden oder umgekommen. Jeder erlebt diese Hilfsbedürftigkeit sehr deutlich als Kind. Für das Kind ist die Verbindung mit andern eine Frage auf Leben und Tod, denn in allen lebenserhaltenden Dingen weiß es sich noch nicht zu helfen. Allein bleiben zu müssen, ist die schwerste Bedrohung des kindlichen Daseins. Und da ist noch ein zweiter Grund, der das Bedürfnis «dazuzugehören» so zwingend werden läßt: das Ich-Bewußtsein, die Denkfähigkeit, kraft deren der Mensch sich selber als individuelle Wesenheit wahrnimmt, als etwas von der Natur und andern Menschen verschiedenes. Obzwar — wie im nächsten Kapitel gezeigt werden soll — der Grad dieser Erkenntnis sehr verschieden sein kann, sieht jeder Mensch durch sein bloßes Dasein sich einem allgemein menschlichen Problem gegenüber: wissend, daß er sich von der Natur und von anderen unterscheidet; wissend oder auch nur erst dumpf ahnend, was Tod, Krankheit, Alter heißt, empfindet er notgedrungen seine eigene Winzigkeit im Vergleich mit dem All und den zahllosen andern, welche nicht «er» sind. Wenn er nicht irgendwohin gehört und dort sein Dasein keine Bedeutung und keine Richtung empfängt, fühlt er sich wie ein einzelnes Staubkorn und wird von seiner eigenen Nichtigkeit übermannt. Unfähig, sich einem System anzuschließen, das seinem Leben Richtung und Inhalt gibt, wäre er von Zweifel erfüllt, und dieser Zweifel würde seine Fähigkeiten zu handeln — und damit zu leben — lahmlegen.

Ich fasse zusammen: Die menschliche Natur ist weder eine von Geburt an biologisch feststehende Summe von Trieben und Neigungen, noch der Schatten einer leblosen Kulturschablone, der sie sich allmählich anpaßt und angleicht, sondern ist das Produkt der menschlichen Entwicklung; gewisse Gesetze und psychische Mechanismen wohnen ihr inne. Bestimmte Faktoren der Menschennatur stehen unwandelbar fest: der Zwang, physisch bedingtem Drang Genüge zu tun und die Notwendigkeit, Isolierung und moralisches Alleinsein zu vermeiden. Wir haben gesehen, daß der Einzelne den Lebensmodus annehmen muß, der in einem, für eine bestimmte Gesellschaft gegebenen Produktions- und Verteilungssystem wurzelt. In dem Prozeß der dynamischen Anpassung an die Kultur entwickeln sich eine Anzahl mächtiger Triebe, die die Handlungen und Gefühle des Individuums in Gang bringen und motivieren. Ob sich das Individuum dieser Triebe bewußt ist, ob nicht — sie sind in jedem Fall wirksam und dringen, sobald sie entstanden sind, auf Befriedigung. Sie werden zu mächtigen Kräften, die dann ihrerseits auf den Gesellschaftsprozeß formend einwirken. In welcher Weise ökonomische, psychologische und ideologische Umstände ihren Einfluß ausüben und welche allgemeinen Folgerungen sich dann aus dieser Beeinflussung ziehen lassen, soll im Verlauf unserer Analyse der Reformation und des Faschismus zur Sprache kommen. All diese Erörterungen drehen sich um den Grundgedanken dieser Schrift: daß der Mensch — je mehr Freiheit er erringt, indem er sich aus dem ursprünglichen Einssein von Mensch und Natur erhebt und je mehr er eine Persönlichkeit wird — nur die eine Wahl hat, sich entweder mit der Welt freiwillig in Liebe und nützlicher Arbeit zu einen, oder aber eine Art Sicherheit in Bindungen zu suchen, die seine Freiheit und den reinen Bestand seines individuellen Selbst zerstören.

II

VOM AUFTAUCHEN DER INDIVIDUALITÄT UND DEM DOPPELSINN DES BEGRIFFS FREIHEIT

Ehe wir uns unserem Hauptgegenstande zuwenden, der Frage, was dem Menschen von heute Freiheit bedeutet und weshalb und wie er ihr zu entfliehen sucht, müssen wir uns mit einer Auffassung beschäftigen, die uns in unserer heutigen Zeit etwas fern liegt, aber trotzdem zum Verstehen einer Analyse der Freiheit in dieser westlichen Gesellschaftsordnung eine notwendige Voraussetzung bildet. Es ist dies die Auffassung, daß Freiheit ein charakteristisches Merkmal für das Menschentum an und für sich darstellt, und ferner: daß der Sinn der Freiheit sich verändert, und zwar entsprechend der Vorstellung, dem Begriff, den der Mensch von sich selbst als unabhängigem, persönlichem Wesen gewinnt.

Der soziale Mensch und seine Geschichte beginnt mit seinem Emportauchen aus dem Zustand des Einssein mit der Naturwelt, mit dem Erkennen seiner selbst als eines von seiner Umwelt, Natur und Menschen, gesonderten Wesens. Während langer Geschichtsepochen bleibt diese Erkenntnis noch unklar und dumpf, das Individuum noch immer dem naturhaften Zustand der Gruppe, aus der es auftaucht, eng verbunden. Seiner selbst als eines selbständigen Wesens schon halb bewußt, fühlte er sich doch noch als Stück seiner Umwelt. Der Wachstumsprozeß des Emportauchens aus den ursprünglichen Bindungen des Individuums — nennen wir ihn «Individuation»! — erreichte seinen Höhepunkt in der Neuzeit, und zwar in den Jahrhunderten von der Reformation bis zur Gegenwart.

Wir begegnen dem gleichen Vorgang im Lebenslauf jedes Einzelnen. Ein Kind ist geboren, sobald es, nicht mehr mit der Mutter eins, ein von ihr gesondertes Lebewesen ist. Doch obwohl diese biologische Trennung den Beginn seines individuellen menschlichen Daseins darstellt, bleibt es noch beträchtliche Zeit in seinen Lebensfunktionen eins mit der Mutter.

In dem Maße, in dem — bildlich gesprochen — die ein Individuum mit seiner Umwelt verbindende Nabelschnur noch nicht völlig getrennt ist, entbehrt es der Freiheit. Doch diese Schnur, dies Band, diese Verbindung und Bindung verleiht ihm Sicherheit, gibt ihm ein Zugehörigkeitsgefühl: es ist verwurzelt. Diese Bindungen, die einem Lebensabschnitt angehören, in welchem der Vorgang der Individuation noch nicht zum gänzlichen Emportauchen der Persönlichkeit geführt hat, will ich «primäre Bindungen» nennen. Die primären Bindungen sind als Teil einer normalen menschlichen Entwicklung organisch. Sie deuten auf eine Unvollständigkeit der Individualität; geben aber dem Individuum einen Schutz; es kann sich zurechtfinden. Primäre Bindungen binden das Kind an die Mutter; den Wilden, den Primitiven an die Natur, seinen Clan, seine Sippe; den Menschen des Mittelalters an Kirche, Stand und Zunft.

Ist jedoch die Stufe der Voll-Individuation erreicht und der Mensch an sich von primären Bindungen frei, dann sieht er sich einer neuen Aufgabe gegenüber: sich hineinzuleben in diese Welt, darin sich zurechtzufinden und auf anderen als den seiner vor-individualistischen Existenz entsprechenden Wegen Schutz und Sicherheit zu erlangen. Freiheit hat nun für ihn eine andere Bedeutung als vor Erreichung dieser Entwicklungsstufe.

Aber hier müssen wir innehalten und obige Sätze konkret

im Zusammenhang mit der individuellen und der gesellschaftlichen Entwicklung klarmachen.

Der relativ plötzliche Übergang vom Fötus zum Menschen und das Durchschneiden der Nabelschnur begründet die Unabhängigkeit des Kindes vom Mutterleib. Doch nur im groben Sinn rein körperlicher Trennung der beiden Leiber ist diese Unabhängigkeit wirklich; hinsichtlich seiner Körperfunktionen bleibt das Neugeborene Teil seiner Mutter, wird von ihr genährt, getragen, gepflegt und in jeder lebenswichtigen Hinsicht behütet. Erst langsam gelangt es dazu, die Mutter und Dinge der Außenwelt als etwas, von ihm selbst Gesondertes zu betrachten. Die nervliche und allgemeine physische Entwicklung des Kindes, seine Fähigkeit, Gegenstände — physisch und geistig — zu «begreifen» und zu beherrschen, tragen ihr Teil dazu bei. Mittels eigenen Tuns erlebt es die Welt außerhalb seiner selbst.

Der Vollzug der Individuation wird durch den der Erziehung gefördert. Diese bringt eine Reihe von Verboten, Einschränkungen und Täuschungen mit sich, welche die Rolle der Mutter in die einer — zuweilen feindlichen, ja gefährlichen — Person verwandelt, deren anders geartete Absichten mit den Wünschen des Kindes in Widerspruch stehen.*) Dieser kämpferische Gegensatz, der einen Teil des Erziehungsprozesses — keinesfalls den ganzen — bildet, trägt viel dazu bei, den Unterschied zwischen dem «Ich» und dem «Du» auszuprägen und zu verschärfen.

Nach der Geburt vergehen einige Monate, bis das Kind irgendeine andere Person als solche erkennt und sich ein Lächeln als Reaktion einstellt; Jahre vergehen, bis das Kind

---

*) Es sei jedoch vermerkt, dass naturgegebene Einschränkungen und Beschränkungen an sich keine Feindschaft erwecken; sondern nur das widrige Verhindern und Durchkreuzen des Expansionsdranges, das Zerbrechen der Versuche des Kindes, sein Recht geltend zu machen, jede von Eltern ausstrahlende Feindseligkeit und Gehässigkeit, kurz: die Atmosphäre der Unterdrückung erzeugt im Kind jenes Gefühl von Machtlosigkeit, dem Feindschaft entspringt.

sich und das All auseinanderzuhalten weiß.*) Bis dahin zeigt sich bei ihm die für Kinder typische Egozentrik, die keineswegs Zärtlichkeit und Anteilnahme an anderen ausschließt; es hat ja «Die Andern» noch nicht als endgültig von ihm Getrennte erlebt und begriffen. Aus demselben Grund kommt in diesen ersten Jahren der (kindlichen) Unterordnung unter eine Autorität eine andere Bedeutung zu als später. Die Eltern oder Erzieher betrachtet das Kleinkind noch nicht als etwas, von Grund auf von ihm Getrenntes; sie sind ein Teil des kindlichen All, und dieses All ist ein Teil des Kindes. Diese Unterordnung oder Unterwerfung ist somit von anderer Beschaffenheit als jene, die dort auftritt, wo wirklich getrennte Persönlichkeiten sich gegenüberstehen.

Eine bemerkenswert lebhafte Schilderung, wie ein zehnjähriges Mädchen sich mit einemmal seiner Individualität bewußt wird, gibt R. Hughes in seinem Roman «A High Wind in Jamaica»:

> Und nun begab sich für Emily etwas sehr wichtiges; sie merkte plötzlich, wer sie war. Warum dieses Ereignis nicht schon vor fünf Jahren erfolgt war, warum es nicht erst fünf Jahre später eintrat, und warum es just an diesem Nachmittag dazu kam, ließ sich kaum sagen. Sie hatte sich am Bug hinter dem Ankerspill ein Häuschen gebaut (als Türklopfer hatte sie einen Taschenkrebs davor gehängt), und als sie des Spieles müde geworden, war sie ziellos achtern geschlendert, hatte an ein paar Raupen und eine Feenkönigin gedacht — und da, mit einemmal, flammte es in ihr auf, daß sie s i e war. Sie blieb betroffen stehen und begann sich zu betrachten, soweit dies einem Menschen in Kleidern und ohne Spiegel überhaupt möglich ist. Viel sah sie nicht, eigentlich nur die Vorderseite ihres

*) Jean Piaget, «The Moral Judgement of the Child», London 1932, S. 407.

Kleides und auch diese nur in der Verkürzung. Und dann ihre Hände, die sie zu diesem Zweck in die Höhe hob. Doch es genügte, um ihr eine ungefähre Vorstellung des kleinen Körpers zu geben, von dem sie plötzlich wußte, daß er der ihre war.

Sie lachte ein wenig spöttisch und dachte: ‚Jetzt haben wir dich... komisch... von all den Leuten dich! Stell dir nur vor: jetzt bist du gefangen; da kannst du ewig nicht raus! So mußt du jetzt rumlaufen als Kind und mußt groß werden und mußt alt werden, bis du das verrückte Zeug wieder los wirst...'

Entschlossen, sich bei dem wichtigen Ereignis durch nichts stören zu lassen, kletterte sie an der Webleine der Marswanten zu ihrem Lieblingssitz am Topp des Mastes empor, und jedesmal, wenn sie dabei Arme oder Beine in Tätigkeit setzte, überkam sie ein neues Staunen, wie bereitwillig ihr die Gliedmaßen gehorchten. Daß sie das früher genau so getan hatten, sagte ihr natürlich ihr Gedächtnis, aber früher hatte sie sich nie darüber gewundert.

Oben auf ihrer Sitzstange begann sie, die Haut ihrer Hand einer genauen Prüfung zu unterziehen; es war ja nun i h r e ! Sie schlüpfte mit einer Schulter aus ihrem Kittel, lugte in ihn hinein, um zu sehen, ob sie unter dem Kleid so weiter ging; dann hob sie die Achsel zur Wange empor. Die Berührung mit ihrem Gesicht, die warme nackte Rundung der Schulter durchschauerte sie angenehm; es war wie das Streicheln eines befreundeten Wesens. Aber ob das angenehme Gefühl in der Wange oder in ihrer Schulter saß; wer der Streichelnde und was das Gestreichelte war, konnte sie nicht herausbringen. —

Endlich von der erstaunlichen Tatsache überzeugt, daß sie ‚jetzt' Emily Bas-Thornton war (warum sie ein ‚jetzt' einschaltete, wußte sie selber nicht; sie hatte sich ja nie eingebildet jemand anders zu sein), begann sie ernst über die Verwicklungen nachzudenken, die der neue Tatbestand wohl mit sich bringen könne.

Je mehr das Kind heranwächst und die primären Bindungen durchschnitten werden, um so stärker wird das Verlangen nach Freiheit und Unabhängigkeit. Aber die Schicksale dieses Verlangens sind nur dann zu verstehen, wenn wir uns die dialektische Beschaffenheit des Vorgangs zunehmender Individuation klar vor Augen stellen. Er ist unter zwei Gesichtspunkten zu betrachten.

Der erste: das Kind wird körperlich, geistig und in seinem Gefühlsleben stärker; in jeder dieser Sphären wachsen Spannkraft und Regsamkeit, und zugleich werden diese Sphären vollständiger. Der wachsende Wille und die zunehmende Vernunft des Individuums beherrschen ein geordnetes Gefüge. Wenn wir dieses vervollständigte und geordnete Ganze einer Persönlichkeit ihr «Selbst» nennen, können wir auch sagen, daß die eine Seite im Wachstum der Individuation im Fortschritt seiner Selbst-Stärke besteht. Die Wachstumsgrenzen des Selbst und der Individuation sind zum Teil durch die individuellen Lebensbedingungen und hauptsächlich durch die sozialen Verhältnisse gezogen. Denn so groß auch in dieser Hinsicht die Unterschiede zwischen den einzelnen Individuen sein mögen, so hat doch jede Gesellschaft eine bestimmte Höhe der Individuation, über die hinaus der normale Zeitgenosse nicht zu steigen vermag.

Und nun die andere Seite des Individuations-Prozesses: die zunehmende Einsamkeit. Die primären Bindungen gewähren Sicherheit und eine Ureinheit mit der äußeren Welt. In dem Maße, in dem das Kind aus dieser Welt emportaucht, wird es gewahr, daß es allein, daß es ein von allen andern gesondertes Wesen ist. Diese Trennung von einer Welt, die im Vergleich mit dem eignen persönlichen Sein überwältigend stark, machtvoll, oft drohend gefährlich ist, erzeugt ein Gefühl der Ohnmacht und Angst. Solange ein Menschenkind unversehrter Teil dieser Welt war, unkund der Möglichkeiten und der Verantwortung persönlichen Handelns, brauchte es nicht vor ihr zu erschrecken. Sobald es jedoch eine Eigenpersönlichkeit ist, steht es allein und erschaut die überwältigenden und gefahrvollen Seiten der Welt.

Da entstehen Süchte, Impulse, Versuchungen, die eigne Persönlichkeit wieder aufzugeben und die Gefühle der Ohnmacht und Einsamkeit durch ein völliges Untertauchen in der äußeren Welt loszuwerden. Diese Impulse jedoch, und die aus ihnen erwachsenden neuen Bindungen, sind nicht das gleiche wie die primären, im Wachstumsprozeß zerrissenen Bindungen. So wie ein Kind nie wieder in den Leib der Mutter zurückkehren kann, so wenig läßt sich der Vorgang der Individuation rückgängig machen. Versuche, es dennoch zu tun, nehmen notwendig den Charakter der Unterwerfung an, doch ist auch hier der gründliche Gegensatz zwischen der Autorität und dem sich unterwerfenden Menschenkind nie zu beseitigen. Mag es sich auch in seinem Bewußtsein zufriedengestellt und gesichert fühlen, unbewußt bleibt ihm doch gegenwärtig, daß der Preis, den es zahlte, die Aufgabe seiner Eigenmacht und der Unverfälschtheit seines Ichs war. Und so wird das Ergebnis der Unterwerfung gerade das Gegenteil von dem, was es sein sollte. Die Unterwerfung vermehrt die Unsicherheit des Kindes und bewirkt zugleich Auflehnung und Feindseligkeit. Diese aber wirken um so beängstigender, als sie sich gegen eben diejenigen Personen richten, von denen das Menschenkind abhängig blieb oder wurde.

Doch ist Unterwerfung nicht der einzige Weg zur Vermeidung von Einsamkeit und Beängstigung. Der andere Weg und der einzig fruchtbare, der nicht in unlösbaren Konflikten endet, ist der einer freiwilligen Verbindung mit Mensch und Natur, einer Beziehung, welche den Menschen mit der

Welt in Zusammenhang bringt, ohne deshalb seine Persönlichkeit auszuschalten. Diese Art von Verbindung — der edelste Ausdruck dafür ist Liebe und fruchtbare Arbeit — beruht auf der Reinheit und Kraft der ungeteilten Persönlichkeit und daher sind ihr die gleichen Grenzen gezogen wie der Entfaltung des Selbst.

Hier Unterwerfung — hier tätige Selbstbestimmung — und beides möglich, beides vorhanden als ein Ergebnis zunehmender Individuation — dieses Problem soll später noch bis in die Einzelheiten erörtert werden. Hier möchte ich nur auf ein Allgemeines hinweisen: den dialektischen Prozeß, welcher sich aus der fortschreitenden Individuation und der zunehmenden Freiheit des Individuums ergibt.

Das Kind wird nach und nach frei z u der Entwicklung und Ausprägung seines persönlichen, eigenen, von den es bis dahin hemmenden Bindungen nicht mehr beschränkten Selbst. Aber das Kind wird auch frei v o n einer Welt, die ihm Rückhalt und Sicherheit gab. Der Vorgang der Individuation ist ein Prozeß wachsender Kraft und Vervollkommnung seiner ureigenen Persönlichkeit; zugleich aber ist er auch ein Vorgang, bei welchem das ursprüngliche Einssein mit andern verloren geht und das Kind von diesen immer mehr abgetrennt wird. Diese zunehmende Absonderung kann in eine Vereinsamung münden, die bis zu trostloser Verzweiflung anwächst und Unsicherheit und heftige Angstzustände hervorruft. Sie kann aber auch zu einer neuen Festigkeit und Geschlossenheit führen, zu einer Solidarität mit andern, wofern der Knabe oder das Mädchen dazu im Stand ist, jene fruchtende Seelenkraft zu entwickeln, die die Voraussetzung für diese neue Art Weltverbundenheit ist.

Wäre jeder Schritt in Richtung auf Individuation und Trennung — von einem entsprechenden Wachstum des eigenen Selbst begleitet, dann wäre des Kindes Entwicklung harmonisch. Dies aber ist nur selten der Fall. Denn während sich der Individuations-Prozeß automatisch vollzieht, ist das

Wachstum des Selbst durch eine Reihe sozialer und persönlicher Gründe beeinträchtigt, und die hierdurch entstehende Kluft läßt ein unerträgliches Gefühl ohnmächtigen Alleinseins entstehen, das zu jenen psychischen Mechanismen führt, die im fünften Kapitel als Fluchtmechanismen beschrieben sind.

Entwicklungsgeschichtlich läßt sich auch in dem Stammbaum der Menschheit eine zunehmende Individuation, eine wachsende Freiheit gewahr werden. Von vormenschlichen Stufen taucht der Mensch auf, indem er sich Schritt für Schritt von zwangsmäßigen Instinkten befreit. Wenn wir unter «Instinkt» eine spezifische, durch ererbte nervliche Anlagen bestimmte Zwangshandlung verstehen, läßt sich bereits in der Tierwelt eine ganz bestimmte Richtung beobachten.*) Auf je niedrigerer Entwicklungsstufe sich ein Lebewesen befindet, um so mehr wird seine Anpassung an die Natur durch instinktive und Reflexhandlungs-Mechanismen bestimmt und beherrscht. Die berühmte «soziale Organisation» einiger Insektenarten verdankt ihre Entstehung ganz den Instinkten. Andererseits:

Auf einer je höheren Entwicklungsstufe sich ein Wesen befindet, um so mehr Möglichkeiten zum Tun und Lassen besitzt es — und um so unvollkommener ist es bei seiner Geburt ausgestattet. Ihren Höhepunkt erreicht diese Entwicklung beim Menschen; bei Geburt ist er das hilfloseste Geschöpf im ganzen Tierreich. Seine Anpassung an die Natur beruht hauptsächlich auf dem, was er lernt, nicht auf instinkthaften Gegebenheiten. «Instinkt», heißt es bei L. Bernard**) «ist eine bei höheren Gattungen, besonders beim Menschen, abnehmende oder gar verschwindende Eigenschaft.» Der Mensch beginnt erst da, wo der Mangel an Tat-

---

*) «Instinct», Neuyork 1924, S. 509.
**) Dieser Begriff von Instinkt ist jedoch nicht mit jenem zu verwechseln, der als «Instinkt» einen physisch bedingten Drang wie Hunger, Durst usw. bezeichnet. Dessen Befriedigung erfolgt vielmehr auf Wegen, die an sich nicht festgelegt und nicht erblich bestimmt sind.

bestimmung durch Instinkte einen bestimmten Punkt übersteigt, die Anpassung an die Natur ihren Zwangscharakter verliert und die Handlungen nicht mehr durch Erbmechanismen festgelegt sind. Mit andern Worten: *Menschsein und Freisein sind von Anbeginn untrennbar verbunden.* (Wobei wir das Wort «Freiheit» nicht in seinem positiven Sinn als «Freiheit zu» gebrauchen, sondern im negativen als «Freiheit von», nämlich von Handlungsbestimmungen durch Instinkte.)

Freiheit ist ein zweischneidiges Schwert. Der Mensch ist nicht, wie das Tier, von Geburt zu zweckmäßigem Verhalten ausgerüstet; viel länger als dieses ist er von seinen Erzeugern abhängig; seine Reaktionen auf alles, was ihn umgibt, erfolgen später und sind nicht so wirksam, wie dies bei automatischen Instinkthandlungen der Fall ist. Durch alle Gefahren und Schrecken geht er ohne die Wehr, die die Instinkte verleihen. Aber gerade diese Hilflosigkeit des Menschen ist der Boden, dem menschliche Fortentwicklung entsprießt. *Des Menschen biologische Schwäche ist die Vorbedingung der menschlichen Kultur.*

Von seinem ersten Auftreten an hat der Mensch die Wahl zwischen den verschiedensten Handlungsmöglichkeiten. Beim Tier finden wir eine ununterbrochene Kette von Reaktionen, die mit einem Stimulus, einem Stachel, z. B. Hunger, beginnt und in einem mehr oder weniger dichten Handlungsablauf, der die durch den Stimulus erregte Spannung verschwinden macht, ein Ende findet. Beim Menschen erfährt diese Kette eine Unterbrechung. Der Stimulus ist auch hier vorhanden, aber die Art, wie ihm Genüge zu leisten ist, bleibt offen, das heißt: der Mensch muß zwischen verschiedenen Handlungsabläufen wählen. Statt eine vorbestimmte Instinkthandlung zu vollziehen, hat der Mensch in seinem Geist ein mögliches Verfahren zu überlegen und zu erwägen; er beginnt zu denken. Er verändert seine Einstellung zur Natur: von der einer rein passiven Anpassung geht er zu einer aktiven Rolle über; er wird produktiv. Er erfindet Werkzeuge, und während er so die Natur zu bemeistern beginnt, vollzieht er stufenweise seine Loslösung von ihr. Dumpf wird er gewahr, daß er selbst oder zunächst seine Gruppe nicht mehr eins ist mit der Natur, und es dämmert in ihm, daß hierin sein tragisches Schicksal beschlossen liegt: ein Teil der Natur zu sein und doch über sie hinaus zu greifen, hinaus zu schreiten. Als seine unentrinnbare Bestimmung erfühlt er den Tod, auch wenn er in mannigfaltigen Phantasien sich müht, ihn zu verneinen.

Eine besonders anschauliche Darstellung der Urbeziehung von Mensch und Freiheit bietet uns der biblische Mythos von der Vertreibung aus dem Paradies.

Dieser Mythos stellt an den Anfang der menschlichen Historie eine Wahlhandlung und betont zugleich mit allem Nachdruck die Sündigkeit dieser ersten Freiheitstat. Mann und Weib leben im Garten Eden in völliger Eintracht mit sich und der Natur. Friede herrscht; es gibt kein Muß zur Arbeit, keine Wahl, keine Freiheit, kein Denken. Es ist verboten, vom Baum des Wissens und der Erkenntnis zu essen. Da handelt der Mensch gegen Gottes Gebot; er durchbricht die Eintracht mit der Natur, deren Teil er war, solange er ihre Schranken nicht überschritt. Das ist vom Standpunkt der Kirche, der Autorität, eine Todsünde. Vom Standpunkt des Menschen jedoch ist dies der Beginn der menschlichen Freiheit. Gegen Gottes Befehle handeln, heißt: sich vom Zwange befreien, aus dem unbewußten Dasein eines vormenschlichen Zustandes zur Höhe des Menschseins empor tauchen. Durch Begehung einer Sünde gegen die Autorität zu handeln, ist im positiven, menschlichen Sinn die erste Freiheitstat, das heißt: der erste rein menschliche Akt. Im Mythos ist die Sünde, formell gesehen, ein Handeln gegen Gottes Gebot; materiell betrachtet jedoch das Essen vom Baum der Erkenntnis. Der Ungehorsam, als Akt der Befreiung, ist der Beginn der Vernunft. Der Mythos spricht von andern Folgen des ersten Befreiungsaktes. Die ursprüngliche Eintracht von Mensch und Natur ist zerbrochen. Gott verkündet den Krieg zwischen Mann und Weib, zwischen Mensch und Natur. Der Mensch ist von der Natur getrennt; er hat den ersten Schritt getan, ein individueller Mensch zu werden. Er hat die erste Tat der Freiheit vollzogen. Der Mythos betont das hieraus entspringende Leid. Durch die Überschreitung der Naturgrenzen, durch die Entfremdung von der Natur und andern Menschenwesen wird der Mensch nackt und von Scham gequält. Er ist allein und frei, aber machtlos und furchtsam. Die neu gewonnene Freiheit erscheint als Fluch; er besitzt die Freiheit von allen süßen Banden des Paradieses, aber nicht die Freiheit zu einer Selbstbestimmung, nicht Freiheit, seine Persönlichkeit zu verwirklichen.

«Freiheit von» ist nicht gleichbedeutend mit positiver Freiheit, mit «Freiheit zu». Das Emportauchen des Menschen aus dem Naturzustand ist ein lang ausgedehnter Prozeß; in weitem Umfang bleibt der Mensch an die Welt, aus der er tauchte, gebunden. Er bleibt Teil der Natur — des Bodens, den er bewohnt, der Sonne, des Mondes, der Sterne, Bäume, Blumen, Tiere und jener Gruppe, der er durch Blutsbande verhaftet ist. Primitive Religionen sind Zeugnisse für das menschliche Gefühl des Einsseins mit der Natur. Beseelte und unbeseelte Natur sind Teile der menschlichen Welt; man kann auch sagen: der Mensch ist noch ein Teil der Naturwelt.

Diese primären Bindungen blockieren die volle menschliche Entwicklung; sie stehen der Entfaltung seiner Vernunft und seiner kritisch unterscheidenden Fähigkeiten im Wege. Sie lassen ihn sich selbst und seine Mitmenschen nicht anders erkennen als mittels seiner, oder ihrer, Zugehörigkeit zu einem Clan, einer Sippe, einer sozialen oder religiösen Gemeinschaft — und nicht als selbständigen

Menschen. Kurz, sie sperren seine Entwicklung zur freien, selbstherrlichen, Werte schaffenden Persönlichkeit.

Doch gibt es außer diesem Gesichtspunkt noch einen andern: Jenes Eins-Sein mit Natur, Clan, Religionsgemeinschaft gewährte persönliche Sicherheit. Man gehörte dazu, das Dasein hatte da seine Wurzeln, im wohlgefügten Ganzen ein jeder seinen gesicherten Platz. Mochte einer auch Hunger leiden oder Unterdrückung — er war doch verschont von der ärgsten Qual: von Zweifel und völliger Einsamkeit.

Wir sehen: der Prozeß der zunehmenden menschlichen Freiheit weist den gleichen dialektischen Charakter auf, den wir beim Vorgang des individuellen Wachstums wahrnahmen. Es ist einerseits ein Prozeß der anwachsenden Kraft und Fülle, zunehmender Herrschaft über die Natur, steigender Macht menschlicher Vernunft und erhöhter Solidarität — andererseits aber bedeutet diese zunehmende Individuation steigende Vereinsamung, Unsicherheit, und dazu kommen die Zweifel am Sinn dieses Daseins, der Stellung des Menschen im Weltganzen, und in alle dem nimmt das Gefühl der eigenen Ohnmacht, der persönlichen Nichtigkeit überhand.

Wäre der menschliche Entwicklungsprozeß harmonisch verlaufen, nach einem bestimmten Plan, dann hätten die beiden Entwicklungstendenzen — wachsende Kraft und wachsende Individuation — sich die Wage gehalten. So aber wurde die Menschheitsgeschichte ein ewiger Hader und Kampf, übervoll von Konflikten. Jeder Schritt in Richtung vermehrter Verpersönlichung bedroht Menschen mit neuen Unsicherheiten. Primäre Bindungen, einmal getrennt, lassen sich nie wieder flicken; in das verlorene Paradies kehrt kein Mensch zurück. Da gibt es nur eine einzige fruchtbare Lösung für die Beziehung des individualisierten Menschen zur Welt: Tätige Solidarität mit allen Mitmenschen, selbstbestimmende, freiwillige Tätigkeit, Liebe und fruchtbare Arbeit — sie einen den Menschen wieder der Welt, nicht mittels primärer Bindungen, vielmehr in Freiheit, in der Unabhängigkeit seiner Persönlichkeit.

Und dennoch — wenn die wirtschaftlichen, gesellschaftlichen und politischen Bedingungen, von denen der ganze menschliche Individuationsprozeß abhängt, keine Grundlage zur Verwirklichung der Persönlichkeit im angedeuteten Sinne darbieten, und die Menschen zugleich jener Bindungen verlustig gingen, die ihnen Sicherheit gaben, dann macht diese Leere die Freiheit zu einer untragbaren Bürde. Dann wird sie gleichbedeutend mit einem zweifelhaften, zweifelerfüllten Leben ohne Sinn und Richtung. Gewaltige Strömungen kommen und suchen dieser Art Freiheit zu entrinnen, einzumünden in irgendeine Art von Verbundenheit des Menschen mit einer Welt, die ihm Erlösung von aller Ungewißheit verspricht — und ihn dafür seiner persönlichen Freiheit beraubt.

Die europäische und amerikanische Geschichte ist seit Ende des Mittelalters die Geschichte des vollen Emportauchens der menschlichen Individualität, eines Vorganges, der im Italien der Renaissance begann und zu unserer Zeit einen Höhepunkt erreicht zu haben schien. Über vierhundert Jahre hat es zur Überwindung der mittelalterlichen Welt und zur Befreiung von ihren offenkundigsten Schranken gebraucht. Aber dieweil das Individuelle in vielen Beziehungen gedieh und zunahm, sich gefühlsmäßig und geistig entwickelte, an kulturellen Leistungen in einem zuvor unerhörten Grad teilnahm, wuchs auch der Abstand zwischen «Freiheit von» und «Freiheit zu». Die Folge dieses Zwiespaltes zwischen der Freiheit v o n jeder Bindung und dem Mangel an Möglichkeiten zu fruchtbarer Verwendung der Freiheit und nutzbringender Einsetzung der Individualität führte in Europa zu einer panikartigen Flucht aus der Freiheit in neue Bindungen oder zum wenigsten zu völliger Gleichgiltigkeit.

Wir beginnen unsere Untersuchung über die Bedeutung der Freiheit für den Menschen der Neuzeit mit einer Analyse des kulturellen Schauplatzes Europa im späten Mittelalter und zu Anfang der Neuzeit. In dieser Zeit erfuhr die wirtschaftliche Grundlage der westlichen Gesellschaft radikale Veränderungen, die von einer nicht minder radikalen Umstellung im Persönlichkeitsgefüge der damaligen Zeitgenossen begleitet war. In ihnen entwickelte sich ein neuer Freiheitsbegriff, und dieser fand seinen bedeutungsvollsten ideologischen Ausdruck in neuen religiösen Lehren: denen der Reformation. Jedes Verstehen der Freiheit in neuerer Zeit muß von dieser Epoche ausgehen, in welcher die Grundlagen der modernen Kultur gelegt wurden. Diese Umformstelle für den Menschen der Neuzeit gibt uns die Möglichkeit, klarer als in jeder späteren Periode die Doppelbedeutung der Freiheit zu sehen, die auf die ganze moderne Kultur weiter wirkte: einerseits die zunehmende Unabhängigkeit des Menschen von äußeren Mächten, andererseits seine sich steigernde Isolierung und das sich daraus ergebende Gefühl der persönlichen Macht- und Bedeutungslosigkeit. Unser Verständnis der neuen Bestandteile im Persönlichkeitsgefüge des Menschen erhöht sich durch das Studium ihrer Ursprünge. Denn dadurch, daß wir die wesentlichen Merkmale des Kapitalismus und Individualismus an ihren fernsten Wurzeln beobachten, sehen wir sie in Kontrastwirkung zu einem Wirtschaftssystem und einem Persönlichkeitstyp, von denen das eine wie der andere sich von dem unsern grundlegend unterscheiden. In dieser Fernsicht und abgehoben von dem so anders gearteten Hintergrund erkennen wir die Eigentümlichkeiten des modernen Gesellschaftssystems besser, erfassen tiefer, wie es auf die Charakteranlage der in ihm lebenden Menschen formend einwirkte, und erkennen den neuen Lebensgeist, der aus dieser Persönlichkeitswandlung hervorging.

Weiterhin will das nächste Kapitel zeigen, daß die Reformationszeit dem Bild unserer Gegenwart ähnlicher ist, als es bei flüchtigem Blick den Anschein haben mag. Tatsächlich gibt es, trotz aller offensichtlichen Unterschiede, seit dem sechzehnten Jahrhundert keine Epoche, die im Hinblick auf die Doppeldeutigkeit der Freiheit der unsern so ähnlich ist.

Den Gedanken menschlicher Freiheit und Selbstherrschaft, wie sie sich in der modernen Demokratie verkörpern, gab die Reformation den Grundton. Während jedoch diese Saite, zumal in nichtkatholischen Gegenden, oft angeschlagen wird, hat man eine andere Saite fast nie berührt: die von der Verderbtheit der menschlichen Natur, der Bedeutungs- und Machtlosigkeit des Einzelnen, der Notwendigkeit der Unterordnung des Individuums unter eine, außerhalb seiner selbst sich befindende Macht.

Dieser Gedanke von der Wertlosigkeit des Individuums, von der Unfähigkeit des Menschen, sich selbst zu erlösen, sein Bedürfnis, sich zu unterwerfen, berührt ein Hauptthema der Hitlerschen Ideologie, die freilich in jeder Hinsicht der hohen geistigen Kraft, der menschlichen Würde, Freiheit und ethischen Größe ermangelt, die mit dem Protestantismus untrennbar verbunden waren und sind.

Diese ideologische Ähnlichkeit ist jedoch nicht das einzige, was das Studium des fünfzehnten und sechzehnten Jahrhunderts für das Verständnis der heutigen Vorgänge zu einem besonders fruchtbaren Ausgangspunkt macht. Es gibt da auch eine merkwürdige Übereinstimmung in der sozialen Lage. Vielleicht ist diese Ähnlichkeit auf sozialem, ökonomischem und politischem Gebiet auch schuld an den eben erwähnten ideologischen und psychologischen Berührungspunkten... Wir wollen sehen, ob und inwieweit dies der Fall ist. Fest steht, daß damals ein großer Teil der Bevölkerung in seinem gewohnten Dasein von umstürzenden Umänderungen der wirtschaftlichen und gesellschaftlichen Ordnung bedroht war — wie in unserer Zeit vom Ende des vorigen Krieges bis zum Beginn des jetzigen. Und wie hier war auch damals dort am meisten der Mittelstand durch die Übermacht der Monopole und weit überlegene Kapitalkraft bedroht, ein Zustand, der damals wie heut Geist, Seele, Denk- und Gemütsart in dem bedrohten Gesellschaftssektor auf das stärkste beeinflußte.

III

FREIHEIT ZUR ZEIT DER REFORMATION

1

Hintergrund: Mittelalter, Vordergrund: Renaissance

Wenn wir im folgenden von «Mittelalter» und «mittelalterlichem Geist» im Gegensatz zur «kapitalistischen Gesellschaft» sprechen, handelt es sich immer nur um gedachte, um ideale Typen; denn natürlich endete das Mittelalter nicht an einem bestimmten Punkt, jenseits dessen die Neuzeit begann. Die für die Neuzeit charakteristischen sozialen und wirtschaftlichen Strömungen entwickelten sich bereits innerhalb der mittelalterlichen Gesellschaft des zwölften bis vierzehnten Jahrhunderts. Im späten Mittelalter wuchs der Einfluß des Kapitals und steigerten sich — zumal in den Städten — die Klassengegensätze. Wie immer im Verlauf der Geschichte zeigten sich die Grundzüge des neuen Gesellschaftssystems schon in der alten Ordnung, die von der neuen abgelöst wurde.

Obschon es wichtig ist festzustellen, daß viele moderne Elemente bereits im späten Mittelalter vorhanden sind und dann in der neuen Gesellschaftsordnung fortwirken, würde es doch das Verständnis des historischen Ablaufs unmöglich machen, wenn man durch Überbetonung einer gewissen Kontinuität die grundlegenden Unterschiede zwischen Mittelalter und Neuzeit bagatellisieren oder Begriffe wie «mittelalterliche Gesellschaft» und «kapitalistische Gesellschaft» als unwissenschaftliche Konstruktionen beiseite schieben wollte. Solche unter dem Mantel wissenschaftlicher Exaktheit und Objektivität unternommenen Versuche drücken die Soziologie auf eine Anhäufung zahlloser Einzelbeobachtungen herunter und machen jedes Verständnis des gesellschaftlichen Baues und der ihm innewohnenden Wirkungskräfte unmöglich.

Das landläufige Bild vom Mittelalter ist nach zwei Richtungen hin verzeichnet. Der Rationalismus sah in ihm vor allem eine «finstere» Zeit. Er erinnerte an den Mangel an persönlicher Freiheit, an die Ausbeutung der Massen durch eine kleine Minderheit, an die Beschränktheit, welche den Landbewohner für den Städter zu einem verdächtigen und gefährlichen Fremden machte — ganz zu schweigen vom wirklichen Fremdling —, an Aberglauben und Unwissenheit. Von anderer Seite wurde das Mittelalter idealisiert, hauptsächlich von reaktionären Philosophen, mitunter aber auch durch fortschrittliche Kritiker des modernen Kapitalismus, die auf den damaligen Gemeinschaftsgeist hinwiesen, auf die Unterordnung der wirtschaftlichen unter die menschlichen Interessen, auf die Unmittelbarkeit der Beziehungen von Mensch zu Mensch, auf das internationale Primat der katholischen Kirche und das Gefühl einer ruhenden Sicherheit, das damals allgemein war. Beide Zeichnungen des Mittelalters sind richtig. Falsch werden sie erst, wenn man nur eine der beiden betrachtet und vor der andern die Augen verschließt.

Was das Mittelalter von der modernen Gesellschaft entscheidend abhebt, ist der Mangel an individueller Freiheit. In der Frühzeit des Mittelalters war jedermann an seine soziale Stellung geschmiedet. Es bestand kaum eine Möglichkeit, aus einer zur andern Klasse überzugehen oder auch nur aus einem Ort, einem Land zum andern zu ziehen. Der Mensch mußte bleiben, wo er geboren war. Ausnahmen gab es nur wenige; oft war er nicht einmal frei, sich nach eigenem Geschmack zu kleiden oder zu ernähren. Der Handwerker mußte zu einem bestimmten Preis verkaufen, der Bauer an einem bestimmten Platz, dem städtischen Markt. Ein Zunftmitglied durfte einem Nichtmitglied kein Herstellungsverfahren mitteilen und mußte die Zunftgenossen an allen vorteilhaften Rohstoff-Einkäufen teilnehmen lassen. Das persönliche, wirtschaftliche und gesellschaftliche Leben wurde von Regeln und Pflichten beherrscht, von denen am Ende kein Tätigkeitsbereich ausgenommen war.

Aber so wenig damals der Mensch, in unserm Sinne frei war, so wenig stand er auch isoliert und allein. Dadurch, daß er von seiner Geburt an seine bestimmte, unveränderliche und unbestrittene Stellung in dieser Welt hatte, war er fest in ein gegliedertes Ganzes gefügt, und damit hatte sein Leben einen Sinn, der keinen Zweifeln Raum ließ. Jedermann war eins mit seiner gesellschaftlichen Aufgabe, war Bauer, Handwerker, Ritter — kein Individuum, das zufällig diese oder jene Tätigkeit ausübte. Die Gesellschaftsordnung galt als naturgegeben, und das gab jedem, der an ihr Teil hatte, ein sicheres Zugehörigkeitsgefühl. Wettbewerb, Konkurrenz war verhältnismäßig selten. Man war in eine bestimmte Wirtschaft hinein geboren, die eine, durch Überlieferung festgesetzte Lebenshaltung garantierte und zugleich Verpflichtungen gegenüber den, in der gesellschaftlichen Rangordnung Höherstehenden auferlegte. Innerhalb der Grenzen seines gesellschaftlichen Bereichs besaß der Mensch die Freiheit, sein Selbst in seinem Werk und seinem Gefühlsleben auszudrücken. Obwohl es keinen Individualismus in unserm Sinn gab, d. h. keine freie Wahl zwischen vielen Lebensmöglichkeiten (eine meist noch sehr theoretische Freiheit!) bestand da in der Praxis ein reichliches Maß an greifbarem Individualismus. Es gab viel Leid und Not; es gab aber auch die Kirche, die dieses Leid erträglicher machte, indem sie es als Folge der Erbsünde und der Sündhaftigkeit jedes einzelnen erklärte. Die Kirche nährte ein Schuldgefühl, versicherte aber zugleich den Schuldigen ihrer All-Liebe und zeigte einen allgemein überzeugenden Weg zum Glauben an Gottes Verzeihung und Liebe; die Beziehung zu Gott war weit mehr von Zuneigung und Vertrauen als von Furcht und Zweifeln umgeben.

So wie der Landmann oder der Städter kaum je die Grenze seines Gebiets überschritt, so war auch seine Welt begrenzt und einfach zu fassen. Mensch und Erde standen im Mittelpunkt; Himmel oder Hölle waren die künftigen Aufenthaltsorte. Jegliches Tun von Geburt bis zum Tod war durchsichtig klar in Ursache und Wirkung.

So war die Gesellschaft gegliedert, gab menschliche Sicherheit und band dabei doch einen jeden in eine Knechtschaft. Aber es war eine andere Art Knechtschaft als die, welche Jahrhunderte später der autoritäre Staat einführte. Die mittelalterliche Gesellschaft beraubte kein *Individuum* seiner Freiheit, denn das «Individuelle» war noch nicht da; der Mensch war mit der Welt noch durch primäre Bindungen verknüpft. Er begriff sich selber noch nicht als ein Individuelles, sondern allein durch das Mittlertum seiner gesellschaftlichen Rolle, die damals seine natürliche war. Er sah auch in keinem andern die Individualität. Der Bauer war in der Stadt ein Fremder und selbst Angehörige der verschiedenen Stände sahen sich gegenseitig als Fremde an. Die Erkenntnis des eigenen oder des andern individuellen Ichs und der Welt als eines gesonderten Seins war noch nicht voll entwickelt. Dieser Mangel an Selbst-Erkennen in der mittelalterlichen Gesellschaft hat seinen klassischen Ausdruck in Jacob Burckhardts Beschreibung der mittelalterlichen Kultur gefunden; dort heißt es:

> Im Mittelalter lagen die beiden Seiten des Bewußtseins — nach der Welt hin und nach dem Innern des Menschen selbst — wie unter einem gemeinsamen

Schleier träumend oder halbwach. Der Schleier war gewoben aus Glauben, Kindesbefangenheit und Wahn; durch ihn hindurchgesehen erschienen Welt und Geschichte wundersam gefärbt, der Mensch aber erkannte sich nur als Rasse, Volk, Partei, Korporation, Familie oder sonst in irgendeiner Form des Allgemeinen.

Gegen Ende des Mittelalters änderten sich der Gesellschaftsbau und die menschliche Persönlichkeit. Die Einheit und Zentralisation der mittelalterlichen Welt lockerte sich. Kapital, persönliche Wirtschaftsinitiative und wirtschafliche Konkurrenz gewannen an Umfang und Bedeutung; eine Geldaristokratie entstand. In allen Klassen regte sich zunehmender Individualismus und machte sich auf allen Gebieten geltend: dem des Geschmacks, der Mode, der Kunst, Philosophie und Gottesgelahrtheit, wobei aber betont sei, daß diese Entwicklung für die dünne Schicht reicher und erfolgreicher Kapitalisten ein völlig anderes Gesicht hatte als für die Bauernmassen und besonders den städtischen Mittelstand, für den dies Neue zwar bis zu einem gewissen Grad Wohlstand und Aussicht auf persönliche Erfolge, hauptsächlich jedoch eine Bedrohung seiner traditionellen Lebensführung bedeutete. Man muß diesen Unterschied von Anfang an im Auge behalten. Denn er bestimmt die unterschiedlichen seelischen und ideologischen Reaktionen der verschiedenen Gesellschaftsklassen und Gruppen. —
In Italien vollzog sich die neue wirtschaftliche und kulturelle Entwicklung heftiger und unter deutlicherem Widerhall in Kunst, Philosophie und dem ganzen Lebenszuschnitt als in Mittel- und Westeuropa. In Italien tauchte das Individuum, die Persönlichkeit, zuerst aus dem Zustand des Feudalismus empor und zerriß die Bande, die es eingeengt und ihm zugleich Sicherheit gegeben hatten. Der Renaissance-Italiener wurde, nach Burckhardts Wort «der Erstgeborene

unter den Söhnen des modernen Europas». Er wurde die erste «Persönlichkeit».

Wirtschaftliche und politische Ursachen bewirkten in Italien den Zusammenbruch der mittelalterlichen Gesellschaft früher als im übrigen Europa: vor allem die geographische Lage der Halbinsel und die sich daraus ergebenden handelspolitischen Vorteile (das Mittelmeer war damals die bedeutendste Welthandelsstraße); ferner die Kämpfe zwischen Papst und Kaiser, die eine große Zahl selbständiger Einzelstaaten zur Folge hatten; die Nähe des Orients, wodurch etliche, für die industrielle Entwicklung nötigen Kenntnisse und Fertigkeiten, Seidenmanufaktur zum Beispiel, früher als in andere Länder nach Italien gelangten. Aus diesen und anderen Gründen ergab sich der Aufstieg einer besitzenden Klasse, deren Angehörige Macht, Ehrgeiz und Initiative entwickelten, und der gegenüber die Adelsschicht an Bedeutung verlor; vom 12. Jahrhundert an lebten Adel und Bürgerliche zusammen innerhalb der Stadtmauern. Ein gesellschaftlicher Wechselverkehr begann die Standesunterschiede zu verwischen. Geld wurde wichtiger als Abstammung und Geburt.

Diese sozialen Erschütterungen pflanzten sich bis in die Fundamente fort. In den Städten finden wir ausgebeutete und entrechtete Arbeitermassen. Bereits vom Jahr 1231 an laufen Maßnahmen und Verordnungen Kaiser Friedrich II. in Unteritalien und Sizilien «auf völlige Zernichtung des Lehnstaates, auf die Verwandlung des Volkes in eine willenlose, unbewaffnete, im höchsten Grad steuerfähige Masse hinaus». (Burckhardt.)

Das Ergebnis dieser fortschreitenden Auflösung des mittelalterlichen Gesellschaftsbaues war das Emportauchen des Individuums. Um wieder Jacob Burckhardt zu zitieren:

«In Italien zuerst verweht dieser Schleier (aus Glauben, Kindbefangenheit und Wahn) in die Lüfte; es erwacht eine **objektive** Betrachtung und Behandlung des Staates und der sämtlichen Dinge dieser Welt überhaupt; daneben aber erhebt sich mit voller Macht das **Subjektive**, der Mensch wird geistiges Individuum und erkennt sich als solches. So hatte sich einst erhoben der Grieche gegenüber den Barbaren, der individuelle Araber gegenüber den andern Asiaten als Rassenmenschen.»

So wird das im vorigen Kapitel vom Emportauchen des Individuums aus den primären Bindungen Gesagte durch Burckhardts Ausführungen im zweiten Abschnitt seiner «Kultur der Renaissance» erläutert. Der Mensch entdeckt sich selbst und die andern als Individuen, als gesonderte Wesen, und die Natur als etwas, das von ihm in zwiefacher Hinsicht getrennt ist: als Objekt theoretischer und praktischer Beherrschung und zugleich etwas sehr Schönes, das er genießt und daran er sich freut. Er entdeckt die Welt durch die Entdeckung neuer Erdteile und dadurch, daß er in sich und aus sich heraus einen neuen, kosmopolitischen Geist entwickelt, jenen Geist, von dem beseelt ein Dante ausrief: «Meine Heimat ist die Welt überhaupt.» *)

---

*) Burckhardts Grundthese wurde von einigen Autoren bestätigt und erweitert, von andern verneint. Wilhelm Diltey in «Weltanschauung und Analyse des Menschen seit Renaissance und Reformation», Gesammelte Schriften, Leipzig 1914, und E. Cassirers Abhandlung «Individuum und Cosmos in der Philosophie der Renaissance» bewegen sich ungefähr in gleicher Richtung. Von anderer Seite wurde Burckhardt scharf angegriffen. In seinen Büchern «Das Problem der Renaissance» in «Wege der Kulturgeschichte», München 1930, S. 89 ff und in «Herbst des Mittelalters», München 1924, weist J. Huizinga darauf hin, Burckhardt unterschätze den Ähnlichkeitsgrad zwischen dem Leben der Massen in Italien und in andern europäischen Ländern im späten Mittelalter: er datiere den Beginn der Renaissance etwa von 1400 an, während das von ihm zur Stützung seiner These herangezogene Material dem fünfzehnten und dem Anfang des sechzehnten Jahrhunderts angehöre; er unterschätze den christlichen Charakter der Renaissance und überschätze das Gewicht der in ihr enthaltenen heidnischen Elemente; er betrachte den Individualismus als Dominante der Renaissancekultur, während derselbe nur einen von mehreren Wesenszügen darstelle; das Mittelalter entbehre des Individualistischen nicht in dem von Burckhardt behaupteten Grad,

Die Kultur der Renaissance war die einer reichen und mächtigen Oberschicht, war der Kamm einer Welle, die vom Sturm neuer ökonomischer Kräfte emporgetrieben wurde. Die Massen, die an der Macht und dem Reichtum der herrschenden Gruppe keinen Anteil besaßen, hatten die Sicherheit ihres einstigen Status verloren, waren zur formlosen Menge geworden, die bald umschmeichelt und bald bedroht, immer jedoch von den an der Macht Befindlichen als Zweckmittel benutzt und ausgebeutet wurde. Ein Neu-Despotismus erhob sich neben dem neuen Individualismus.

wodurch seine Kontrastierung von Mittelalter und Renaissance ungenau sei; die Renaissance sei wie das Mittelalter der Autorität unterworfen; die mittelalterliche Welt sei den weltlichen Freuden nicht so feindlich und die Renaissance nicht so optimistisch gewesen, wie Burckhardt annehme; von der modernen Geisteshaltung, dem menschlichen Streben nach persönlicher Vervollkommnung und der Entwicklung der Individualität, seien in der Renaissance erst Keime zu finden; schon im dreizehnten Jahrhundert hätten die Troubadours die Idee vom Adel des Herzens entwickelt, während die Renaissance noch nicht mit dem mittelalterlichen Untertanenbegriff, der dienenden Unterordnung unter einen, in der sozialen Hierarchie Höherstehenden aufgeräumt habe.

Selbst wenn diese Argumente im Einzelnen richtig sind, entkräften sie, wie mir scheint, Burckhardts Grundthese nicht. Huizinga argumentiert nach dem Prinzip: Burckhardt habe Unrecht, weil ein Teil der von ihm für die Renaissance in Anspruch genommenen Erscheinungen bereits im späten Mittelalter in West- und Mitteleuropa bestanden, während andere erst nach Ende der Renaissancezeit auftraten. Es sind das die gleichen Argumente, die auch gegen jede kontrastierende Gegenüberstellung des mittelalterlichen Lehnsstaates und der neuzeitlichen kapitalistischen Welt gebraucht wurden. Das zu Beginn dieses Kapitelabschnittes Gesagte gilt also auch für diese Kritik an Burckhardt. Burckhardt hat den Grundunterschied zwischen mittelalterlicher und moderner Kultur erkannt. Er hat vielleicht die Begriffe «Renaissance» und «Mittelalter» zu sehr als Idealtypen gebraucht und von quantitativen Unterschieden gesprochen, als seien es qualitative. Doch er besass, wie mir scheint, die visionäre Erkenntnis jener Strömungen, die im europäischen Geschichtsablauf aus der Quantität in Qualität umschlagen sollten. Man vergleiche zu diesem ganzen Problem auch die ausgezeichnete Untersuchung von Charles E. Trinkhaus, «Adversity's Noblemen», Columbia University Press, New York 1940, die in der Analyse der italienisch-humanistischen Anschauungen über das Problem des Lebensglücks eine aufbauende Kritik des Burckhardtschen Werkes enthält. Im Hinblick auf die im vorliegenden Buch erörterten Fragen erscheinen Trinkhauses Ausführungen über Unsicherheit, Resignation, Entsagung und Verzweiflung als Folgen wachsenden Konkurrenzkampfes und persönlichen Emporstrebens von besonderer Bedeutung.

Freiheit und Tyrannei, Individualität und Aufruhr waren unentwirrbar miteinander verwoben. Die Renaissance war nicht die Kultur bescheidener Ladeninhaber und kleiner Bourgeois, sondern die der reichen Bürger und Adeligen; ihre wirtschaftliche Tätigkeit und ihr Besitz gaben ihnen Freiheitsgefühl und Ich-Bewußtsein. Aber gleichzeitig hatten eben diese Leute auch etwas verloren: die Sicherheit und das Dazugehörigkeitsgefühl, das ihnen der mittelalterliche Gesellschaftsbau gewährt hatte. Sie waren freier, aber auch einsamer, und sie benutzten ihren Reichtum, um aus dem Dasein die letzte Unze Lustgefühl herauszupressen. Zu diesem Behuf mußten sie rücksichtslos alle Mittel in Anwendung bringen: von körperlicher Folter bis zu den feinsten psychologischen Methoden alles, was dazu angetan war, über die Menge zu triumphieren und die Konkurrenten in ihrer eigenen Klasse beiseite zu stoßen.

Dieser rasende Kampf auf Leben und Tod zur Erhaltung von Reichtum und Macht vergiftete jedwede menschliche Beziehung. An Stelle eines Verbundenseins mit den Mitmenschen — oder wenigstens mit den eigenen Klassengenossen — trat zynische Reserve gegenüber der fremden Individualität, die als «Objekt» betrachtet wurde, das man für sich ausnutzte, mit dem man zu seinem Vorteil verfuhr, und das man, wenn es den eigenen Zielen förderlich war, unbedenklich vernichtete. Das Individuum war von Egozentrik wie aufgesogen, unersättlich in seiner Gier nach Reichtum und Macht, wodurch auch die neu errungene Beziehung zum eigenen Ich, die Zuversicht und das Selbstvertrauen, vergiftet wurde. So wie die andern, die Außenstehenden, wurde auch das eigene Selbst zum Objekt; man verfuhr mit ihm; der Mensch verfuhr mit sich selbst.

Wir haben allen Grund anzunehmen, daß die Machthaber des Renaissance-Kapitalismus keineswegs so glücklich und selbstsicher waren, wie sie oft dargestellt sind. Es scheint, die neue Freiheit brachte ihnen neben wachsendem Machtgefühl eine zunehmende Vereinsamung, Zweifelsucht, Ungewißheit und — aus all dem hervorwachsend — die Angst.

Dem gleichen Kontrast begegnen wir in den philosophischen Schriften der Humanisten. Dicht neben Beteuerungen der menschlichen Würde, der Kraft der Persönlichkeit zeigt sich Unsicherheit und Zweifel, Verzweiflung an ihrer eigenen Philosophie.*)

Diese unterirdische Unsicherheit, die herrührte von dem einsamen Stand des Individuums in einer feindlichen Welt, führt uns zur Erklärung einer Charakteranlage, welche, wie ebenfalls Burckhardt nachwies, den Renaissancemenschen eigen war und sich im Menschen des Mittelalters noch nicht oder jedenfalls nicht in der gleichen Stärke kundgab: des leidenschaftlichen Ruhmesverlangens.**) Wenn der Sinn des Daseins zweifelhaft wird; wenn die Beziehung des Menschen zu sich und zu andern keine Sicherheit mehr bieten, bildet der R u h m ein Mittel, die Zweifel zu beschwichtigen und vielleicht ganz zum Schweigen zu bringen. Man kann seine Funktion der der ägyptischen Pyramiden vergleichen oder auch dem Unsterblichkeitsglauben; wie diese hebt er das persönliche Leben aus seinen Begrenzungen, seiner Unbeständigkeit in die höhere Ebene des Unzerstörbaren, Unvergänglichen. Sobald dein Name von den Zeitgenossen gekannt ist, so daß du hoffen kannst, er werde Jahrhunderte überdauern, gewinnt dein Leben durch Spiegelung und Widerhall in Andern Sinn und Bedeutung. Wie man sieht, war diese Erlösung von individueller Unsicherheit nur in einer Schicht möglich, deren Angehörige die nötigen Mittel und Möglichkeiten besaßen, um Ruhm zu erringen; sie bedeutete keineswegs eine Lösung für die machtlose Menge des gleichen Zeitalters, auch nicht für den

---

*) Vgl. Dilteys Analyse Petrarch's in seiner oben S. 42 angeführten Schrift (pagina 19 ff) und Trinkhaus «Adversity's Noblemen»!
**) «Kultur der Renaissance in Italien», II, 3.

städtischen Kleinbürger, dessen Klasse das Rückgrat der Reformation bilden sollte. —

Obwohl die Ideen der Renaissance auf die weitere Entwicklung des europäischen Denkens einen bestimmenden Einfluß ausübten, sind die Hauptwurzeln des neuzeitlichen Kapitalismus, seiner wirtschaftlichen Struktur und des ihm innewohnenden Geistes nicht in der Kultur des spätmittelalterlichen Italiens zu suchen, sondern in den wirtschaftlichen und gesellschaftlichen Zuständen von Mittel- und Westeuropa und den dort erwachsenden Lehren Luthers und Calvins.

Der Hauptunterschied zwischen diesen beiden Kulturkreisen ist der: die Renaissance zeigt eine verhältnismäßig hohe Entwicklung des industriellen und Handels-Kapitalismus: eine Gesellschaft, in der eine kleine Schar reicher und mächtiger Personen die Herrschaft hatten und den gesellschaftlichen Nährboden für Philosophen und Künstler bildeten, die dem Geist dieser Kultur Ausdruck verliehen. Die Reformation hingegen war im wesentlichen ein Glauben der städtischen Mittel- und Unterschichten sowie der Bauern. Auch Deutschland besaß seine reichen Kaufherren, z. B. die Fuggers, aber weder waren diese die einzigen, die von den neuen Glaubenslehren angezogen wurden, noch bildeten sie für die Entwicklung des modernen Kapitalismus die Hauptbasis. Wie Max Weber*) darlegt, wurde vielmehr der städtische Mittelstand Hauptstütze der kapitalistischen Entwicklung auf der westlichen Halbkugel. Entsprechend dem völlig verschiedenen sozialen Unterbau beider Bewegungen läßt sich von vornherein annehmen, daß sich der Geist der Renaissance von dem der Reformation grundlegend unterscheidet.**) Bei der folgenden Betrachtung lutherscher und calvinscher Theologie werden einige dieser Unterschiede von

---

*) «The Protestant Ethic and the Spirit of Capitalism», London 1930, S. 65.

**) Vgl. Ernst Troeltsch, «Renaissance und Reformation», Bd. IV der Gesammelten Schriften, Tübingen 1923.

selbst zu Tage treten. Unser Augenmerk wird sich besonders auf die Frage richten, inwieweit die Befreiung von individuellen Bindungen die Charakteranlage der städtischen Mittelklasse beeinflußt hat. Wir werden darzulegen versuchen, daß Protestantismus und Calvinismus, indem sie einem neuen Gefühl positiver Freiheit Ausdruck gaben, zugleich ein Entrinnen aus den Lasten einer nur negativen Freiheit möglich machten.

Wir besprechen zunächst die wirtschaftliche und soziale Lage in Europa, Mitteleuropa besonders, zu Anfang des 16. Jahrhunderts und untersuchen danach die Auswirkungen dieser Lage auf die Menschen jener Zeit, die Beziehungen der Lehren Luthers und Calvins zu diesen Auswirkungen und die Beziehung der neuen Lehren zum Geist des Kapitalismus.

Im Mittelalter befand sich die Wirtschaftsorganisation in den Städten verhältnismäßig im Gleichgewicht. Die Handwerker waren in Zünften vereinigt; jeder Meister hatte einige Lehrlinge, und die Anzahl der Meister befand sich in einem angemessenen Verhältnis zum Bedarf. Wenn auch immer einige schwer zu kämpfen hatten, um genug zum Lebensunterhalt zu verdienen, konnte ein Meister doch im allgemeinen von seiner Hände Arbeit leben. War seine Arbeit gut, so hatte er alles getan, um vertrauensvoll so weiterleben zu können, wie es die Tradition seinem Stand vorschrieb. Die Zünfte verhinderten jeden heftigen Wettbewerb unter ihren Mitgliedern und erzwangen ein gemeinschaftliches Vorgehen beim Einkauf der Rohstoffe, bei den Verkaufspreisen wie auch im Herstellungsverfahren. Entgegen dem Idealisierungsbestreben einiger Geschichtsschreiber haben andere auf den monopolistischen Charakter der Zünfte verwiesen, die immer bemüht waren, ihren engen Kreis vor dem Eindringen neuer Kräfte zu schützen. Immerhin anerkannten die meisten Autoren, fern jeder Idealisierung, daß die Zünfte auf gegenseitiger Hilfe und Zusammenarbeit beruhten und ihren Angehörigen ein sicheres Einkommen gewährleisteten.

Der mittelalterliche Handel wurde, nach Sombart,*) von einer Vielzahl kleiner und kleinster Geschäftsleute ausgeübt. Groß- und Kleinhandel waren noch nicht getrennt; selbst die Handelsherren, die Auslandfahrten unternahmen (wie die Mitglieder der norddeutschen Hansa), befaßten sich gleicherweise mit dem Detailverkauf. Bis Ende des fünfzehnten Jahrhunderts war die Kapitalanhäufung noch sehr gering, und so besaß im Vergleich zum späten Mittelalter, als Großkapital und Monopolhandel größere Bedeutung gewannen, der kleine Geschäftsmann noch ziemliche Sicherheit. «Vieles, was heute auf mechanischem Wege erzeugt wird», heißt es bei Tawney,**) «war damals Handarbeit, geschah persönlich und unmittelbar. Da war kaum Raum für ungeheure, dem Wesen des Einzelnen unzuträgliche Organisationen oder für Anschauungen, die alle Gewissensskrupel mit dem Hinweis auf die wirtschaftliche Zweckmäßigkeit zum Schweigen bringen.»

Damit sind wir bei einem zum Verständnis der Stellung des Einzelnen in der mittelalterlichen Gesellschaft sehr wesentlichen Punkt: den das ökonomische Tun und Lassen betreffenden Sittengeboten, die nicht allein in den Lehren der Kirche, sondern auch in weltlichen Gesetzen ihren Ausdruck fanden und darin gipfelten, daß die Wirtschaftsinteressen dem wahren Lebensziel, der Erlangung der ewigen Seligkeit, untergeordnet seien und nur einen Teil menschlichen Wandelns bilden, für welchen wie für jeden anderen Teil die Gebote der Sittlichkeit bindend sind. Tawney,**) der von jedem Verdachte frei ist, das Mittelalter zu idealisieren oder zu romantisieren, gibt uns folgendes Bild des mittelalterlichen Wirtschaftsdenkens:

---

*) «Der moderne Kapitalismus», 1921, 1928.
**) «Religion and the rise of Capitalism», London 1926, S. 28, S. 303.

Materieller Reichtum ist notwendig, doch hat er nur insofern Bedeutung, als ohne ihn die Menschen nicht leben und einander beistehen könnten... Rein wirtschaftliche Beweggründe sind verdächtig. Weil sie mächtige Triebfedern und Begierden bergen, fürchten die Menschen sie, erniedrigen sich aber nie so weit, ihnen Beifall zu zollen. In dem Denken des Mittelalters ist kein Raum für irgendeine ökonomische Tätigkeit ohne sittliches Endziel. Eine Gesellschaftswissenschaft auf die Annahme zu gründen, daß Gewinngier eine feststehende und bestimmbare Größe sei, mit der man sich wie mit einer Naturkraft als etwas Unvermeidlichem abzufinden habe, wäre dem Denker des Mittelalters nicht weniger unvernünftig und unmoralisch erschienen, als wenn jemand das ungehemmte Austoben von Streitsucht oder Geschlechtstrieb — auch diese ein notwendig menschliches Zubehör — zur Grundlage einer Philosophie der Gesellschaft hätte machen wollen... ‚Reichtümer', sagt der hl. Antonius, ‚sind für den Menschen da, nicht der Mensch für die Reichtümer.' Daher finden sich allenthalben Schranken und Warnungen gegen die Einmischung der ökonomischen in höhere, ernstere Interessen. Gut tut ein Mann, soviel Wohlstand zu suchen, wie es sich für seinen Stand geziemt. Mehr zu erstreben, ist nicht Unternehmungsgeist, sondern Habsucht, und Habsucht ist eine Todsünde. Handel ist gesetzlich; die verschieden gearteten Hilfsquellen der verschiedenen Länder beweisen, daß die Vorsehung ihn beabsichtigte. Doch ist er eine gefährliche Sache. Der Händler muß sicher sein, daß er sein Gewerbe zum allgemeinen Wohl betreibt, und der Nutzen, den er zieht, nicht mehr ist als Lohn für sein Mühen. Privateigentum ist eine notwendige Einrichtung, wenigstens in der Welt nach dem Sündenfall; die Menschen arbeiten mehr und streiten weniger, wenn die Güter privat, als wenn sie gemeinschaftlich sind. Privateigentum ist als Zugeständnis an die Schwäche der Menschen zu dulden, aber nicht als wünschenswert zu begrüßen; das Ideal — könnte sich nur die Menschennatur dazu aufschwingen — ist Kommunismus. — So heißt es in Gratians «Decretum»: ‚Communis enim usus omnium quae sunt in hoc mundo, omnibus hominibus esse debuit', auf deutsch: ‚Die Nutzung von allem, was in dieser Welt ist, sollte allen Menschen gemeinsam sein.' Grundbesitz sei auf alle Fälle begrenzt; er muß für den Unterhalt der Armen sorgen, seine Nutzung muß ein Allgemeinnutzen sein! Die Besitzer müssen bereit sein, ihn mit Bedürftigen zu teilen, auch wenn diese sich nicht in dringender Not befinden.

Obwohl diese Worte nur Anschauungen und nicht das wirkliche Wirtschaftsleben darstellen, spiegeln sie doch in gewisser Hinsicht den wahren Geist der mittelalterlichen Gesellschaft.

Die relative Standfähigkeit von Handel und Handwerk der mittelalterlichen Stadt wurde im späten Mittelalter langsam unterhöhlt, bis im 16. Jahrhundert der völlige Zusammenbruch erfolgte. Schon im 14. Jahrhundert und früher machte sich innerhalb der Zünfte ungeachtet aller Versuche, dem Einhalt zu tun — eine fortschreitende Ungleichheit geltend. Einige Zünftler besaßen mehr Kapital als andere und stellten, statt einem oder zwei, fünf Gesellen an, und bald ließen einzelne Gilden nur noch Leute mit einem bestimmten Kapitalnachweis zu. Andere entwickelten sich zu mächtigen Monopolgesellschaften, schröpften die Kundschaft so gut sie konnten und nutzten ihr Monopol nach Kräften aus. Zugleich verarmten zahlreiche Zünftler und mußten sehen, wie sie sich außerhalb der Innung noch etwas verdienen konnten; oft waren sie nebenher Trödler. Während sie noch verzweifelt am überlieferten Ideal wirtschaftlicher Selbständigkeit festhielten, hatten viele ihre ökonomische Unabhängigkeit längst verloren.*)

Hand in Hand mit dieser Entwicklung verschlechterte sich die Lage der Angestellten. Während in den italienischen und flandrischen Industrien bereits im dreizehnten Jahrhundert und schon vorher eine Klasse von unzufriedenen Arbeitern bestand, war in den Handwerkergilden die Lage der Gesellen noch einigermaßen gesichert. Daß jeder Geselle Meister werden könne, war zwar schon damals eine Unwahrheit; immerhin gelang es noch vielen. Je mehr aber die Zahl der von einem Meister beschäftigten Gesellen wuchs, je mehr Kapital verlangt wurde, um Meister zu werden, je mehr sich die Gilden abschlossen und zu Monopolunternehmungen entwickelten, um so geringer wurden die Aufstiegmöglichkeiten für die Gesellen. Die Verschlimmerung ihrer Lage zeigte sich bald in zunehmender Unzufriedenheit, in der Bildung eigener Verbände, in Streiks und gewaltsamen Aufständen.

Das von der kapitalistischen Entwicklung der Handwerkergilden Gesagte gilt in noch höherem Maß für den Handel. Während der mittelalterliche Handel sich in der Hauptsache dem kleinen Stadtgeschäft widmete, wuchs im 14. und 15. Jahrhundert der nationale und internationale Warenverkehr. Im 15. Jahrhundert bildete er Monopole, die durch überwuchtende Kapitalkraft den Konsumenten nicht minder gefährlich wurde wie den Kleingewerbetreibenden. Die Gesetzgebung unter Kaiser Sigismund versuchte im 15. Jahrhundert reformierend einzugreifen, die Macht der Monopolwirtschaft zu brechen, aber die Lage der Kleingewerbler wurde immer unsicherer. «Man hörte zwar ihre

---

*) Vgl. Lamprecht, «Zum Verständnis der wirtschaftlichen und sozialen Wandlungen in Deutschland vom 14. zum 16. Jahrhundert» in «Zeitschrift für Sozial- und Wirtschaftsgeschichte», Freiburg i. B. und Leipzig, 1893.

Klagen, aber man erhörte sie nicht», heißt es bei Schapiro.*)

Ihren beredtesten Ausdruck fanden Wut und Empörung des kleinen Kaufmanns in Luthers Streitschrift «Von Kaufshandlung und Wucher», die 1524 erschien: «...sie haben alle Ware unter ihren Händen und machens damit, wie sie wollen, und treiben ohn alle Scheu die obberührten Stücke: daß sie (sc. die Preise) steigern oder niedrigen nach ihrem Gefallen und drücken und verderben alle geringen Kaufleute gleichwie der Hecht die kleinen Fische im Wasser, gerade als wären sie Herren über Gottes Kreaturen und frei von allen Gesetzen des Glaubens und der Liebe.»

Dem Inhalt nach könnte das ebenso gut heute geschrieben sein. Die Furcht und die Wut, die der Mittelstand des 15. und 16. Jahrhunderts gegen die reichen Monopolherren empfand, hat viel Ähnlichkeit mit dem, was in unserer Zeit die «kleinen Leute» den Großfirmen gegenüber fühlen und äußern.

Auch in der Industrie wuchs die Bedeutung des Kapitals, was am deutlichsten wohl im Bergbau zutage trat. Ursprünglich entsprach der Kux, d. h. der Anteil jedes Mitgliedes einer Bergmannszunft, dem Maß der von ihm geleisteten Arbeit. Doch etwa vom 15. Jahrhundert an gehörten die Kuxe in vielen Fällen Kapitalisten, die selbst keine Haue anrührten; die Arbeit wurde von Lohnarbeitern verrichtet, die nicht an dem Unternehmen beteiligt waren. Gleiche Entwicklung erfolgte in anderen Industriezweigen und verstärkte die, aus dem steigenden Kapitaleinfluß hervorgehenden Tendenzen schärferer, tieferer, weiterer Trennung von Arm und Reich und zunehmender Unzufriedenheit der verarmten Klassen.

Bezüglich der Lage der Bauernschaft weichen die Ansichten der verschiedenen Historiker voneinander ab. Auf Grund des uns zugänglichen Quellenmaterials kommt Scha-

---

*) «Social Reform and the Reformation», Thesis, Columbia University, 1909.

piros «Social Reform and the Reformation» dem wirklichen Zustand wohl am nächsten, wenn er feststellt:

> Trotz dieser Anzeichen von Wohlstand verschlechterte sich die Lage der Bauernschaft rapid. Zu Beginn des 16. Jahrhunderts gab es nur noch wenige selbständige, ihr Land mit eigener Hand bebauende Landwirte mit Sitz im örtlichen Landtag, was immer ein Zeichen der bäuerlichen Unabhängigkeit und Gleichberechtigung war. In überwältigender Mehrzahl waren es «Hörige», d. h. Landleute, die zwar persönlich «frei», deren Grundstücke jedoch mit dinglichen Pflichten belastet waren, die sie selbst samt ihrem Hausstand auf Grund besonderer Satzung erfüllen mußten. Diese Hörigen waren die Kerntruppe aller Bauernaufstände. Die in einer halb freien, halb unfreien Gemeinschaft rings um den Herrensitz lebenden Kleinbauern erkannten bald, wie das Anwachsen der Frondienste und Abgaben sie mehr und mehr in den Zustand der Sklaverei herabdrückte und die Dorfgemeinde zu einem bloßen Teil des Ritterguts werden ließ.

Bezeichnende seelische Wandlungen traten im Gefolge dieser kapitalistischen Wirtschaftsentwicklung auf. Unrast wuchs und erfüllte das Leben der spätmittelalterlichen Gesellschaft. Es entwickelte sich der heutige Begriff von Zeit. Es mag als Symptom dieses neuen Zeitsinnes gelten, daß in Nürnberg, vom 16. Jahrhundert an, die Türmer jede Viertelstunde läuteten.*) Die vielen Feiertage wurden bereits als Unglück gewertet. Zeit wurde etwas so Kostbares, daß man sie nur noch zu nützlichen Zwecken verwenden zu dürfen meinte, Arbeit ein immer höher geschätzter Wert; und diese Anschauung entwickelte sich mit solcher Macht, daß sich das Bürgertum in zunehmendem Maße gegen die wirtschaft-

---

*) Vgl. Lamprecht, «Zum Verständnis der wirtschaftlichen und sozialen Wandlungen ...» (s. o.!), S. 100.

lich unproduktiven Einrichtungen der Kirche auflehnte. Die Bettelorden verabscheute man als unproduktiv und daher unsittlich. Tüchtigkeit wurde zu einer der höchsten sittlichen Tugenden und das Verlangen nach Reichtum und äußerem Erfolg zu einer alles verschlingenden Leidenschaft. Wie Martin Butzer, der Prediger, sagte, renne jedermann hinter den am meisten Gewinn versprechenden Geschäften und Beschäftigungen her und gebe das Studium der Künste und Wissenschaften um nichtswürdiger Beschäftigungen willen auf. Kluge Köpfe, von Gott mit der Fähigkeit zu edleren Leistungen begabt, seien derart mit Geschäftemacherei angefüllt, auf welcher doch jetzt so viel Unehre laste, daß sich ein ehrenwerter Mann damit zu allerletzt abgeben dürfe.

Die bereits geschilderte Hauptfolge der wirtschaftlichen Veränderung wirkte sich allgemein aus. Das mittelalterliche Gesellschaftssystem wurde zerstört und damit die verhältnismäßige Sicherheit, die es dem Individuum gewährte. Mit dem Beginn des Kapitalismus gerieten alle Gesellschaftsschichten in Bewegung. Es gab in der Wirtschaftsordnung keinen festen Punkt mehr, den man als naturgegeben und unantastbar ansehen konnte. Das Individuum war alleingelassen. Alles hing nun von seinen eigenen Bemühungen ab, nichts mehr von der Sicherheit seines überlieferten Standes.

Doch die verschiedenen Klassen waren von dieser Entwicklung auf sehr verschiedene Weise betroffen. Für die armen Leute in den Städten, die Arbeiter und Lehrburschen war sie gleichbedeutend mit Verelendung und stärkerer Ausbeutung, für die Bauern mit wachsender wirtschaftlicher und persönlicher Bedrückung; auch der niedere Adel sah sich, obschon auf andere Art, ruiniert. Während für diese Klassen die neue Entwicklung vor allem eine Wendung zum Schlechteren brachte, gestaltete sich die Situation für den städtischen Mittelstand etwas verwickelter. Wir sprachen bereits von seiner zunehmenden inneren Spaltung. Weite Schichten gerieten in immer schlechtere Lage; viele Handwerker und Kleinhändler sahen sich mächtigen Monopolisten und andern kapitalkräftigen Konkurrenten gegenüber und hatten immer größere Schwierigkeiten, selbständig zu bleiben. Es gab zahlreiche Kämpfe gegen überwältigend starke Mächte; für viele war es ein verzweifelter, hoffnungsloser Kampf. Andere Teile des Mittelstandes hatten mehr Glück und nahmen an der allgemeinen Aufwärtsbewegung des Kapitalismus teil. Aber selbst diesen Begünstigten machte die Entfaltung des **Kapitals**, des **Marktes**, des **freien Wettbewerbs** ihre rein persönliche Lage zu einer unsicheren und besorgniserregenden. Die Tatsache, daß das Kapital entscheidende Bedeutung errang, hieß für sie soviel, daß eine überpersönliche Macht ihr wirtschaftliches und damit ihr persönliches Schicksal bestimmte. Das Kapital hatte, wie Tawney sagt, aufgehört Diener zu sein und war nun der Herr. «Es führte sein eigenes unabhängiges Dasein; es beanspruchte das Recht eines ausschlaggebenden Partners: eine seinen eigenen anspruchsvollen Bedürfnissen entsprechende Wirtschaftsordnung zu diktieren.»

Die neue Funktion des Marktes übte eine ähnliche Wirkung aus. Der mittelalterliche Markt war verhältnismäßig bescheiden gewesen, seine Bedeutung und Leistung leicht zu verstehen. Er brachte Nachfrage und Angebot in unmittelbar greifbare Beziehung. Der Erzeuger wußte, wieviel er annähernd erzeugen mußte, und konnte mit einiger Sicherheit damit rechnen, seine Erzeugnisse zu angemessenem Preis zu verkaufen. Nun aber mußte man für einen immer ausgedehnteren Markt produzieren und vermochte die Verkaufsmöglichkeiten nicht im voraus abzuschätzen. Es genügte nicht mehr, nützliche Güter zu produzieren. Obwohl Güte und Brauchbarkeit Voraussetzungen für den Verkauf waren, entschieden erst die undurchsichtigen Gesetze des Marktes darüber, ob die Erzeugnisse überhaupt verkauft wurden und welches der Nutzen war. Der Mechanismus des neuen Marktes glich irgendwie der Calvinschen Prädestinationslehre, die da befahl, der Mensch müsse alle Anstrengung unternehmen, um gut zu sein, doch sei ihm schon von Geburt an bestimmt, ob er erlöst werde oder nicht. Der Markttag wurde zum Tag des Gerichts für die Erzeugnisse menschlichen Mühens.

Und nun der Wettbewerb! Wohl kannte ihn auch die Feudalzeit, doch beruhte das damalige Wirtschaftssystem auf dem Grundsatz der Zusammenarbeit und war durch Normen reguliert (oder reglementiert), die den Wettbewerb unterdrückten. Mit dem Aufstieg des Kapitalismus wichen diese mittelalterlichen Grundsätze immer mehr dem freien Walten persönlichen Unternehmungsgeistes. Jedermann mußte vorwärts gelangen und sein Glück versuchen, mußte schwimmen oder untergehen. Die andern waren ihm nicht in Gemeinschaftsarbeit verbunden, sondern Konkurrenten, und oft blieb ihm keine andere Wahl, als sie zu ruinieren oder selbst ruiniert zu werden.*)

Gewiß spielten Kapital, Markt und persönlicher Wettbewerb im 16. Jahrhundert noch nicht die bedeutende Rolle wie später, doch waren schon zu jener Zeit alle entscheidenden Elemente des modernen Kapitalismus, zusammen mit ihren seelischen Auswirkungen, vorhanden. —

Wir haben bisher erst eine Seite des Bildes gezeigt. Es hat noch eine andere: Der Kapitalismus hat das Individuelle frei gemacht. Er befreite den Menschen vom Eingeschlossensein in das Korporationssystem, erlaubte ihm, auf eigenen Füßen zu stehen und sein Glück zu erproben. Er wurde Herr seines Schicksals. Sein war die Gefahr, sein der Gewinn. Persönliche Anstrengung konnte ihm zum Erfolg

---

*) Man vergleiche dieses Wettbewerbsproblem mit M. Mead, «Cooperation among Primitive Peoples», London 1937, und L. K. Frank, «The Cost of Competition», in Plan Age, Bd. VI, November-Dezember 1940.

und zu wirtschaftlicher Unabhängigkeit verhelfen. Das Geld wurde ein großer Gleichmacher, es erwies sich als mächtiger denn Geburt und Stand. In der eben behandelten Periode fing diese Eigenschaft des Kapitalismus erst an, sich zu entfalten und spielte bei der kleinen Gruppe von Reichen natürlich eine größere Rolle als im Mittelstand. Aber selbst mit dieser Einschränkung übte der Kapitalismus eine bedeutende Wirkung auf die Umformung der menschlichen Persönlichkeit aus.

Fassen wir das über die wirtschaftlichen und gesellschaftlichen Wandlungen des Individuums im 15. und 16. Jahrhundert Gesagte zusammen, so ergibt sich folgendes:

Wir sehen abermals das Doppelgesicht der Freiheit: Das Individuum ist frei v o n Bindungen wirtschaftlicher und politischer Fesseln; durch die tätige und unabhängige Rolle, die es in dem neuen System zu spielen hat, gewinnt es an positiver Freiheit. Gleichzeitig aber ist es von jenen Banden befreit, die ihm Sicherheit und Zugehörigkeit gaben. Es lebt sein Leben nicht mehr in einer geschlossenen Welt, dessen Zentrum der Mensch ist; die Welt ist nun grenzenlos und zu gleicher Zeit furchterregend. Durch den Verlust seiner festen Stellung in einem geschlossenen Ganzen verlor der Mensch die Antwort auf die Frage nach dem Sinn seines Lebens. Die Folge ist, daß er an sich und dem Zweck seines Lebens zu zweifeln beginnt. Er ist von überpersönlichen Mächten bedroht: Kapital und Markt. Seine Mitmenschen sind ihm entfremdet und feind; jeder kann ihm zum mächtigen Konkurrenten werden. Er ist frei — das heißt: allein, isoliert, von allen Seiten bedroht. Ohne den Reichtum, die Macht des Renaissance-Kapitalisten, ohne das sichere Gefühl, mit Menschheit und Universum eins zu sein, wird er von seiner persönlichen Bedeutungs- und Hilflosigkeit übermannt. Das Paradies ist für immer verloren. Das Individuum ist allein, fremd in eine unbegrenzte, drohende Welt geworfen. Mit Notwendigkeit muß die neue

Freiheit Gefühle tiefer Unsicherheit, Ohnmacht, Zweifel, Einsamkeit und Angst hervorrufen. Wenn das Individuum noch mit Erfolg funktionieren soll, müssen diese Gefühle gemildert, erleichtert, verringert werden.

2

Die Zeit der Reformation

Damit sind wir bei dem Zeit- und Entwicklungspunkt, an dem Luthertum und Calvinismus in Erscheinung treten, beides nicht Religionen der Reichen, sondern der städtischen Mittelklasse, der Stadtarmen, der Bauern. Beide wirken besonders auf diese Gruppen, weil sie sowohl den Gefühlen der Freiheit und Unabhängigkeit wie denen der Machtlosigkeit und Angst, von denen die Mitglieder dieser Gruppen durchdrungen sind, Ausdruck verleihen.

Aber die neuen Religionen drücken nicht bloß die durch die gewandelte Wirtschaftsordnung erzeugten Gefühle klar aus — sie verstärken sie noch durch ihre Lehren und reichen zu gleicher Zeit Lösungen dar, welche das Individuum befähigen, mit seiner sonst unerträglichen Unsicherheit fertig zu werden.

Ehe wir mit der Betrachtung der sozialen und psychologischen Bedeutung der neuen Theologien beginnen, mögen einige Bemerkungen zu unsern Untersuchungsmethoden das Verstehen der nachfolgenden Analyse erleichtern.

Wir müssen uns beim Studium der psychologischen Bedeutung einer religiösen oder politischen Lehre darüber klar sein, daß die psychologische Analyse nicht etwa ein Urteil über die Wahrheit der analysierten Doktrin in sich schließt. Diese Frage läßt sich vielmehr nur auf Grund einer logischen Untersuchung des Problems selbst entscheiden. Die Analyse der hinter bestimmten Doktrinen oder Gedanken stehenden Seelenmotive ist nie Ersatz für die vernunftgemäße Beurteilung der Gültigkeit dieser Doktrin und der ihr eigenen Werte. Wohl aber kann eine solche Analyse zum Verständnis der realen Bedeutung einer Doktrin beitragen und so auch auf deren Wertung Einfluß ausüben.

Was die psychologische Analyse von Doktrinen aufzuzeigen vermag, sind die subjektiven Beweggründe, die eine Person bestimmte Probleme gewahr werden und deren Beantwortung in bestimmten Richtungen suchen lassen. Jede Art des Denkens, sei sie wahr oder falsch — wofern sie mehr ist als oberflächliche Anpassung an herkömmliche Ideen —, hat ihre Ursachen in den subjektiven Bedürfnissen und Interessen dessen, der denkt. Durch das Auffinden einer Wahrheit können Interessen gefördert oder zerstört werden, und es hängt daher sehr von ihnen ab, welche Schlußfolgerung jeweils das menschliche Denken zieht. Wir können sogar behaupten, daß Ideen, die nicht in mächtigen Bedürfnissen einer Persönlichkeit wurzeln, nur geringen Einfluß auf ihre Handlungen und ihr Leben gewinnen können.

Betrachten wir nun religiöse oder politische Lehren hinsichtlich ihrer psychologischen Bedeutung, so gilt es, zwei Fragestellungen zu unterscheiden.

Wir können die charakterologische Veranlagung des Schöpfers einer neuen Lehre untersuchen, um herauszufinden, welche Wesenszüge in ihm die besondere Richtung seines Denkens veranlaßten; so müßten wir zum Beispiel die Persönlichkeit Luthers oder Calvins studieren, um feststellen zu können, infolge welcher Charaktereigenschaften sie zu bestimmten Schlüssen und Lehrmeinungen gelangten. Oder aber wir untersuchen die seelischen Triebfedern — nicht des Schöpfers, sondern der Gesellschaftsschicht, die seine Lehre anspricht. Der Einfluß einer jeden

Lehre hängt von dem Umfang ab, in welchem sie seelischen Bedürfnissen in der Charakterveranlagung derer entspricht, an die sie sich wendet. Nur wenn die neue Idee eine Antwort auf starke psychische Bedürfnisse bestimmter Gesellschaftsgruppen darstellt, wird sie zu einer geschichtlichen Macht.

Beide Fragestellungen, die Psychologie des Leiters und die seiner Anhänger, sind naturgemäß eng miteinander verbunden. Wenn beide die gleiche Idee anspricht und bewegt, muß ihre Charakteranlage in wesentlichen Punkten sich ähneln. Abgesehen von seiner besonderen Fähigkeit zu handeln und zu denken, wird der Charakter des Leiters die Persönlichkeitsstruktur seiner Anhänger in ausgeprägterer, entschiedenerer Form aufweisen. Er gelangt dadurch zu einer klareren und ausgesprocheneren Formulierung bestimmter Gedanken, für welche jene seelisch schon vorbereitet sind. Die Tatsache, daß der Charakter eines Führers gewisse Züge seiner Anhänger in schärfster Ausprägung zeigt, kann zwei Möglichkeiten zur Ursache haben, oder auch beide vereint: entweder ist seine soziale Stellung typisch für jene Daseinsbedingungen, die das Wesen seiner Gefolgschaft formend bestimmten, oder durch zufällige Umstände seiner Erziehung und persönlicher Erlebnisse entwickelten sich in ihm die gleichen Wesenszüge, die sich bei seiner Anhängerschaft aus ihrer sozialen Lage ergaben.

In der folgenden Untersuchung der psychologischen Bedeutung der protestantischen und calvinistischen Lehren werden wir uns nicht mit den Persönlichkeiten Luthers und Calvins beschäftigen, sondern vor allem die Seelenzustände jener Gesellschaftsklassen untersuchen, die sich von ihren Lehren angezogen fühlten. Ich möchte nur, ehe wir mit der Erörterung der lutherischen Theologie beginnen, kurz darauf hinweisen, daß Luther als Mensch ein typischer Vertreter dessen ist, was weiter unten als «autoritärer Charakter» zu schildern sein wird. Von einem ungemein strengen

Vater erzogen, als Kind von wenig Liebe und Sicherheit umgeben, war sein ganzes Wesen der Autorität gegenüber stets von zwiespältigen Empfindungen hin- und hergerissen. Er haßte die Autorität und bewunderte sie zugleich. Er bäumte sich gegen sie auf und strebte, sich ihr zu unterwerfen. Sein Leben lang war da immer eine Autorität, der er trotzte, und eine zweite, die er verehrte: In seiner Jugend der Vater und die Obern im Kloster, später der Papst und die Fürsten. Ihn erfüllte ein tiefes Gefühl der Verlassenheit, Machtlosigkeit, Sündhaftigkeit, zugleich aber die Leidenschaft, Herr zu sein. Er war von Zweifeln gemartert, suchte unablässig nach etwas, das ihm innere Sicherheit geben und ihn von der folternden Ungewißheit erlösen könnte. Er haßte, er haßte vor allem den Pöbel, er haßte sich selbst; er haßte das Leben. Und aus all diesem Hassen wuchs ein leidenschaftliches, verzehrendes Verlangen, geliebt zu werden. Sein Wesen, sein Sein war durchdrungen von Furcht, Zweifel und innerster Einsamkeit. Dies war die persönliche Basis, von dem aus er Vorkämpfer jener Volksgruppen werden sollte, die sich seelisch in ähnlicher Lage befanden.

Noch eine Bemerkung zur Methode der folgenden Untersuchung erscheint hier angebracht. Jede psychologische Analyse eines individuellen Denkens oder einer Ideologie bemüht sich, die seelischen Wurzeln zu erfassen, denen jenes Denken, jene Ideen entsprossen sind. Erste Bedingung hierfür ist das volle Verstehen des logischen Zusammenhangs der Ideen und dessen, was ihr Urheber damit zu sagen beabsichtigte. Wir wissen, daß ein Mensch — auch wenn er subjektiv aufrichtig ist — unbewußt häufig von einem Motiv getrieben sein kann, das ganz anders ist als jenes, von dem er bestimmt zu sein glaubt; daß er sich z. B. eines Begriffes bedient, der logischerweise eine bestimmte Bedeutung in sich schließt, jedoch für ihn — unbewußt — etwas besagt, was von dieser «offiziellen» Bedeutung abweicht. Wir wissen weiterhin, daß ein Mensch sich bemühen kann, gewisse Widersprüche des eigenen Fühlens durch eine gedankliche Konstruktion in Einklang zu bringen oder einen Gedanken, eine Denkungsart, die er unterdrückt, mittels einer Vernunfterklärung (Rationalisation) zu überdecken, die das gerade Gegenteil besagt. Die Beschäftigung mit dem Walten unbewußter Seelenvorgänge hat uns gelehrt, den Worten zu mißtrauen und sie nicht blindlings hinzunehmen.

Die Analyse von Ideen hat hauptsächlich zwei Aufgaben, die eine: das Gewicht zu bestimmen, das die Idee innerhalb der Ganzheit eines Denksystems hat; die zweite: festzustellen, ob wir es nicht mit einer Rationalisation zu tun haben, die von der realen Bedeutung der geäußerten Gedanken abweicht.

Beispiel für die erste Aufgabe: In Hitlers Ideologie spielte die Betonung der Ungerechtigkeit des Versailler Vertrags eine ungeheure Rolle; es stimmt auch, daß er tatsächlich über den Friedensvertrag entrüstet war. Analysieren wir jedoch seine gesamte politische Denkungsart, so finden wir, daß derselben ein äußerst heftiger, durchdringender Wunsch nach Macht und Eroberung zugrunde liegt und daß — obwohl er, bewußt, dem Deutschland geschehenen Unrecht das höchste Gewicht verleiht — innerhalb der Ganzheit seines Denkens gerade dieser Gedanke nur geringes Gewicht besitzt.

Ein Beispiel für die zweite Aufgabe, die Unterscheidung zwischen der bewußt gewollten Wortbedeutung und ihrem psychologisch realen Sinn, läßt sich aus der Analyse der lutherischen Doktrin entnehmen, mit der wir uns im weitern Verlauf dieses Kapitels beschäftigen.

Wir wissen, seine Beziehung zu Gott ist die der Unterwerfung auf Grund der menschlichen Schwäche und Ohnmacht. Er spricht von dieser Unterwerfung als von einer freiwilligen, die nicht aus Furcht, sondern aus Liebe erfolgt.

Dann aber wäre es, müßte man logischerweise folgern, gar keine Unterwerfung. Psychologisch jedoch ergibt sich aus dem ganzen Gedankengebäude Luthers, daß bei ihm die Liebe oder der Glaube in Wirklichkeit Unterwerfung ist. Es ergibt sich, daß — obwohl sein bewußtes Denken durchdrungen ist von der freiwilligen, liebenden Unterwerfung unter Gott — er unbewußt von einem Gefühl der Machtlosigkeit und Sündhaftigkeit erfüllt ist, das seiner Beziehung zu Gott den Charakter der Unterwerfung gibt. Der Einwand, daß Luther etwas anderes sage, etwas, das von dem abweicht, was wir für seine — wenn auch unbewußte — Meinung halten, hat vom Standpunkt einer psychologischen Analyse wenig Gewicht. Wir glauben, gewisse Widersprüche in seinem System sind nur durch die Analyse der psychologischen Bedeutung seiner Begriffe verständlich.

In der folgenden Untersuchung der Doktrinen des frühen Protestantismus habe ich die religiösen Lehrmeinungen in Übereinstimmung mit dem interpretiert, was sie im Zusammenhang des Systemganzen bedeuten. Ich zitiere auch keine Sätze, die einigen von Luthers oder Calvins Lehrmeinungen widersprechen, wenn ich überzeugt bin, daß ihre Bedeutung und ihr Gewicht nicht hinreicht, eine wirkliche Contradictio zu bilden. Meine Interpretation gründet sich nicht auf die Methode, einzelne Sätze, die meiner Auslegung zustatten kämen, herauszuklauben, sondern auf ein Studium der gesamten Systeme Luthers und Calvins, auf ihre psychologische Basis und im weiteren Verlauf auf eine Erklärung der einzelnen Grundbestandteile im Lichte des psychologischen Baues des ganzen Systems. — —

Wenn wir verstehen wollen, was an den Lehren der Reformation neu war, müssen wir erst erwägen, was der Theologie der mittelalterlichen Kirche wesentlich war.[*]

---

[*] Ich folge hier bes. R. Seebergs «Lehrbuch der Dogmengeschichte», Bd. II, Leipzig 1930; Bd. IV, 1., 1933; Bd. IV, 1920, und B. Bartmanns «Lehrbuch der Dogmatik», Freiburg 1911.

Wir stoßen dabei auf die gleichen methodologischen Schwierigkeiten wie zuvor, als wir die Begriffe der mittelalterlichen und der kapitalistischen Gesellschaft gegeneinander abzugrenzen suchten. Auch im Theologischen erfolgte kein plötzlicher Wechsel. Gewisse Lehrmeinungen Luthers und Calvins sind denen der mittelalterlichen Kirche so ähnlich, daß es oft schwer hält, Unterschiede herauszufinden. Wie Protestantismus und Calvinismus hat die katholische Kirche immer verneint, daß der Mensch allein kraft seiner eigenen Tugenden und Verdienste zum Heile gelangen könne; die göttliche Gnade ist ein unentbehrliches Mittel zur Errettung. Aber trotz allem Gemeinsamen unterscheidet sich der Geist der katholischen Kirche wesentlich von dem der Reformation, zumal hinsichtlich des Problems menschlicher Würde und Freiheit und der Auswirkungen menschlichen Tuns auf sein eigenes Schicksal.

Besondere Charakteristika für die katholische Kirche vor der Reformationszeit waren: die Lehre, daß der Menschennatur trotz des Sündenfalls ein Streben zum Guten eingeboren sei; daß ferner des Menschen Wille frei sei, das Gute zu wollen; daß sein Bemühen von Nutzen für seine Erlösung sei und daß der Sünder durch die heiligen Sakramente der Kirche gerettet werden könne. Immerhin verkünden einige der vorbildlichsten Theologen wie Augustinus und Thomas von Aquin, obschon sie auf dem Boden der ebenerwähnten Anschauungen stehen, auch Lehren tief abweichender Art, und obwohl Thomas von Aquin eine Prädestinations-Doktrin lehrt, erklärt er doch immer wieder die Willensfreiheit für grundlegend. Um den Widerspruch zwischen den Lehren der Willensfreiheit und der Prädestination zu überbrücken, muß er zu den schwierigsten Konstruktionen seine Zuflucht nehmen, und obwohl auch dadurch der Widerspruch nicht befriedigend gelöst wird, hält er doch an der Doktrin der Willensfreiheit und der zur Erlösung nützlichen menschlichen Bemühungen fest, wobei auch der Wille als solcher des Beistands der göttlichen Gnade bedarf.*)

Von der Freiheit des Willens sagt Thomas von Aquin, es widerspräche der Menschennatur und dem Wesen Gottes, wollte man annehmen, der Mensch sei nicht frei zu entscheiden; der Mensch habe sogar die Freiheit, die ihm von Gott gebotene Gnade zurückzuweisen.**)

Andere Theologen legen auf die Bemühungen des Menschen um seine Erlösung noch mehr Gewicht als Thomas. Nach Bonaventura liegt es in Gottes Ratschluß, den Menschen Gnade zu reichen, doch werden ihrer nur jene teilhaftig, die sich dazu vorbereiten durch ihre Verdienste.

Diese Feststellungen gewannen während des 13., 14. und 15. Jahrhunderts an Nachdruck in den Systemen von Duns Scotus, Occam und Biel, eine Entwicklung, die für das Verständnis des neuen Reformationsgeistes besonders wichtig ist. Richten sich doch Luthers Angriffe ganz besonders gegen die Scholastiker des späten Mittelalters, die er «Sau-Theologen» nennt.

Duns Scotus unterstreicht die Bedeutung des Willens: Der Wille ist frei. In der Willenserfüllung verwirklicht der Mensch sein Ich, und dies verschafft ihm die höchste Genugtuung. Da der Wille nach Gottes Gebot ein Akt des individuellen Selbst ist, hat selbst Gott keinen unmittelbaren Einfluß auf menschliche Entschlüsse.

Biel und Occam betonen die eigenen Verdienste des Menschen als Vorbedingung seiner Erlösung. Obwohl auch sie dabei von Gottes Hilfe sprechen, hat diese doch jene grundlegende Bedeutung, die sie noch in den älteren Doktrinen

---

*) «Der Prädestinierte», heisst es in seiner «Summa Theologica», I, Q. 23, Art. 8, «muss um gute Werke und Gebete ringen; denn mittels dieser erfüllt sich die Prädestination um so sicherer... ...es kann somit die Prädestination durch die Geschöpfe gefördert, aber sie kann nicht durch sie verhindert werden.»
**) «Summa contra gentiles», Bd. III, Kap. 73, 85, 159

besaß, bei ihnen verloren.*) Biel nimmt an, daß der Mensch frei ist und immer zu Gott zurückkehren kann, der ihm mit seiner Gnade zu Hilfe kommt. Occam lehrt, die Menschennatur sei von der Sünde nicht völlig verdorbt; für ihn sind Sünden nur Einzelvorgänge, die am Grundwesen des Menschen nichts ändern. Das Tridentuum stellte vollends klar, daß der freie Wille mit Gottes Gnade zusammenwirke, daß er sich aber auch diesem Zusammenwirken entziehen könne.**)

So zeigt sich bei Occam und andern späten Scholastikern das Bild des Menschen, der kein armer Sünder mehr ist, sondern ein freies Wesen, dessen wahre Natur ihn zu allem Guten befähigt und dessen Wille frei ist von allen äußeren, allen Naturgewalten.

Der Ablaßhandel, gegen dessen Überhandnehmen sich Luthers Hauptangriffe richteten, stand in enger Verbindung mit dieser zunehmenden Betonung des menschlichen Willens und des Nutzens eigenen Bemühens. Der Kauf eines Ablaßbriefes beim päpstlichen Emissär befreite den Käufer von der zeitlichen Bestrafung, die das Substitut seiner Bestrafung in Ewigkeit zu bedeuten hatte, was dem zahlenden Sünder allen Grund zu der Annahme gab, er sei damit all seiner Sünden ledig.***)

Es mag auf den ersten Blick scheinen, als widerspreche ein gekaufter Ablaß von der Strafe des Fegefeuers dem Gedanken von der Wirksamkeit menschlichen Selbstbemühens um Erlösung, weil er ja eine Abhängigkeit von der kirchlichen Autorität in sich schloß. Das mochte bis zu einem gewissen Grad richtig sein, unleugbar aber erfüllte der Ablaßkauf den Geist mit Hoffnung und Sicherheit. Wenn sich der Mensch so leicht von der Strafe erretten konnte, war die Schwere der Schuld beträchtlich gemildert.

---

*) Vgl. Seeberg (s. o.!), S. 766.
**) Vgl. Bartmann (s. o.!), S. 468.
***) Seeberg, S. 624.

Die Angst und der schwere Druck der Vergangenheit ließen sich auf verhältnismäßig einfache Art loswerden. Außerdem darf man ja nicht vergessen, daß die Wirksamkeit des Sündenablasses nach ausdrücklicher oder stillschweigender Kirchensatzung davon unabhängig war, daß der Ablaßkäufer erst noch bereute und beichtete.*)

Wir finden diese, sich vom Geist der Reformation scharf abhebenden Ideen auch in den Schriften der christlichen Mystik, in Predigtbüchern und Beichtregeln und begegnen in allen der Bestätigung menschlicher Würde und der persönlichen Daseinsberechtigung. Und dieser Haltung entspricht die, schon im 12. Jahrhundert weitverbreitete Behandlung der «Nachfolge Christi»: ein Glaube, es könne der Mensch danach trachten, Gott ähnlich zu werden.

In summa: die Kirche des Mittelalters bekräftigt die Menschenwürde, die Willensfreiheit, den Nutzen menschlichen Erlösungsbemühens, des Menschen Gottähnlichkeit und sein Recht, auf Gottes Liebe zu bauen. Die Menschen werden als Gleiche und Brüder in ihrer Gottähnlichkeit aufgefaßt. Es ist anzunehmen, daß sowohl die Philosophie der Renaissance wie der Katholizismus im späten Mittelalter ein Spiegel des Geistes ist, welcher in jenen Gesellschaftssphären vorherrschte, deren wirtschaftliche Lage ihnen ein Macht- und Unabhängigkeitsgefühl verlieh. Dem gegenüber ist Luthers Theologie Ausdruck der Empfindungen eines Bürgertums, das im Kampf gegen die Kirchenmacht und die

---

*) Praxis und Theorie des Ablasshandels beleuchten besonders gut den wachsenden Einfluss des Kapitalismus. Nicht nur bezeugt der Gedanke, man könne sich Straffreiheit kaufen, ein neues Gefühl für die eminente Bedeutung des Geldes — auch die Theorie des Ablasskaufes, so wie sie 1343 durch Clemens VI. formuliert wurde, zeigt uns den Geist des neuen kapitalistischen Denkens: Der Papst hat, so erklärte Clemens VI., in seiner Obhut den unermesslichen Betrag der von Christus und den Heiligen erworbenen Verdienste und könne daher Teile dieses Schatzes unter die Gläubigen ausschütten. (Vgl. Seeberg S. 621!) Wir sehen hier also den Papst als Monopolbesitzer eines unermesslichen moralischen Kapitals, das er zu seinem eigenen finanziellen und zum moralischen Nutzen seiner Kunden verwendet.

neu aufkommenden Finanzmächte von Gefühlen der eigenen Ohnmacht und Nichtigkeit angewandelt war.

Soweit Luthers System sich von der katholischen Linie entfernt, zeigt es uns zwei verschiedene Seiten, von denen man in protestantischen Ländern besonders diejenige hervortreten läßt, auf der wir sehen, wie er dem Menschen die Freiheit religiösen Denkens gab, der Kirche ihre Unfehlbarkeit nahm; auf der wir auch seine Vorstellungen von Glauben und Heil erblicken — beide auf subjektivem Erlebnis beruhend und nicht auf einer Autorität, die da imstande wäre, dem Menschen etwas zu verabreichen, was er nicht selbst zu erlangen imstande wäre. Wir haben allen Grund, diese Seite der lutherischen und calvinischen Lehren zu preisen. Sie sind eine Quelle der geistigen und politischen Entfaltung der Freiheit in der modernen Gesellschaft, einer Entwicklung, die zumal in den angelsächsischen Ländern mit den Ideen des Puritanismus unlöslich verbunden ist.

Die andere Seite der modernen Freiheit: die Isolierung und Ohnmacht, die sie dem Individuum brachte, hat ebenso wie die erwähnte Unabhängigkeit ihre Wurzeln im frühen Protestantismus, und da sich dies Buch besonders mit Freiheit als Last und Gefahr beschäftigt, betont die folgende Analyse mit bewußter Einseitigkeit diese eine Seite in Luthers und Calvins Doktrinen: die negative Seite der Freiheit; das Schwergewicht, das sie auf die Machtlosigkeit des Menschen und seine ursprüngliche Verderbtheit legen.

Luther behauptete das Vorhandensein einer der Menschennatur eingeborenen Schlechtigkeit, welche den Willen auf das Böse lenkt und es jedem unmöglich macht, aus sich allein heraus eine gute Tat zu vollbringen. Des Menschen Natur ist schlecht und lasterhaft: «naturaliter et inevitabiliter mala et vitiata.» Die Verderbtheit der Menschennatur, ihr gänzlicher Mangel, das Rechte frei wählen zu können, ist eine der Grundlagen von Luthers Denken, und in diesem

Geist beginnt er seine «Vorlesung über den Römerbrief» mit den Sätzen:

> Die Summe dieses Briefes ist: zu zerstören, auszurotten und zu vernichten alle Gerechtigkeit des Fleisches, — mag sie in den Augen der Menschen, auch bei uns selbst, noch so ansehnlich erscheinen und noch so aufrichtig und von Herzen geübt werden...*)

Und weiter:

> ... nicht so sehr darum geht es, sondern darum, daß unsere Gerechtigkeit und Weisheit vernichtet und ausgerottet werde aus unserm Herzen und aus dem selbstgefälligen Wesen unseres Innern, die sich vor unsern Augen breit machen.**)

Diese Überzeugung von des Menschen Verruchtheit und seiner Ohnmacht, durch eignes Verdienst irgendein Gutes zu tun, ist eine wesentliche Bedingung für Gottes Gnade. Nur wenn sich der Mensch erniedrigt und seinen individuellen Willen und Stolz zerstört, wird Gottes Gnade sich auf ihn herabsenken.

> ... denn Gott will uns nicht durch unsere eigene, sondern durch fremde Gerechtigkeit und Weisheit selig machen, durch eine Gerechtigkeit, die nicht aus uns kommt und in uns ihren Ursprung hat, sondern die von anderswoher zu uns kommt... Das heißt, eine Gerechtigkeit, muß gelehrt werden, die ausschließlich von außen kommt und uns selbst gänzlich fremd ist.***)

Einen sogar noch radikaleren Ausdruck für die Machtlosigkeit des Menschen gibt Luther sieben Jahre später in seiner Kampfschrift «De servo arbitrio», in der er des Erasmus Verteidigung der Willensfreiheit angriff:

---

*) Martin Luther, «Vorlesung über den Römerbrief 1515/1516, übersetzt aus dem Lateinischen von Eduard Ellwein, 4. Aufl., München 1937, Kap. I, 1, 1 u. 2.
**) ebd. I, 1, 2.
***) ebd. I, 1, 2.

So ist der menschliche Wille in die Mitte gestellt wie ein Reittier. Wenn Gott oben sitzt, will und geht es, wohin Gott will. Wie der Psalm sagt: ‚Ich war wie ein Tier vor dir. Dennoch bleibe ich stets an dir.' (Psalm 73, 22, 23.) Sitzt Satan oben, will und geht es, wo Satan hin will; weder ist's in seiner Entscheidung, zu einem von beiden Reitern zu laufen, noch ihn zu suchen, sondern die Reiter selbst streiten, wer halten soll und besitzen.

... in rebus, quae pertinent ad salutem vel damnationem, non habet liberum arbitrium, sed captivus, subjectus et servus est vel voluntatis Dei vel voluntatis Satanae. (... in Dingen, die sich auf Heil oder Verdammnis beziehen, hat er nicht freien Entscheid, sondern ist Gefangener, Untertan und Knecht, sei's des Willen Gottes, sei's des Willen Satans.)

Die Lehrmeinung, der Mensch sei ein machtloses Werkzeug in Gottes Hand und von Grund auf übel; seine einzige Aufgabe sei, sich in Gottes Willen zu schicken, Gott vermöge ihn zu retten, auf Grund eines unfaßbaren Aktes der Gerechtigkeit, — diese Lehren waren nicht die endgültige Antwort eines Mannes, der so von Verzweiflung, Angst, Zweifel und zugleich einem so glühenden Wunsch nach Gewißheit getrieben war wie Luther. 1518 kam ihm eine jähe Erleuchtung. Der Mensch kann nicht auf Grund seiner Tugenden erlöst werden; er sollte nicht einmal darüber nachsinnen, ob seine Werke Gott wohlgefällig seien, aber er kann die Gewißheit seiner Errettung haben, wenn er den Glauben hat. Glauben ist dem Menschen von Gott gegeben; hat er einmal das unzweifelhafte subjektive Erlebnis des Glaubens, so kann er seiner Seligmachung gewiß sein.

Das Individuum ist in dieser Beziehung zu Gott im wesentlichen empfangend. Empfängt der Mensch Gottes Gnade im Erleben des Glaubens, so wird seine Natur umgewandelt, denn im Glaubensakt vereinigt er sich mit Christus, und Christi Gerechtigkeit tritt an die Stelle der seinen, die er durch Adams Fall verlor. Dessen ungeachtet kann der Mensch, solange er lebt, nie völlig tugendhaft werden, denn die Verdorbenheit seiner Natur verschwindet nie ganz.*)

Luthers Lehre vom Glauben als unbezweifelbarem, subjektivem Erleben der eigenen Erlösung mag auf den ersten Blick als äußerster Widerspruch zu dem intensiven Gefühl des Zweifels erscheinen, das für ihn und seine Lehren bis 1518 charakteristisch war. Psychologisch jedoch besitzt dieser Wechsel von Zweifel zu Gewißheit einen ursächlichen Zusammenhang. Erinnern wir uns nur der Herkunft dieses Zweifelns: es war nicht das Zweifeln der Vernunft, die aus der Freiheit des Denkens hervorgeht und es wagt, feststehende Anschauungen in Frage zu stellen. Es war irrationaler Zweifel, herrührend von der Isoliertheit und Machtlosigkeit eines Individuums, dessen Einstellung zur Welt die der Angst und des Hassens ist. Dieser irrationale Zweifel ist nie mit rationalen Antworten zu beheben. Er kann nur verschwinden, wenn das Individuum zum integralen Bestandteil einer bedeutungsvollen Welt wird. Geschieht dies nicht — und es geschah nicht mit Luther und der von ihm repräsentierten Mittelklasse — so kann der Zweifel nur beschwichtigt, zum Schweigen gebracht, in unterirdische Tiefen gebannt werden, und solches kann nur durch Formeln geschehen, die absolute Gewißheit versprechen. Das zwanghafte Suchen nach Gewißheit, wie wir es bei Luther finden, zeugt nicht von natürlichem Glauben, sondern von dem Bedürfnis, des unerträglichen Zweifelns Herr zu werden. Luthers Lösung ist so wie heutzutage bei vielen, die keineswegs theologisch denken: sie suchen dadurch Sicherheit zu erlangen, daß sie das isolierte individuelle Selbst ausschaltend, ein Werkzeug in den Händen einer überwältigend starken Macht außerhalb des Individuellen werden. Für Luther war diese Macht

*) Vgl. Luther, ‹Sermo de duplici justitia›.

Gott; in uneingeschränkter Unterwerfung suchte er Sicherheit. Aber obwohl er so bis zu einem gewissen Grad seine Zweifel zum Schweigen brachte, verschwanden diese doch nie. Bis zu seinem Ende hatte er Anfälle von Zweifeln, deren er nur durch erneute, angestrengteste Unterwerfung Herr zu werden vermochte.

Psychologisch betrachtet hat «Glauben» zwei gänzlich verschiedene Bedeutungen. Er kann der lebensbejahende Ausdruck innerer Weltverbundenheit sein, oder eine Reaktionsbildung gegen ein tiefliegendes Gefühl des Zweifels, das der Isolierung des Individuums und seiner lebensverneinenden Haltung entspringt. Luthers Glauben besaß diesen Zwangscharakter.

Besonders wichtig ist das Verständnis des Zweifels und der Versuche, ihn zum Schweigen zu bringen, aus dem Grund, weil er nicht nur ein Problem der lutherischen und, wie wir bald sehen werden, der calvinischen Theologie ist, sondern weil er eines der Grundprobleme des modernen Menschen blieb. Zweifel sind die Ausgangspunkte der modernen Philosophie; das Bedürfnis, sie zu lösen, übte mächtigen Ansporn auf die Entwicklung der neueren Philosophie und Naturwissenschaft aus. Aber obwohl viele vernünftige Zweifel durch vernünftige Antworten gelöst wurden, ist der irrationale, der nicht vernünftige Zweifel immer noch da und kann nicht verschwinden, ehe nicht der Mensch den Fortschritt von der negativen Freiheit zur positiven Freiheit getan hat. Die modernen Versuche, den Zweifel verstummen zu machen — sie bestehen etwa in krampfhaftem Haschen nach Erfolg, in dem Wahn, aufgehäuftes Wissen von Tatsachen vermöge dem Suchen nach Wahrheit Genüge zu tun, oder in der Unterwerfung unter einen «Führer», der «die Verantwortung für Sicherheit» auf sich nimmt — all diese Lösungsversuche können zwar das Wahrnehmen des Zweifels ausschalten, der irrationale Zweifel selbst aber wird nicht verschwinden, sondern weiter wuchern, solange der Mensch nicht seine innere Vereinsamung überwindet und seine Stellung im Weltganzen sinnvoll für seine menschlichen Nöte gestaltet.

Und welche Verbindung besteht nun zwischen Luthers Lehre und dem Seelenzustand des Volkes gegen Ende des Mittelalters? Wir sahen, die alte Ordnung war im Niederbruch. Das Individuum ohne irgend etwas Gewisses und Sicheres war von neuen Wirtschaftskräften, von Kapitalisten und Monopolisten, bedrängt. Freier Wettbewerb verdrängte die alte Zunftordnung. Die untersten Klassen der Bevölkerung waren dem Druck zunehmender Ausbeutung ausgesetzt. Der lutherische Appell an diese Unterschicht der Bevölkerung war anders als der an die Mittelschicht. Die Lage der Stadtarmen und mehr noch der Bauern war verzweifelt. Sie waren rücksichtslos ausgesogen und ihrer überlieferten Rechte beraubt. Bauernaufstände und Aufruhr in den Städten zeigte die revolutionäre Stimmung der Masse. Das Evangelium lieh ihren Hoffnungen und Erwartungen eine Zunge, so wie den Sklaven und Tagelöhnern des Frühchristentums. Es brachte die Armen dazu, nach Freiheit und Gerechtigkeit zu streben. Insoweit Luther die Obrigkeit angriff und das Evangelium zum Mittelpunkt seiner Lehren machte, riß er, wie schon andere evangelische Bewegungen vor ihm, diese widerspenstigen Massen mit.

Obwohl Luther die ergebene Gefolgschaft dieser Kreise annahm und förderte, konnte er darin doch nur bis zu einem bestimmten Punkte gehen; er mußte die Bundesgenossenschaft lösen, sobald sich die Bauern nicht mehr damit begnügten, die kirchliche Obrigkeit anzugreifen und kleinere Bitten um Verbesserung ihres Loses vorzubringen, sondern eine revolutionäre Klasse zu bilden begannen, die jede Obrigkeit über den Haufen zu werfen und die Grundlagen einer Gesellschaftsordnung zu zerstören drohte, deren Erhaltung dem Bürgertum lebenswichtig erschien. Denn ungeachtet aller oben beschriebenen Schwierigkeiten besaß das

Bürgertum, selbst noch in seiner unteren Schicht, Vorrechte, die es gegen die Forderungen der Armen verteidigte. Und daher war es Feind all jener revolutionären Bewegungen, die nicht bloß die Privilegien des Adels, der katholischen Kirche, der Monopole, sondern auch ihre eigenen Vorrechte abschaffen wollten.

Die Stellung des Bürgertums zwischen den ganz Reichen und den ganz Armen läßt seine Reaktionen verwickelt und in mancher Hinsicht widerspruchsvoll erscheinen. Es wollte Gesetz und Ordnung aufrecht erhalten und war doch selbst vom aufsteigenden Kapitalismus in seiner Existenz bedroht. Selbst die erfolgreicheren Bürger waren nicht so mächtig und reich wie die geringe Zahl der Großkapitalisten. Sie hatten schwer zu kämpfen, um durch und vorwärts zu kommen. Der Luxus in den Finanzkreisen drückte auf ihr Selbstgefühl, erfüllte sie mit Neid und Entrüstung, kurz: der Mittelstand war durch den Zusammenbruch der Lehnsordnung und den aufsteigenden Kapitalismus mehr gefährdet als gefördert.

Dieses Dilemma spiegelt sich in dem Bild, das Luther vom Menschen gibt. Der Mensch ist frei v o n allen Fesseln geistiger Bevormundung, aber eben diese Freiheit läßt ihn einsam, in Angst und überantwortet ihn dem Gefühl der eigenen individuellen Unbedeutendheit. Das freie, isolierte Individuum fühlt sich durch das Erlebnis seines persönlichen Nichts-Seins gequält. Luthers Theologie gibt diesem Gefühl der Hilflosigkeit Ausdruck. Sein Bild vom Menschen zeichnet in religiösen Ausdrücken die Lage, in die das Individuum durch die soziale und ökonomische Entwicklung versetzt wurde. Der Mittelstand war den neuen ökonomischen Mächten gegenüber genau so machtlos wie nach Luthers Wort der Mensch gegenüber Gott. Aber Luther tat mehr, als nur das Gefühl der Nichtigkeit, das schon die Massen durchdrang, in Worte zu kleiden — er reichte auch eine Lösung.

Indem das Individuum seine Bedeutungslosigkeit nicht bloß hinnahm, sondern indem es sich selbst bis zum Äußersten erniedrigte, jede Spur eigenen Willens aufgab, die eigene Kraft preisgab und brandmarkte, konnte es hoffen, Gott willkommen zu sein. Luthers Beziehung zu Gott war die einer vollkommenen Untertänigkeit. Das hieß, psychologisch gesprochen: Wenn du dich ganz unterwirfst und deine individuelle Bedeutungslosigkeit anerkennst, dann mag der Allmächtige vielleicht willens sein, dich zu lieben und zu erretten. Wenn du dich deines Selbst samt all seinen Unzulänglichkeiten und Zweifeln durch letzte Selbstverneinung entledigst, befreist du dich von dem Gefühl deiner eigenen Nichtigkeit und kannst der Glorie Gottes teilhaftig werden. Indem Luther also das Volk von der kirchlichen Autorität befreite, machte er sie einer weit tyrannischeren Obrigkeit unterwürfig: der Autorität eines Gottes, der — als wesentlicher Vorbedingung zur Erlösung — auf restloser Unterwerfung und Auslöschung des individuellen Selbst bestand. Luthers «Glaube» war die Überzeugung, man werde unter der Bedingung der Selbstaufgabe geliebt, eine Lösung, die viel Gemeines hat mit dem Prinzip völliger Unterwerfung des Individuums unter Staat und «Führer».

Luthers Ehrfurcht vor der Obrigkeit, seine Liebe zu ihr, prägt sich auch in seinen politischen Ansichten aus. Obschon er gegen die kirchliche Obrigkeit kämpfte, voll Entrüstung gegen die neue Finanzmacht (die teilweise auf der obersten Stufe der klerikalen Hierarchie zu Hause war) und obwohl er die revolutionären Bestrebungen der Bauern bis zu einem gewissen Punkt unterstützte, forderte er doch, und zwar in der drastischsten Weise, Unterwerfung unter die weltliche Obrigkeit, die Fürsten. «Auch wenn die Machthaber böse oder ungläubig sind, so ist doch die Ordnung und ihre Gewalt gut und von Gott», heißt es in seiner «Vorlesung über den Römerbrief» (13, 1)... «Darum wo es Gewalt gibt und wo sie blüht, da ist sie und blüht sie, weil

Gott sie verordnet hat.» Er findet auch, Gott dulde das Vorhandensein einer Regierung, ganz gleich wie übel sie sei, lieber als daß er den Pöbelhaufen erlaube, sich zu erheben, ganz gleich wie gerechtfertigt solches Tun auch sein möge. Ein Fürst bleibe Fürst, wie tyrannisch er auch sei! Und die Kehrseite seiner Anhänglichkeit und Ehrfurcht gegenüber den Herrschern zeigt sich in seinem Haß, seiner Verachtung der machtlosen Massen des «Pöbels», sobald dieser in seinem revolutionären Streben gewisse Grenzen überschreitet. In seiner Streitschrift «Wider die räuberischen und mörderischen Rotten der Bauern» stehen die berühmten Worte:

> Drum soll hie zuschmeißen, würgen und stechen, heimlich oder öffentlich, wer da kann, und gedenken, daß nichts giftigers, schädlichers, teuflischers sein kann denn ein aufrührerischer Mensch, gleich als wenn man einen tollen Hund totschlagen muß, schlägst du nicht, so schlägt er dich und ein ganz Land mit dir.

Luthers Persönlichkeit und Lehren zeigen gegenüber der Obrigkeit ein zwiefaches Gesicht. Einerseits ist er gegenüber der Autorität — der weltlichen Obrigkeit und der eines tyrannischen Gottes — übereherrerbietig; andererseits rebelliert er gegen die Autorität — der Kirche. Die gleiche Ambivalenz zeigt sich in seiner Haltung gegenüber den Massen. Soweit sie innerhalb der von ihm gesetzten Grenzen rebellieren, geht er mit ihnen. Greifen sie jedoch die von ihm gebilligten Autoritäten an, so kommt der Haß bei ihm zum Durchbruch und die Verachtung. In unserm fünften Kapitel «Flucht-Mechanismen» werden wir sehen, daß die gleichzeitige Liebe zur Autorität und der Haß gegen die Machtlosen typische Züge des «autoritären Charakters» sind.

An diesem Punkt unserer Untersuchung müssen wir uns darüber klar sein, daß Luthers Einstellung zu den weltlichen Autoritäten in enger Verbindung mit seinen religiösen Lehren stand. Indem er das Individuum die Wertlosigkeit und

Bedeutungslosigkeit all seiner persönlichen Verdienste fühlen ließ, so daß es sich als machtloses Werkzeug in Gottes Hand empfand, nahm er ihm von dem Selbstvertrauen und dem Gefühl der Menschenwürde, das die Voraussetzung für jeden Widerstand gegen den Druck der weltlichen Macht darstellte.

Im Verlauf der geschichtlichen Entwicklung zeigten sich noch weitreichendere Folgen der lutherischen Lehren. Sobald das Individuum den Sinn für Stolz und Würde verloren hatte, war es psychisch soweit, daß es auch das für das mittelalterliche Denken so bezeichnende Gefühl aufgab: daß der Mensch, sein ewiges Heil und seine geistigen Ziele der Zweck allen Daseins seien. Es war bereit, eine Rolle zu übernehmen, in welcher sein Leben ein Mittel zu außerhalb seiner selbst gelegenen Zwecken wurde: denen der Kapitalsanhäufung und wirtschaftlicher Produktivität. Luthers Ansichten über Wirtschaftsfragen waren, mehr noch als die Calvins, typisch mittelalterlich. Er hätte den Gedanken, Menschenleben sollten ein Mittel zu ökonomischen Zwecken werden, verabscheut. Aber obwohl und indem sein Denken in ökonomischen Fragen das überlieferte war, bahnte seine Betonung der Nichtigkeit des Individuums den Weg einer Entwicklung, in welcher der Mensch nicht nur den weltlichen Autoritäten gehorchen, sondern auch sein Dasein der Erreichung bedeutender Wirtschaftsleistungen unterzuordnen hatte. In unsern Tagen gipfelte diese Entwicklung in der faschistischen Behauptung, es sei das Ziel des Lebens, für «höhere» Zielsetzungen geopfert zu werden, für den «Führer» oder die «Rasse».

Die Theologie Calvins, die in den angelsächsischen Ländern die gleiche Bedeutung wie die lutherische in Deutschland erlangen sollte, zeigt im wesentlichen, psychologisch wie theologisch, den gleichen Geist wie diese. Obwohl auch Calvin gegen die kirchliche Autorität und die blinde Annahme ihrer Lehrmeinung opponiert, beruht auch für ihn der Glaube in der Machtlosigkeit des Menschen. Selbsterniedrigung und die Zerstörung des menschlichen Stolzes sind ein Leitmotiv seines Denkens. Nur wer diese Welt verachtet, kann sich der Vorbereitung für eine künftige widmen.*)

Er lehrt, daß wir uns demütigen sollen und daß der Sinn dieser Selbsterniedrigung das Vertrauen auf Gottes Macht ist. «Denn nichts als das Mißtrauen gegen uns selbst und die aus dem Bewußtsein unseres Elends geborene Angst ist geeigneter, unsere Zuversicht auf den Herrn zu lenken, damit bei ihm unser Geist wieder stark werde.»**) Er predigt, das Individuum solle sich nicht als sein eigener Herr fühlen.

> Wir gehören nicht uns selbst; also darf in unserem Planen und Tun weder unser Verstand noch unser Wille die Herrschaft führen. Wir gehören nicht uns selbst, also darf uns nicht unser fleischlicher Nutzen als Lebensziel vorschweben. Wir gehören nicht uns selbst: also sollen wir, soweit irgend möglich, uns und alles Unsere vergessen. Anderseits gehören wir dem Herrn: darum sollen wir für ihn leben und sterben... Welcher Fortschritt ist doch die Erkenntnis, daß wir nicht unser eigen sind und darum unsere eigene Vernunft absetzen und die Leitung unseres Lebens in die Hand des Herrn legen müssen!... Allein Der findet den Weg zum Heil, der nichts mehr aus sich selbst verstehen und planen will, sondern lediglich der Führung des Herrn sich anvertraut.***)

Der Mensch solle nicht seiner selbst willen nach Tugend streben; das führe nur zu Eitelkeit.

> Mit Recht pflegte man einst zu sagen, daß das Menschenherz eine Welt von Sünden in sich berge. Dage-

---

*) Johannes Calvin, «Unterricht in der christlichen Religion» (Institutio religionis christianae), nach der letzten Ausgabe ins Deutsche übertragen von E. F. Karl Müller, Neukirchen 1928, Buch III, Kap. IX, 1.
**) Ebd. Buch III, Kap. II, 7.
***) Ebd. III, VII, 1.

gen wird man solange kein Heilmittel finden, als man nicht sich selbst absagt und über sich selbst hinwegsieht, um den Sinn ganz auf das zu richten, was der Herr von uns fordert, und ihm einfach darum nachzustreben, weil es ihm gefällt.*)

Auch Calvin verneint, daß gute Werke zur Seligwerdung führen könnten. Nie habe es ein Werk eines Frommen gegeben, das nicht vor Gottes strengem Gericht seine Verdammenswürdigkeit beweise.**)

Suchen wir nach der psychologischen Bedeutung des calvinschen Systems, so finden wir im Prinzip das Gleiche wie beim lutherischen. Auch Calvin predigt einer konservativen Mittelschicht, welche sich grenzenlos verlassen und in Angst fühlt, und diese Empfindungen prägen sich in seiner Lehre von der Unbedeutendheit und Machtlosigkeit des Individuums und der Vergeblichkeit seiner Bemühungen aus. Trotzdem ist hier ein gewisser Unterschied wahrzunehmen. Denn während sich Deutschland zu Luthers Zeit in einem Zustand allgemeiner Umwälzung befand, darin Bürger, Bauern wie Stadtarme vom Aufstieg des Kapitalismus bedroht waren, war Calvins Genf ein verhältnismäßig blühendes Gemeinwesen, besaß eine der wichtigsten europäischen Warenmessen, und obwohl es in dieser Beziehung bereits von Lyon überflügelt wurde, hatte es doch noch ein ziemliches Maß wirtschaftlicher Solidität bewahrt.***)

Man kann mit ziemlicher Sicherheit sagen, daß Calvins Anhängerschaft hauptsächlich der konservativen Mittelschicht angehörte; †) auch seine Hauptanhänger in Frankreich, Holland, England waren nicht die emporgekommenen Kapitalisten, sondern Handwerker, kleine Geschäftsleute,

---

*) Ebd. III, VII, 2.
**) Ebd. III, XIV, 11.
***) Vgl. Kulischer, «Allgemeine Wirtschaftsgeschichte des Mittelalters und der Neuzeit», München, Berlin 1928, S. 249.
†) Vgl. Georgia Harkness, «John Calvin, The Man and His Ethics», Neuyork 1931, S. 151.

von denen zwar einige vom Glück mehr als andere begünstigt, die jedoch als Gesamtheit durch den aufsteigenden Kapitalismus gefährdet waren.*)

Auf diese Gesellschaftsklasse übte der Calvinismus den gleichen Anreiz aus, den wir schon bei dem lutherischen Protestantismus beobachteten. Er kündete das Gefühl der Freiheit, aber zugleich auch das der persönlichen Unbedeutung und Machtlosigkeit und bot eine Lösung durch die Lehre: durch völlige Unterwerfung und Selbsterniedrigung sei neue Sicherung zu erhoffen.

Es gibt eine Reihe feiner Unterschiede zwischen Calvins und Luthers Lehren, die jedoch für den Hauptgedankengang dieses Buches unwichtig sind. Nur auf zwei Unterschiede möchte ich hinweisen. Erstens auf Calvins Prädestinationslehre. Im Gegensatz zu Augustinus, Thomas von Aquin und Luther wird die Lehre von der Vorherbestimmung bei Calvin der Eckstein, ja vielleicht Stützpfeiler und Mittelpunkt des ganzen Systems. Und zwar gibt er ihr dadurch eine neue Wendung, daß er annimmt, Gott bestimme jemanden nicht nur für die Gnade, sondern entscheide auch, wer von vornherein zur ewigen Verdammnis bestimmt sei.**) Rettung oder Verdammnis seien nicht Folgen des Guten oder Bösen, das der Mensch im Verlauf seines Lebens tue, sondern von Gott bestimmt, eh noch sein Leben begann. Warum Gott den Einen erwähle, den Andern verdamme, sei ein Geheimnis, dem nachzuforschen der Mensch nicht versuchen solle. ER tat es, weil es IHM gefiel, so die Grenzenlosigkeit seiner Macht zu zeigen. Calvins Gott — trotz aller Versuche, die Vorstellung von Gottes Gerechtigkeit und Liebe aufrecht zu erhalten — trägt alle Merkmale eines Tyrannen ohne einen Zug von Liebe oder auch nur Gerechtigkeit. In hellem Widerspruch zum NeuenTestament verneint

---

*) Vgl. F. Borkenau, «Der Übergang vom feudalen zum bürgerlichen Weltbild», Paris 1934, S. 156 ff.
**) Calvin «Institutio...», Buch III, Kap. VII, 2.

Calvin die höchste Bestimmung der Liebe und findet, daß das, was die Scholastiker bezüglich des Primats der Nächstenliebe über Glauben und Hoffnung vorbrächten, sei nur Traum einer zerrütteten Einbildungskraft.*)

Die Prädestinationslehre hat eine zwiefache psychologische Bedeutung. Sie kündet und steigert einerseits das individuelle Bedeutungs- und Machtlosigkeitsgefühl; keine Doktrin vermochte die Wertlosigkeit menschlichen Wollens und Mühens stärker auszudrücken als sie. Die Entscheidung über des Menschen Geschick ist gänzlich seinen Händen entwunden, und nichts kann er tun, diesen Ratschluß zu ändern. Anderseits hat diese Doktrin wie die lutherische die Funktion, die irrationalen Zweifel zum Schweigen zu bringen, welche bei Calvin und seinen Anhängern die selben waren wie bei Luther. Auf ersten Anschein scheint die Prädestinationslehre die Zweifel eher zu steigern als sie verstummen zu machen. Muß nicht das Individuum noch von mehr marternden Zweifeln zerrissen werden, wenn es lernt, es sei vor seiner Geburt entweder zu ewiger Verdammnis oder zur ewigen Seligkeit bestimmt! Wie soll es je wissen, welches sein Los sein wird? Obzwar Calvin nie lehrte, es gäbe da irgendeinen sichern Beweis, hatten doch er und seine Anhänger die Überzeugung, daß sie zu den Auserwählten gehörten, und zwar gewannen sie dieselbe mittels desselben Mechanismus der Selbsterniedrigung, den wir schon bei Luthers Doktrin analysierten. Angesichts einer solchen Überzeugung gewährte die Prädestinationslehre natürlich ein Höchstmaß von Sicherheit; es konnte jemand ja nichts mehr verüben, was sein Heil in Gefahr bringen könnte; die Seligwerdung hing nicht von Handlungen ab, sondern war vor der Geburt entschieden. Wiederum war, wie bei Luther, der tiefste Zweifel gemündet in gläubige Suche nach unumstößlicher Gewißheit. Aber trotzdem wirkte er fort und mußte wieder und wieder beschwichtigt werden durch einen

*) Ebd. Buch III, Kap. II, 41.

immer fanatischeren Glauben: daß die eigene Religionsgemeinschaft jenen Teil der Menschheit repräsentiere, den Gott auserwählt hat.

Calvins Theorie von der Vorherbestimmung des menschlichen Schicksals schließt etwas in sich, das wir hier ausdrücklich erwähnen müssen, weil es in der Nazi-Ideologie seine allerheftigste Wiederbelebung gefunden hat: das Prinzip von der Grundungleichheit der Menschen.

Für Calvin gibt es zwei Arten Mensch — den für die ewige Seligkeit und den zur Verdammnis bestimmten. Da solches schon vor der Geburt feststeht und kein Tun oder Unterlassen daran zeitlebens etwas zu ändern vermag, ist hiermit die Gleichheit der Menschheit grundsätzlich verneint. Die Menschen sind ungleich geschaffen. Damit ist zugleich gesagt: es gibt zwischen den Menschen keine Gemeinsamkeit, keine Solidarität, denn jener Faktor, der die festeste Grundlage der menschlichen Gemeinschaft bildet, ist abgeleugnet: die Gleichheit menschlicher Bestimmung. Sehr naiv dachten die Calvinisten, sie seien von Gott erwählt und alle andern von ihm zur Verdammnis verurteilt. Es ist klar, daß dieser Glaube psychologisch eine tiefe Verachtung und Haß auf andere Menschenwesen bedingte — es war in der Tat der gleiche Haß, mit dem sie ihren Gott ausstatteten. Während das moderne Denken zunehmend zu einer Bestätigung der menschlichen Gleichheit führte, blieb gleichzeitig dies calvinistische Prinzip zu keiner Zeit völlig stumm. Die Theorie, die Menschen seien gemäß ihrer rassischen Herkunft von Grund auf verschieden, ist nur eine Auswirkung des gleichen Prinzips mit einer andern Begründung. Psychologisch läuft beides auf das gleiche hinaus.

Der zweite und sehr bedeutungsvolle Unterschied zu Luthers Lehren ist der besondere Nachdruck, der auf die Wichtigkeit tugendhaften Lebens und sittlichen Strebens gelegt wird. Nicht als ob das Individuum durch sein Tun seine Bestimmung abändern könne! Doch ist die bloße Tatsache, daß es zu solchem Leben und Streben befähigt ist, ein Zeichen seiner Zugehörigkeit zu den Geretteten. Die Tugenden, welche der Mensch erringen soll, sind: Bescheidenheit und Mäßigkeit (sobrietas), Gerechtigkeit (justitia), die alle Pflichten eines billigen Verhaltens umfaßt, «welches einem jeden das Seine gibt», und Gottseligkeit (pietas); sie «verbindet uns durch wahre Heiligkeit mit dem Herrn.»*) In der weiteren Entwicklung des Calvinismus gewinnt die Betonung tugendhaften Wandels und die Bedeutung unabläßigen Strebens an Wichtigkeit, insbesondere die Vorstellung, daß Erfolge im weltlichen Leben — als Ergebnisse dieses Strebens — ein Heilszeichen seien.**)

Die besondere Betonung tugendhaften Wandels, die für den Calvinismus rühmlich und charakteristisch ist, hat psychologisch eine besondere Bedeutung. Der Calvinismus verlangt von dem Menschen ein unabläßiges Streben. Ständig muß er versuchen, gemäß Gottes Worten zu leben, und darf nie von diesem seinem Bemühen abfallen. Dies scheint ein Widerspruch zu der Lehre, daß menschliches Mühen ohne Einfluß auf sein Heil sei. Fatalistisches Nichtstun schiene derselben an sich wohl mehr zu entsprechen. Aber die Angst, das Gefühl von Macht- und Bedeutungslosigkeit und vor allem der Zweifel, was nach dem Tod kommen werde, würden an sich einen geistigen Zustand darstellen, der für jedermann unerträglich wäre. Von dieser Furcht besessen, wäre kaum einer imstand aufzuatmen und gleichmütig gegenüber dem, was bevorsteht, sich des Lebens zu freuen. Ein möglicher Weg, diesem unerträglichen Zustand der Ungewißheit und dem lähmenden Gefühl eigener Unbedeutendheit zu entrinnen, ein Weg, der im Calvinismus höchste Bedeutung gewann, war die Entfaltung einer ungestümen Aktivität und des Strebens, *etwas* zu tun.

*) Ebd. Buch III, Kap. VII, 3.
**) Dieser Umstand findet in Max Webers ‹The Protestant Ethic and the Spirit of Capitalism› (s. o. S. 58!) als wichtiges Bindeglied zwischen Calvins Doktrin und dem Geist des Kapitalismus besondere Beachtung.

Die Aktivität bekam so einen Zwangscharakter. Das Individuum mußte, um die Gefühle des Zweifels, der Ohnmacht zu überwinden, aktiv sein. Doch war diese Aktivität nicht das Ergebnis innerer Kraft und Selbstvertrauens, sondern verzweifelte Flucht aus der Angst.

Der ihr zugrunde liegende seelische Vorgang läßt sich leicht im täglichen Leben beobachten. Wenn jemand zum Beispiel binnen weniger Stunden die ärztliche Diagnose seiner Krankheit (die schlimm ausfallen kann) erwartet, befindet er sich naturgemäß in einem Zustand von Angst. Er wird meist nicht ruhig dasitzen und warten. Vielmehr wird ihn seine Angst (sofern sie ihn nicht gänzlich lähmt) zu einer mehr oder weniger besessenen Tätigkeit antreiben. Er wird auf und ab gehen, Fragen stellen, mit jedem, den er erwischen kann, sprechen; seinen Schreibtisch aufräumen, heftig rauchen, Briefe schreiben; er kann auch seine gewohnte Tätigkeit fortsetzen, dann aber geschieht es fiebriger. Welcher Gestalt sein Tun sein mag, immer ist es von seiner Angst beschleunigt und sucht, das Gefühl der Hilflosigkeit durch hemmungslose Aktivität zu überwinden.

Das strebende Bemühen in der calvinistischen Doktrin hat psychologisch noch eine weitere Bedeutung. Die Tatsache, daß jemand in seinem unablässigen Streben nicht ermatte, im sittlichen wie im weltlichen Tun Erfolg hatte, war ein mehr oder weniger deutliches Zeichen seiner Auserwähltheit. Das Irrationale an diesem Zwangs-Streben besteht darin, daß die Aktivität nicht auf ein bestimmtes, gewünschtes schöpferisches Ziel gerichtet ist, sondern nur dazu dient anzuzeigen, ob irgendetwas, das von vornherein bestimmt ist, eintreten wird oder nicht. Wir kennen dies Verhalten auch als Anzeichen von Zwangsneurosen. Wenn davon Befallene bang auf das Ergebnis einer wichtigen Unternehmung warten, zählen sie etwa die Fenster einer Fassade oder die Bäume einer Allee. Ist die Zahl grad, so glauben sie, es wird gut ausgehen. Oft auch bezieht sich ein solcher Zweifel auf kein bestimmtes Ereignis, sondern auf das ganze Leben des Betreffenden, und der Zwang, nach «Zeichen» Ausschau zu halten, währt lebenslänglich. Oft wird die Verbindung zwischen Steinezählen, Patience-, Solitaire- oder Hazardspielen usw. und der Angst, dem Zweifel gar nicht bewußt; der oder die Betreffende tut es nur aus einem unbestimmten Gefühl der Unruhe, und erst die Analyse erkennt die verborgene Funktion der Aktivität: Zukünftiges zu entschleiern.

Dieser Sinn strebenden Mühens war im Calvinismus ein Teil der religiösen Doktrin. Ursprünglich sah man dabei hauptsächlich auf sittliches Streben, später lag dann der Schwerpunkt immer mehr auf den beruflichen, den geschäftlichen Anstrengungen und deren Ergebnis. Erfolg wurde zum Zeichen von Gottes Gnade; Mißerfolg deutete auf Verdammnis.

Diese Überlegungen zeigen, daß der Zwang zu unabläßigem Streben und Schaffen keineswegs in Widerspruch zu der Grundanschauung von der menschlichen Machtlosigkeit*) steht; er ist vielmehr deren psychische Folge. Und in diesem Betracht nehmen Arbeit und Mühen einen durch und durch irrationalen Charakter an. Sie sind nicht imstande, das Schicksal zu ändern, denn dieses ist von Gott vorbestimmt; sie dienen nur als ein Mittel, das Vorbestimmte vorauszusehen. Und gleichzeitig bildet die rasende Anstrengung ein Beruhigungsmittel gegen das sonst unerträgliche Gefühl der Hilflosigkeit.

Diese neue Einstellung zu Arbeit und Mühewaltung als Zielen an sich ist als die bedeutsamste seelische Veränderung im Menschen seit Ende des Mittelalters anzusehen. In jeder Gesellschaftsordnung mußte der Mensch arbeiten, um zu leben. Vielfach wurde dies Problem dadurch gelöst, daß man Sklaven arbeiten ließ, damit sich der Freie «edlerer» Tätigkeit widmen konnte; Arbeit war hier eines Freien unwürdig.

---

*) Die hier und im Folgenden oft verwandten Worte: Machtlosigkeit, Macht, Ohnmacht usw. werden unten S. 161 ff begrifflich geklärt.

Auch in der mittelalterlichen Gesellschaft war die Arbeitslast unter die verschiedenen Klassen ungleich verteilt; rücksichtslose Ausbeutung war an der Tagesordnung. Allein die Einstellung zur Arbeit unterschied sich von der, die sich in der Neuzeit entwickelte; die Arbeit hatte noch nicht den abstrakten Charakter der Produktion von Waren, für die man einen profitbringenden Markt finden mußte. Man arbeitete für den konkreten Bedarf und mit dem konkreten Ziel: seinen Lebensunterhalt zu verdienen. Es gab, wie Max Weber nachweist, noch nicht den Zwang, mehr zu arbeiten als zur Aufrechterhaltung des traditionellen Lebensstandards erforderlich war. Gewiß gab es Fälle, daß Arbeit — einzeln oder in Gruppen — aus Freude an der eigenen Fertigkeit, mit Lust und Genuß am Vollbringen verrichtet wurde. Die Vielen aber arbeiteten, weil sie zu arbeiten *hatten* und den Arbeits-Zwang fühlten, der stets nur von außen kam. Das Neue in der modernen Ära war, daß sich Menschen auf einmal zur Arbeit getrieben fühlten — ohne äußeren Druck, nur vermöge eines innerlichen Zwanges und Dranges, der sie intensiver arbeiten ließ, als es in der früheren Wirtschaft selbst unter den strengsten Herren der Fall war. Der innere Zwang spannte alle Kräfte wirksamer an als je ein äußerer. Gegen äußeren Zwang lehnt sich im Menschen stets etwas auf und beeinträchtigt, hemmt oder mindert das Schaffen, macht auch die Menschen ungeeignet zu besonderen Aufgaben, die eigene Initiative, Verantwortungsgefühl und höhere Einsicht verlangen. Solche Eigenschaften konnten sich erst dann voll entfalten, als der Mensch aus innerer Nötigung in seinen eigenen Sklaventreiber verwandelt war.

Die kapitalistische Entwicklung konnte sich erst wirksam durchsetzen, nachdem ein Großteil aller menschlichen Energien dem Arbeitsprozeß zugeführt worden war. In keiner früheren Epoche hatten freie Menschen all ihre Kraft in den Dienst einer Sache, der Arbeit, gestellt. Dieser neue unbändige Arbeitsdrang wurde für die Entwicklung unseres Industriesystems nicht minder wichtig als Dampf und Elektrizität; er war eine der Hauptproduktionskräfte.

Wir sprachen bis jetzt vor allem von den Gefühlen der Angst und der Machtlosigkeit, welche Menschen des Mittelstandes erfüllten. Wir müssen uns aber noch mit einem weiteren, bis jetzt erst kurz gestreiften Wesenszug derselben beschäftigen: mit ihrer Feindseligkeit, Gereiztheit, Heimtücke und Übelwollen. Daß solches im Mittelstand aufkam, ist nicht weiter verwunderlich. Jeder, in seinem Gefühls- und Sinnenleben Verkürzte, jeder in seiner Existenz Bedrohte wird normalerweise feindselig reagieren, und wie wir gesehen haben, waren der Mittelstand als Ganzes und besonders die unter seinen Angehörigen, die sich der Vorteile des aufsteigenden Kapitalismus nicht erfreuen konnten, benachteiligt, verkürzt, beeinträchtigt und ernsthaft bedroht. Der Luxus und die Macht, welche die dünne Kapitalistenschicht einschließlich der höheren kirchlichen Würdenträger zur Schau zu stellen vermochte, waren nur geeignet, diese feindliche Einstellung zu verstärken, mit der sich tiefgehender Neid verband.

Aber der Mittelstand konnte dieser Feindschaft und diesem Neide nicht wie die untersten Klassen unmittelbaren Ausdruck geben. Das niedere Volk haßte seine reichen Ausbeuter, suchte ihre Macht zu brechen, zu stürzen und konnte seinen Haßgefühlen freieren Lauf lassen. Und ebenso konnte die Oberschicht ihr Machtverlangen und ihre Angriffslust offen geltend machen. Der Mittelstand jedoch, in der Hauptsache konservativ, wünschte eine gefestigte Gesellschaftsordnung und trug kein Verlangen, sie umzustürzen. Da hoffte jeder wohlhabender zu werden und an dem allgemeinen Aufschwung teilhaben zu können. Infolgedessen durfte die Feindseligkeit keinen offenen Ausdruck finden; sie durfte nicht einmal klar ins Bewußtsein treten: sie mußte unterdrückt werden. Aber diese Unterdrückung feindseliger Gefühle verhinderte nur ihre offene Wahrnehmung, ohne sie zu beseitigen. Ja, diese unterdrückte Feindschaft, die keinen unmittelbaren Ausweg fand, wuchs und vermehrte sich bis zu einem Punkt, an dem sie die ganze Persönlichkeit durchsetzte, alle Beziehungen des Menschen zu andern und zu sich selbst durchdrang — dies jedoch in rationalisierten und verhüllten Formen.

Auch Luther und Calvin sind Beispiele dieser alles durchdringenden sozialökonomisch bedingten Feindseligkeit, nicht allein in dem Sinn, daß beide Männer zu den stärksten Hassern unter den historischen Führergestalten — und gewiß unter den religiösen Führern — gehören, sondern auch in dem noch wichtigeren Betracht, daß auch ihre Doktrin von dieser Feindseligkeit angetönt wurde und dadurch jene Kreise am meisten beeindruckte, die selbst von tiefen und unterdrückten Feindseligkeiten getrieben waren. Den schlagendsten Ausdruck fand diese Feindseligkeit — zumal in Calvins Doktrin — in ihrer Gottesidee. Obwohl diese uns ganz vertraut ist, ja vielleicht gerade deswegen, machen wir uns oft nicht klar, was es heißt, sich Gott so eigenwillig, unumschränkt und gnadenlos vorzustellen wie den Calvinschen, der einen Teil der Menschheit zu ewiger Verdammnis bestimmte — ohne Verteidigung und ohne andern Grund als den, daß dieser Akt ein Ausdruck sei der göttlichen Macht. Natürlich war Calvin selbst mit den auf der Hand liegenden Einwänden vertraut, die sich gegen seine Gottesidee vorbringen ließen; aber die mehr oder weniger subtilen Konstruktionen, mit denen er das Bild eines gerechten und liebenden Gottes aufrecht erhalten wollte, klingen nicht überzeugend. In seinem Bild eines despotischen Gottes, der unbeschränkte Gewalt über die Menschen und deren Unterwerfung und Demütigung beansprucht, erkennen wir die Projektion des feindseligen Neides der mittleren Klassen, deren Kind Calvin war.

Feindschaft und rachsüchtiges Empfinden drückten sich auch in den Beziehungen zu andern aus, wo sie vor allem die Gestalt moralischer Entrüstung annahmen, jener Entrüstung, die von Luthers bis Hitlers Zeiten ein unveränderliches Charakteristikum des Kleinbürgertums geblieben ist. Während nun diese Klasse tatsächlich neidisch auf jene war, die Reichtum und Macht besaßen und ihr Leben genießen konnten, rationalisierte sie dies neidische Übelwollen in Worten moralischer Entrüstung und war fest davon überzeugt, die höheren Kreise würden durch ewige Qualen bestraft werden.*)

Allein die feindliche Spannung gegen andere brach sich auch noch auf andere Weise Bahn. Calvins Regime in Genf zeichnete sich durch Verdacht aller auf alle und Feindseligkeit eines gegen den anderen aus. Gewiß ließ sich an seiner despotischen Herrschaft nur wenig vom Geist der Liebe und Brüderlichkeit entdecken. Calvin mißtraute dem Reichtum und hatte gleichzeitig wenig Mitleid mit der Armut. In der späteren Entwicklung des Calvinismus zeigten sich häufig Warnungen vor Freundlichkeit zu Fremden, grausame Haltung gegenüber den Armen und eine allgemeine Atmosphäre des Mißtrauens.**)

Außer der Projektion von Feindseligkeit und Eifersucht in das Bild Gottes und ihrer indirekten Ausprägung in Gestalt moralischer Entrüstung findet die Feindseligkeit eines Menschen noch einen anderen Ausdruck, indem sie sich nämlich gegen ihn selber kehrt. Wir sahen, wie glühend Luther und Calvin die Verderbtheit des Menschen anprangerten und Selbsterniedrigung und Demütigung als Grundlage aller Tugenden lehrten. Bewußt dachten sie dabei gewiß nur an einen äußersten Grad von Demut; aber für jeden, der mit den Psycho-Mechanismen der Selbstanklage und

---

*) Vgl. Ranulf, «Moral Indignation and Middle Class Psychologie», eine Studie, die einen wichtigen Beitrag zu der These liefert, dass moralische Entrüstung ein typischer Charakterzug der Bürgerlichkeit und ganz besonders des Kleinbürgertums ist.
**) Vgl. Max Weber (s. o.!), S. 102. Tawney (s. o.!), S. 190; Ranulf, S. 68 ff.

Selbsterniedrigung vertraut ist, kann darüber kein Zweifel bestehen, daß diese Art «Demut» oder «Erniedrigung» aus einem heftigen Haß hervorwächst, welcher aus bestimmten Gründen daran verhindert, sich gegen die Außenwelt zu kehren, gegen das eigene Selbst in Tätigkeit tritt. Um diese Erscheinung voll zu verstehen, muß man sich vergegenwärtigen, daß die Haltung gegen andere und die gegen sich selbst im Prinzip Parallelerscheinungen sind. Während jedoch die Feindschaft gegen andere meist bewußt ist und sich offen äußert, ist Feindschaft gegen das eigene Selbst — außer in pathologischen Fällen — für gewöhnlich unbewußt und drückt sich in indirekter und rationalisierter Form aus: das eine Mal in lebhafter Beteuerung der eigenen Ruchlosigkeit oder Unbedeutung, ein andermal unter dem Mantel des Gewissens oder der Pflicht. So wie es Demut gibt, die nichts mit Selbsthaß zu tun hat, gibt es auch echte Gewissenbisse, echte Gewissensgebote und Pflichtgefühle, die nicht in Feindseligkeit wurzeln. Echtes, wahres Gewissen bildet einen Teil jeder ganzen und reinen Persönlichkeit; seinen Geboten zu folgen, ist eine Bestätigung des gesamten eigenen Selbst. Jene Art «Pflicht» jedoch, die wir das Leben des modernen Menschen von der Reformation bis in unsere Gegenwart in weltlichen wie in religiösen Rationalisierungen durchdringen sehen, ist in ihrem Wesen und Sinn in höchstem Grad durch Feindseligkeiten gefärbt. Dieses «Gewissen» ist ein Sklaventreiber, den sich der Mensch selbst eingesetzt hat. Es treibt ihn an, sich nach Wünschen und Zielen zu richten, von denen er glaubt, sie seien seine eigenen, dieweil sie in Wahrheit in ihn internierte Gebote einer außenstehenden Gesellschaft sind. Hart, grausam treibt es ihn, verbietet ihm Freuden und Glück und macht sein Leben zu einem Dasein der Buße für irgendeine mythisch-mysteriöse Sünde.*) Dieses Gewissen ist auch

---

*) Freud sah die Feindlichkeit des Menschen gegen sich selbst; sie ist in dem enthalten, was er das «Super-Ego» nennt. Er sah auch, dass das

die Grundlage des «innerweltlichen Asketizismus», der für den frühen Calvinismus und späten Puritanismus so bezeichnend ist. Die Feindseligkeit, mit der diese moderne Art Demut und Pflichtgefühl verquickt ist, erklärt auch einen, andernfalls ziemlich verwirrenden Widerspruch: daß nämlich eine solche Demut Hand in Hand mit Verachtung Anderer geht und daß Selbstgerechtigkeit an die Stelle von Liebe und Mitleid getreten ist. Bei echter Demut und wahrem Pflichtgefühl gegenüber den Mitmenschen wäre das nie möglich; aber Selbsterniedrigung und ein Gewissen mit Selbstverneinung bilden eben nur die eine Seite einer Feindseligkeit; deren andere Seite Verachtung für und Haß gegen andere sind. —

Nach dieser kurzen Analyse der Bedeutung der Freiheit in der Reformationszeit ist es wohl angebracht, die bis jetzt — im Hinblick auf das besondere Problem der Freiheit und das allgemeine Problem der Wechselwirkung wirtschaftlicher, seelischer und ideologischer Faktoren in der sozialen Entwicklung — gefundenen Ergebnisse und Schlüsse zusammenzufassen.

Der Zusammenbruch des mittelalterlichen Systems der feudalen Gesellschaft hatte für alle Gesellschaftsklassen die Hauptbedeutung: das Individuum war allein gelassen und isoliert. Es war frei. Diese Freiheit hatte ein doppeltes Ergebnis. Der Mensch war der Sicherungen beraubt, deren er sich erfreut hatte: des unbestrittenen Gefühls der Dazugehörigkeit; war von der Welt losgerissen, die sein Verlangen nach wirtschaftlicher und geistiger Sicherheit befriedigt hatte. Er fühlte sich allein, in Angst. War aber auch frei

---

Super-Ego die Verinnerlichung (Internalisation) einer äusseren und gefährlichen Autorität ist. — Der hier vertretene Standpunkt ist ausführlicher in meiner Studie über die Psychologie der Autorität dargestellt. («Autorität und Familie», Hg. M. Horkheimer, Paris 1934.) — Karen Horney wies den Zwangscharakter der Forderungen des Super-Ego nach in «New Ways in Psychoanalysis».

zum unabhängigen Handeln und Denken, frei sein eigener Herr zu sein und sein Leben so zu führen, wie er es vermochte, nicht wie ihm geheißen war.

Aber in Ansehung der wirklichen Lage der verschiedenen Klassen hatten diese beiden Arten von Freiheit ungleiches Gewicht. Nur die erfolgreichste Klasse profitierte vom aufsteigenden Kapitalismus in einem Maße, das ihnen wirklichen Reichtum und Macht gab. Ihre Mitglieder konnten sich ausbreiten, herrschen, erobern und als Resultat ihrer Regsamkeit und rationellen Berechnung Vermögen zusammenraffen. Die neue Geldaristokratie im Bund mit dem Adel konnte infolge ihrer Lage sich der Früchte der neuen Freiheit erfreuen und ein neues Gefühl der Lebensmeisterschaft und persönlichen Initiative gewinnen. Andererseits mußten sie Herr über die Massen bleiben und gegeneinander kämpfen, und so war auch ihre Situation nicht ohne tiefe Unsicherheit und Angst. Im ganzen aber überwog für den neuen Kapitalisten die positive Seite der Freiheit, was sich in zunehmender Kultur, der Kultur der Renaissance, ausdrückte. Deren Kunst und Philosophie atmete einen neuen Geist menschlicher Würde, Willenskraft und Daseinsbeherrschung, freilich auch oft genug Verzweiflung und Skepsis. Gleiche Betonung der Kraft individuellen Tuns und Wollens findet sich in den Lehren der katholischen Kirche gegen Ende des Mittelalters. Die Scholastiker dieser Zeit rebellierten nicht gegen die Autorität, sie akzeptieren deren Führung, konstatieren jedoch den positiven Wert der Freiheit, des Menschen Anteil an der Bestimmung seines Geschicks und seine Willensfreiheit.

Demgegenüber waren die niederen Klassen von einem neuen Verlangen nach Freiheit getrieben und von der glühenden Hoffnung beseelt, der wachsenden wirtschaftlichen und persönlichen Bedrückung ein Ende zu machen. Sie hatten wenig zu verlieren und viel zu gewinnen. An dogmatischen Spitzfindigkeiten lag ihnen nichts — weit mehr an den Grundwahrheiten der Bibel: Brüderlichkeit und Gerechtigkeit. Ihre Erwartungen nahmen bald die greifbare Form von Aufständen und religiösen Bewegungen an, aus denen der unverfälschte Geist des Urchristentums in seiner ganzen Unbedingtheit sprach.

Unser besonderes Augenmerk galt dem Mittelstand und seiner Reaktion auf den aufkommenden Kapitalismus, der bei allem Guten, das er zur zunehmenden Unabhängigkeit und Initiative beitrug, doch eine starke Bedrohung darstellte. Zu Anfang des 16. Jahrhunderts konnte der einzelne Mittelständler aus der neuen Freiheit kaum Macht und Sicherheit ziehen. Sie brachte ihm Isolierung, Erniedrigung, nicht Stärke und Selbstvertrauen. Groll gegen den Luxus der Reichen, auch der Kirchenfürsten, erfüllte ihn. Der frühe Protestantismus gab den Gefühlen des Erniedrigtseins und des Grolls Ausdruck, zerstörte das Zutrauen in Gottes bedingungslose Liebe, lehrte den Menschen, sich und andere zu verachten, machte aus ihm ein Werkzeug und gab den Grundsatz preis, daß weltliche Macht keine Daseinsberechtigung habe, wenn sie gegen Sittengebote verstieß. Mit all dem verließ er Grundlehren, welche das Fundament jüdisch-christlicher Überlieferung bildeten. Seine Lehrmeinungen formten ein Bild Gottes, ein Bild des Menschen und der Welt, worin diese Gefühle durch den Glauben gerechtfertigt waren: die Macht- und Bedeutungslosigkeit, die das Individuum empfand, rühre von der Beschaffenheit des Menschen als solchem her — er s o l l e so fühlen, wie er sich fühlte.

Dabei gaben die neuen Religionslehren nicht bloß dem Ausdruck, was der Durchschnitt des Mittelstandes empfand, sie verstärkten und mehrten auch noch dessen Einstellung, indem sie sie begründeten, rationalisierten und systematisierten. Aber sie zeigten dem Individuum auch einen Weg, mit seinen Ängsten fertig zu werden, lehrten ihn, daß er durch Annahme und Hinnahme seiner Ohnmacht und natürlichen

Verderbtheit, durch die Betrachtung seines ganzen Lebens als Buße für seine Sünden, durch äußerste Selbsterniedrigung und zugleich durch unablässiges Mühen seine Zweifel und Ängste überwinden könne. Bei völliger Unterwerfung könne er von Gott geliebt werden und wenigstens hoffen, daß er zu jenen gehöre, die Gott zu retten beschlossen habe.

Der Protestantismus war die Antwort auf die Menschennot des erschreckten, entwurzelten, isolierten Individuums, das sich in einer neuen Welt zurechtfinden mußte. Die durch den sozialen und ökonomischen Wechsel bedingte, durch religiöse Lehren verstärkte neue Charakterbildung wurde ein wichtiger Faktor der weiteren sozialen und ökonomischen Entwicklung. Die in ihr vereinigten Eigenschaften — das Getriebensein zur Arbeit, Sparsamkeit, Bereitwilligkeit, sich als Werkzeug außerpersönlicher Zwecke nutzen zu lassen, Asketizismus, zwangshaftes Pflichtgefühl — wurden in der kapitalistischen Gesellschaft zu Produktivkräften, ohne welche die weitere Entwicklung undenkbar war. Die tätige Auswirkung der neu geformten Charakterzüge war für die Wirtschaft von Vorteil und befriedigte auch psychisch. Nöte und Ängste dieser neuen Art von Persönlichkeit wurden damit gestillt. Allgemein gesprochen: die soziale Veränderung veränderte auch den Charakter des Menschen, indem sie seine Lebensweise, seine Beziehung zu andern und zur Arbeit bestimmte. Neue Ideologien — religiöse, philosophische, politische — ergaben sich aus diesem veränderten Charakter, wirkten auf ihn zurück und verstärkten, befriedigten ihn und machten ihn haltbar. Die neu geformten Charakterzüge beeinflußten und beschleunigten ihrerseits die wirtschaftliche und soziale Entwicklung. Ursprünglich in Abwehr der neuen, bedrohlichen Wirtschaftsmächte entstanden, wurden sie nach und nach selbst zu Produktionskräften und förderten und intensivierten die ökonomische Fortentwicklung.

IV

DAS DOPPELGESICHT DER FREIHEIT UND DER MODERNE MENSCH

Das vorige Kapitel galt der Analyse der protestantischen Hauptlehren in ihrer psychologischen Bedeutung und erkannte die neuen religiösen Lehrmeinungen als Antworten auf die seelischen Nöte, die der Zusammenbruch des Feudalismus und der Aufstieg des Kapitalismus mit sich gebracht hatte. Unsere Analyse beschäftigte sich mit der Freiheit in ihrer zwiefachen Gestalt und zeigte, daß die Freiheit v o n den traditionellen Bindungen der mittelalterlichen Gesellschaft dem Individuum zwar ein neues Unabhängigkeitsgefühl bescherte, es gleichzeitig aber vereinsamte, mit Zweifeln und Ängsten erfüllte und in neue Unterwerfung und eine zwangshafte irrationale Aktivität trieb.

In diesem Kapitel möchte ich zeigen, daß die Weiterentwicklung der kapitalistischen Gesellschaft die Persönlichkeit in der gleichen Richtung beeinflußte, die sie bereits in der Reformationszeit eingeschlagen hatte.

Die protestantischen Doktrinen hatten den Menschen auf die Rolle vorbereitet, die ihm im modernen Industriesystem zu spielen auferlegt war. Dieses System, seine Handhabung und der ihm entsteigende Geist, der in alle Lebensäußerungen eindrang, formte die menschliche Persönlichkeit um und erhöhte die im vorigen Kapitel aufgezeigten Widersprüche: es entwickelte die Individualität — und machte das Individuum hilfloser. Es vermehrte die Freiheit — und schuf neuartige Abhängigkeiten. Wir beschreiben nicht die Wirkungen des Kapitalismus auf das gesamte Charaktergefüge des

Menschen; wir konzentrieren uns auf eine Seite dieses allgemeinen Problems: den dialektischen Charakter des Vorgangs zunehmender Freiheit. Es wird unser Ziel sein zu zeigen, daß der Aufbau der modernen Gesellschaft den Menschen gleichzeitig auf zwei verschiedene Arten beeinflußte: er wurde unabhängiger, kritischer, selbstherrlicher und zugleich einsamer, unruhiger. Das Verständnis des ganzen Freiheitsproblems hängt von der Fähigkeit ab, beide Seiten des Vorgangs zu sehen und nicht die eine Spur zu verlieren, dieweil man die andere verfolgt.

Dies ist aus dem Grund nicht leicht, weil wir im allgemeinen nicht dialektisch denken und stets zu Zweifeln geneigt sind, ob denn zwei sich widersprechende Folgen aus einer einzigen Ursache entspringen können. Obendrein ist die negative Seite der Freiheit, die Last, die er dem Menschen auferlegt, schwer vorstellbar — vor allem für jene, die mit dem Herzen bei der Sache der Freiheit sind. Da in der Geschichte der Neuzeit sich alle Aufmerksamkeit im Freiheitskampf auf die Bekämpfung alter Formen, alter Autoritäten, alter Bindungen richtete, war das Gefühl erklärlich und nur natürlich, daß der Mensch um so mehr Freiheit gewinne, je mehr überlieferte Fesseln er abstreifte und beseitigte. Man übersah darüber leicht, daß, während sich der Mensch alter Freiheitsfeinde entledigte, sich neue, anders geartete Feinde erhoben, Feinde, die nicht unbedingt äußere Unterdrücker sein mußten, sondern im Innern des Menschen der vollen Verwirklichung der freien Persönlichkeit den Weg versperrten. Man glaubte zum Beispiel, daß die Freiheit der Verehrung, des Gottesdienstes einer der letzten Siege im Freiheitskampf sei und erkannte nicht zur Genüge, daß bei diesem Kampf mit den Mächten des Staats und der Kirche, die dem Menschen nicht erlaubten, Gott nach eigenem Gewissen zu dienen, das Individuum in weitestem Umfange die Fähigkeit verlor, überhaupt irgend etwas zu glauben, was nicht naturwissenschaftlich beweisbar ist. Oder ein anderes Beispiel: Wir halten die Redefreiheit für den letzten Schritt auf dem Weg der siegenden Freiheit und vergessen dabei, daß die Redefreiheit zwar einen wichtigen Sieg im Kampf gegen die a l t e n Beschränkungen darstellt, daß sich jedoch der Mensch von heute in einer Lage befindet, in der vieles von dem, was «er» denkt und ausspricht, Dinge sind, die jedermann denkt und sagt; daß er überhaupt nicht mehr die Möglichkeit besitzt, ursprünglich — das heißt aus sich selbst heraus — zu denken, und doch gibt erst dies eigene, selbständige Denken unserm Anspruch, daß kein andrer den Ausdruck unserer Gedanken verhindern dürfe, Sinn und unbestreitbare Berechtigung. Und weiter: Wir sind stolz darauf, daß der Mensch in seiner Lebensweise von äußeren Autoritäten frei ist, die ihm sagen, was er zu tun und nicht zu tun hat, und achten darüber nicht der mächtigen Autoritäten der Publikumsmeinung, der Öffentlichkeit, der Modeansichten, des «common sense», deren Macht darauf beruht, daß wir im tiefsten bereit sind, dem zu entsprechen, was man von uns erwartet, und auf unserer schrecklichen Angst vor dem «Anderssein». Wir sind entzückt, wenn unsere Freiheit von äußeren Mächten zunimmt, und sind blind gegen innere Fesseln, Zwangszustände und Ängste, die die Bedeutung all der Siege zerstören können, welche die Freiheit gegen ihre altgewohnten Feinde errungen hat. Infolgedessen sind wir immer bereit anzunehmen, es handle sich bei der Freiheit ausschließlich darum, noch mehr von der Sorte Freiheit zu gewinnen, wie wir sie im Verlauf der neueren Geschichte gewonnen haben, und wir bilden uns ein, es genüge, die Freiheit gegen jene Mächte zu verteidigen, die diese Art Freiheit verneinen. Wir vergessen dabei, daß — obwohl jede unserer gewonnenen Freiheiten mit äußerster Kraft verteidigt werden muß — das Problem der Freiheit nicht nur ein qualitatives, sondern auch ein quantitatives ist; daß wir sowohl die errungenen Freiheiten bewahren und vermehren müssen, daß wir aber auch die Aufgabe haben, uns eine neue Art Freiheit zu erringen: jene, die uns instand setzt, unser eigenes individuelles Selbst zu verwirklichen und an dieses Selbst und an das Leben zu glauben, ihm zu vertrauen.

Jede kritische Wertung der Wirkung, die das Industriesystem auf diese Art innerer Freiheit ausübte, muß zunächst den bedeutenden Fortschritt mit vollem Verständnis erfassen, welchen der Kapitalismus für die Entwicklung der menschlichen Persönlichkeit gebracht hat. Jede Kritik der modernen Gesellschaft, die diese Seite vernachlässigt, beweist damit nur ihre Herkunft aus einer irrationalen Romantik und setzt sich dem Verdacht aus, daß sie den Kapitalismus nicht etwa aus fortschrittlichen Gründen kritisiert, sondern um eine der bedeutungsvollsten Menschheitserrungenschaften der neueren Geschichte zu negieren.

Was der Protestantismus begann, indem er den Menschen geistlich befreite, setzte der Kapitalismus auf geistigem, sozialem und politischem Gebiet fort. Wirtschaftliche Freiheit war die Grundlage dieser Entwicklung, das Bürgertum ihr Vorkämpfer. Das Individuum war nicht mehr durch ein starres, traditionsgebundenes Gesellschaftssystem gefesselt, das nur geringen Spielraum für persönliches Vorwärtskommen über die althergebrachten Grenzen hinaus darbot. Vielmehr erwartete man von Jedem, daß er Erfolge habe, soweit nur Verstand, Eifer, Mut, Wirtschaftlichkeit und Glück führen konnten. Sein war die Erfolgsaussicht, sein die Gefahr, zu verlieren und in dem rasenden Wirtschaftskampf, im Kampf aller gegen alle verwundet oder gefällt zu werden. Im Feudalsystem waren dem Einzelnen die Schranken für seine wirtschaftliche Expansion von Geburt an gesetzt. Unter dem kapitalistischen System hatten vor allem die Mitglieder des Bürgertums — trotz mancher Beschränkung — die Möglichkeit, durch eigene Verdienste und Leistungen erfolgreich zu sein. Man sah ein Ziel vor Augen, dem man zustreben und das man oft glücklich erreichen konnte. Man lernte, auf sich selbst zu vertrauen, verantwortungsvoll Entscheidungen zu treffen; einlullenden oder einschüchternden Aberglauben warf man bald über Bord. Immer freier meisterte der Mensch die Naturkräfte in einem ehedem unerhörten, nicht einmal im Traume geahnten Ausmaß. Die Menschen wurden gleich; Unterschiede der Kasten und Religionen, die einst Naturschranken gleich die Vereinigung des Menschenvolkes verhindert hatten, schwanden dahin, und Menschen lernten einander als menschliche Wesen erkennen. Die Welt befreite sich mehr und mehr von Dunkelmännern und mystischem Hokuspokus. Der Mensch sah sich selbst objektiv, mit immer weniger Illusionen. Auch die politische Freiheit wuchs. Kraft seiner wirtschaftlichen Position vermochte das aufsteigende Bürgertum politische Macht zu erobern, und diese neugewonnene Machtfülle schuf weitere Möglichkeiten des wirtschaftlichen Fortschritts. Die großen Revolutionen in England und Frankreich und der amerikanische Unabhängigkeitskrieg waren Marksteine dieser Entwicklung. Der Gipfel der Freiheitsentwicklung war auf politischem Gebiet der neue demokratische Staat, der auf der Magna Charta der Gleichheit aller Menschen beruhte, dem Recht jedes Einzelnen, durch eine selbstgewählte Vertretung an der Regierung teilnehmen zu können. Denn man setzte von jedem voraus, daß er fähig sei, im eigenen Interesse zu handeln und zugleich das allgemeine Volkswohl im Auge zu behalten. Mit einem Wort: der Kapitalismus befreite nicht nur den Menschen von überlieferten Fesseln, er lieferte auch in einem erstaunlich zunehmenden Maß seinen Beitrag zu positiver Freiheit, zum Aufbau eines tätigen, kritischen und verantwortungsbewußten Selbst. Aber gleichzeitig atomisierte er die Gesellschaft und drückte dem also vereinsamten Einzelwesen den Stempel seiner Bedeutungs- und Machtlosigkeit in Gefühl und Bewußtsein — eine Entwicklung, der durch die Lehren der Reformation vorgearbeitet worden war. In der katholischen

Kirche beruhten die Beziehungen des Einzelwesens zu Gott auf seiner Zugehörigkeit zur Kirche; der Protestantismus stellte es unmittelbar Gott gegenüber. In psychologischer Beziehung unterschied sich dieser geistliche Individualismus kaum von dem wirtschaftlichen Individualismus des kapitalistischen Zeitalters. Hier wie da stand das Individuum völlig allein einer höheren Macht gegenüber — mochte es die Gottes sein oder die der «Konkurrenz» oder unpersönlicher Wirtschaftsmächte. *Die individualistische Beziehung zu Gott war die psychologische Vorbereitung für den Individualismus in den weltlichen Betätigungen des Menschen.*
Während nun der Individualismus des kapitalistischen Wirtschaftssystems unbestrittene Tatsache ist und nur seine Auswirkung auf die zunehmende Vereinsamung des Individuums zweifelhaft erscheinen mag, befindet sich der nunmehr zu erörternde Punkt im Widerspruch zu einigen sehr verbreiteten Anschauungen über den Kapitalismus. Diese laufen darauf hinaus, daß in der modernen Gesellschaftsordnung der Mensch Mittelpunkt und Zweck alles Geschehens und Handelns geworden sei, daß was er tue, er für sich selber tue, daß Egoismus und Selbstinteresse die allmächtigen Triebfedern menschlicher Tätigkeit seien. Aus dem zu Beginn des Kapitels Gesagten ergibt sich, daß auch wir dies bis zu einem bestimmten Grad für richtig halten. Der Mensch hat in den letzten vier Jahrhunderten viel für sich, für seine eigenen Zwecke getan. Aber vieles von dem, was er für «seinen» Zweck, für «sein» Ziel hielt, war nicht s e i n , wofern wir unter «ihm» nicht «den Arbeiter», «den Fabrikanten» verstehen, sondern ein konkretes Menschenkind mit allen seinen gefühlsmäßigen, geistigen und sinnlichen Möglichkeiten und Fähigkeiten. Neben der Bestätigung des Individuellen, die der Kapitalismus mit sich brachte, führte er auch zu Selbstverneinung und Asketizismus, die eine unmittelbare Fortsetzung der protestantischen Geisteshaltung darstellten.

Zur Erklärung dieser These müssen wir zunächst eine bereits im vorigen Kapitel erwähnte Tatsache in den Vordergrund stellen.

Im Mittelalter war das Kapital der Diener des Menschen; in dem neuen System wurde es sein Herr. In dem mittelalterlichen System war die wirtschaftliche Tätigkeit Mittel zu einem Zweck; der Zweck war das menschliche Leben oder — im Sinn der katholischen Kirche — des Menschen geistiges Heil. Wirtschaftstätigkeit war notwendig; auch die Reichen können zu Gottes Zwecken dienen, jedoch alles äußere Tun hatte Bedeutung und Rang nur insoweit, als es den Zielen des menschlichen Daseins förderlich war. Wirtschafts-Aktivität und Streben nach Gewinn um seiner selbst willen erschien mittelalterlichem Denken ebenso irrational wie dessen Fehlen dem modernen Denken erscheinen würde.

Im Kapitalismus wurden Wirtschafts-Aktivität, Erfolg, materieller Gewinn zu Selbstzwecken. Es wurde des Menschen Bestimmung, zum Gedeihen des Wirtschaftssystems beizutragen, Kapital anzuhäufen — nicht zum Zweck eigener Glückseligkeit, eigenen Heils, sondern als Ziel an sich, als Endziel. Der Mensch wurde ein Zahn am Riesenrad der Wirtschaftsmaschine — ein gewichtiges, wenn er über viel Kapital verfügte, ein unbedeutendes, wenn er keines besaß, immer jedoch ein Radzahn, der außerhalb seiner selbst gelegenen Zwecken diente. Diese Bereitschaft, sein eigenes Selbst außermenschlichen Zwecken unterzuordnen, war zwar vom Protestantismus vorbereitet, doch hätte Luthers und Calvins Geist nichts ferner gelegen als die Billigung dieser Suprematie wirtschaftlicher Betätigung. Sie hatten in ihren theologischen Lehren lediglich dadurch den Grund zu dieser Entwicklung gelegt, daß sie des Menschen geistiges Rückgrat, seinen Stolz, seine Würde, brachen, indem sie ihn lehrten, daß Tätigkeit Ziele zu fördern habe, die außerhalb seiner selbst gelegen waren.

So bereiteten sie ihn unbewußt für eine Rolle vor, die er

späterhin spielen sollte: sein Selbst als ein Unbedeutendes, Nebensächliches zu empfinden und «einsatzbereit» zu sein für Zwecke, die nicht seine eigenen waren. War erst einmal der Mensch dazu bereit, nichts zu sein als Mittel zum Ruhm eines Gottes, der weder Gerechtigkeit noch die Liebe vertrat, dann war er genugsam dazu präpariert, sich als Diener der Wirtschaftsmaschinerie — oder gegebenenfalls auch eines «Führers» — zur Verfügung zu stellen.

Die Unterordnung des Individuums, seine Verwendung als Werkzeug der Wirtschaft ist untrennbar verbunden mit der kapitalistischen Produktionsweise, in welcher die Akkumulation des Kapitals Zweck und Ziel ökonomischer Aktivität bildete. Man arbeitete für den Profit, aber der Profit, den man erzielte, war nicht zum Ausgeben da, sondern dazu, wiederum investiert zu werden — ein ewiger Kreislauf. Natürlich gab es stets Kapitalisten, die ihr Geld für Luxus ausgaben («offensichtliche Verschwendung»); die klassischen Vertreter des Kapitalismus jedoch fanden ihre Befriedigung, ihren Genuß in der Arbeit, nicht im Geldausgeben. Dieser Grundsatz, Kapital aufzuhäufen und nicht aufzubrauchen, wurde die Voraussetzung für die großartigen Leistungen des modernen Industriesystems. Ohne diese asketische Einstellung des Menschen zur Arbeit; ohne den Wunsch, die Erträgnisse der Arbeit für die weitere Steigerung der Produktionsmöglichkeiten der Wirtschaft zu verwenden, wären die Fortschritte in der Beherrschung der Naturkräfte nie möglich gewesen, niemals erfolgt. Das Anwachsen der Produktivkräfte der Gesellschaft war es, das zum erstenmal in der Geschichte die Vision einer Zeit aufdämmern ließ, in welcher der unablässige Kampf um die Lebensnotdurft ein Ende hätte. Doch während die Tendenz, Arbeit zwecks Kapitalsanhäufung zu verrichten, objektiv für den Fortschritt der Menschheit von höchstem Werte war, wurde dadurch zugleich der Mensch, der für außerpersönliche Zwecke werkte, zum Sklaven der von ihm selber gebauten Maschine und dadurch in das durchbohrende Gefühl der eigenen Nichtigkeit hinabgestoßen.

Dies galt auch von jenen, die Kapital besaßen und ihre Profite zu neuen Kapitalinvestitionen verwenden konnten. Mochten sie große, mochten sie kleine Kapitalisten sein, ihr Leben war durch die Erfüllung ihrer ökonomischen Funktion absorbiert: Kapital zu akkumulieren.

Was aber war mit jenen, die kein Kapital hatten und ihr Leben durch Verkauf ihrer Arbeitskraft fristen mußten? Rein psychologisch unterschied sich ihr Zustand nur wenig von dem des Kapitalisten. Eine Stelle haben, einen Arbeitsplatz, hieß für sie, daß sie von den Gesetzen des Marktes, von Prosperität und Depression abhängig waren, auch von den Auswirkungen technischer Verbesserungen, die ihr Arbeitgeber vornehmen ließ. Für ihn waren die Arbeiter Material, mit dem er arbeitete; für sie war er der Vertreter einer höheren Macht, der sie unterworfen waren. Dies galt besonders für die Arbeiterschaft bis gegen Ende des neunzehnten Jahrhunderts. Von da an gab die Gewerkschaftsbewegung dem Arbeiter auch etwas eigene Macht und besserte einen Zustand, in dem er nichts als ein Werkzeug war.

Aber neben dieser unmittelbaren und persönlichen Abhängigkeit vom Arbeitgeber war der Arbeitnehmer erfüllt von dem allgemeinen Geist des Asketismus und der Ergebung in außerpersönliche Zwecke, wie wir ihn schon bei dem Kapitaleigentümer antrafen. Kein Wunder. In jeder Gesellschaft bestimmt sich der Geist des Ganzen durch den Geist jener Kreise, die in ihr am mächtigsten sind. Zum Teil kommt das daher, daß sie das ganze Erziehungswesen, Schulen, Kirche, Presse, Theater beherrschen und so die Bevölkerung mit ihren eigenen Ideen durchtränken; zum Teil von dem Ansehen und Glanz der Oberschicht, der die unteren Klassen besticht, daß sie sie nachahmen und sich ihre Wertung zu eigen machen.

Wir haben bis hierher die Ansicht vertreten, daß die kapitalistische Produktionsweise den Menschen zu einem Instrument überpersönlicher Zwecke machte und jenen Geist der Askese und Selbstunterschätzung steigerte, für den der Protestantismus die psychologische Vorschule gewesen. Doch diese These steht in einem Widerspruch mit der Tatsache, daß der moderne Mensch in seinem Tun nicht durch Opferbereitschaft und Selbstkasteiung, sondern viel mehr durch ein äußerstes Maß von Egoismus und Eigeninteresse bestimmt scheint. Wie läßt es sich miteinander vereinbaren, daß er objektiv ein Höriger fremder Zwecke wurde und zugleich subjektiv sich nur von seinem eigenen Interesse geleitet glaubte? Wie läßt sich der Geist des Protestantismus und seine Betonung der Selbstlosigkeit in Einklang bringen mit der modernen egoistischen Ansicht, Egoismus sei — wie Machiavelli es formuliert — der stärkste menschliche Antrieb; der Wunsch nach persönlichem Vorteil sei mächtiger als alle moralischen Erwägungen; lieber sähe ein Mensch seinen Vater tot, als daß er sein eigenes Vermögen verlöre. Erklärt sich dieser Widerspruch durch die Annahme, daß die Betonung der Selbstlosigkeit nichts war als eine Ideologie, unter der sich der Egoismus verbarg? Selbst wenn dies bis zu einem gewissen Grad wahr sein sollte, glauben wir nicht, daß dies die richtige und ganze Antwort ist. Um aufzuzeigen, in welcher Richtung die Antwort zu finden ist, müssen wir uns mit den psychologischen Verwicklungen des Problems der Selbstlosigkeit befassen. —

Hinter dem Denken von Luther und Calvin wie auch von Kant und von Freud wohnt der Satz: Selbstsucht ist identisch mit Selbstliebe. Andere lieben, ist eine Tugend; sich selbst zu lieben, Sünde. Des fernern: Liebe zu andern und Liebe zu sich selbst schließen einander aus.

Theoretisch stoßen wir hier auf einen Trugschluß. Liebe ist nicht primär durch ein bestimmtes Objekt «verursacht», sondern vielmehr ein verlangendes Sehnen im Menschen, welches durch ein bestimmtes «Objekt» nur vergegenwärtigt wird. Haß ist ein leidenschaftlicher Wunsch nach Zerstörung; Liebe ist die leidenschaftliche Bestätigung eines «Objekts»; sie ist nicht ein «Affekt», sondern ein tätiges Suchen und Streben und eine innere Verwandtschaft, und ihr Ziel ist das Glück, das Gedeihen und die Freiheit ihres Objekts. Liebe ist eine Bereitschaft, die sich grundsätzlich jeder Person, jedem Gegenstand, auch uns selbst zuwenden kann. Es ist natürlich kein Zufall, daß eine bestimmte Person zum Gegenstand der bereiten Liebe wird, aber die Ursachen, die eine solche Wahl bedingen, sind zu zahlreich, zu kompliziert, um hier erörtert werden zu können. Wesentlich ist, daß Liebe zu einem besonderen «Objekt» nur die Vergegenwärtigung und Konzentration des Liebesverlangens auf eine einzige Person ist — und nicht etwa, wie es die Vorstellung einer romantischen Liebe wahrhaben will, daß da auf der ganzen Welt nur dieses einzige Wesen lebt, das man lieben kann; daß es der glücklichste Zufall des Lebens sei, dieses Wesen gefunden zu haben und daß aus der Liebe zu ihm die Abkehr von allen anderen folge. Die Sorte von Liebe, die nur für eine einzige Person gefühlt werden kann, beweist durch eben diesen Umstand, daß sie nicht Liebe, sondern eine sado-masochistische Fesselung ist. Das tiefe Grundgefühl, das in der Liebe lebt, bestätigt den Menschen, dem es sich zuwendet, als eine Verkörperung wesenhaft menschlicher Eigenschaften. Wahre Liebe zu einem Menschen schließt in sich die Liebe zum Menschen an sich. Liebe zum Menschen an sich, zur Allgemeinheit, ist nicht, wie häufig behauptet wird, eine bloße Abstraktion, die «erst nachkommt», nach der Liebe zu einer bestimmten Person; ist auch nicht die Erweiterung dessen, was man mit einem bestimmten «Objekt» erlebt hat — sondern sie ist die Voraussetzung, auch wenn sie, genetisch, erst im Kontakt mit konkreten Individuen in Erscheinung tritt.

Hieraus folgt, daß mein eigenes Selbst grundsätzlich ebensogut Gegenstand meiner Liebe sein kann wie ein anderer Mensch. Die Bestätigung meines eigenen Lebens, Glück, Wachstum, Gedeihen, Freiheit, wurzelt in dem Vorhandensein der Urbereitschaft und Fähigkeit zu solcher Bestätigung. Wer diese Bereitschaft besitzt, hat sie auch für sich selbst; wenn er nur andere «lieben» kann, vermag er überhaupt nicht zu lieben.

Selbstsucht ist mithin nicht mit Selbstliebe identisch, sondern ihr gerades Gegenteil. Selbstsucht ist eine Art Gier und wie jegliche Gier unersättlich, weshalb sie auch niemals Befriedigung findet. Gier ist ein Loch ohne Boden. Der Gierige erschöpft sich in endloser Anstrengung, sein Verlangen zu sättigen, und erlangt doch nie Befriedigung. Beobachtung zeigt, wie der Selbstsüchtige immer ängstlich mit sich beschäftigt ist; nie ist er zufrieden, ohne Rast, stets von der Furcht gehetzt, nicht genug zu bekommen, etwas zu versäumen, einer Sache beraubt zu werden. Er ist von zehrendem Neid auf jeden erfüllt, der etwas mehr haben könnte. Und sehen wir noch genauer und beachten seine unbewußten Äußerungen, so bemerken wir, daß dieser Typ im Grunde sich selbst nicht ausstehen kann.

Das Rätsel dieses scheinbaren Widerspruchs ist leicht gelöst. Selbstsucht kommt eben von dem Fehlen der Liebe zu sich selbst. Wer sich selber nicht Freund ist, fühlt sich ständig bedrängt. Ihm fehlt die innere Sicherheit, die nur auf dem Boden echter Liebe und Selbst-Bewußtseins gedeiht. Ein solcher Mensch muß sich mit sich selber beschäftigen und danach gieren, alles für sich zu bekommen, denn es gibt ja für ihn im tiefsten keine Befriedigung, keine Sicherheit. Und nicht anders steht es mit dem sogenannten Narzisstischen, der sich weniger damit beschäftigt, Dinge für sich zu ergattern, als sich selbst zu bewundern. Während es oberflächlich den Anschein hat, als seien diese Geschöpfe sehr in sich verliebt, lieben sie sich in Wirklichkeit nicht, und ihr Narzissmus ist — wie Selbstsucht und Habgier — die Überkompensation eines Grundmangels an Liebe. Freud hat darauf hingewiesen, daß der narzisstisch Veranlagte seine Liebe von andern ab- und der eigenen Person zugewandt hat. Die erste Hälfte dieser Feststellung stimmt, die zweite ist eine Täuschung. Der Narzisstische liebt weder andere noch sich.

Kehren wir nun zu der Frage zurück, die uns zu dieser Analyse der Selbstsucht veranlaßte: dem Widerspruch, daß der moderne Mensch sein Tun für ein durch das eigene Interesse begründetes hält, während tatsächlich sein Leben Zielen gewidmet ist, die nicht seine eigenen sind.

Es liegt der Selbstsucht, wie wir zu zeigen versuchten, ein Mangel an bejahender Liebe zum wirklichen Ich, zum ganzen menschlichen Selbst mit all seinen Möglichkeiten, zu Grunde. Jenes «Selbst», in dessen Interesse der moderne Mensch seiner Ansicht nach handelt, ist nämlich das *gesellschaftliche* Selbst, welches in Wirklichkeit nur die subjektive Verkleidung der objektiven gesellschaftlichen Funktion des Menschen darstellt. Die moderne Selbstsucht ist die Gier, die aus der Zerstörung des wirklichen Selbst hervorgeht; der Gegenstand dieser Sucht ist das gesellschaftliche Selbst. Während sich der heutige Mensch durch besondere Selbst-Bejahung auszuzeichnen scheint, ist sein eigentliches Selbst verneint, geschwächt und herabgemindert auf einen Ausschnitt aus seinem Gesamt-Ich: Intellekt und Willenskraft — und die übrigen Teile seiner Gesamtpersönlichkeit sind ausgesperrt.

Selbst wenn dies wahr ist — könnte man fragen — hat sich nicht die zunehmende Beherrschung der Natur in einer vermehrten Stärke des individuellen Selbst ausgewirkt? Auch dies ist, in einem gewissen Ausmaß, wahr und bezieht sich — so weit es wahr ist — auf die positive Seite der individuellen Entwicklung, deren Spur, wie oben gesagt, wir nicht verlieren dürfen.

Obwohl der Mensch eine beachtenswerte Stufe der Naturbeherrschung erklommen hat, ist die menschliche Gesellschaft unfähig, die Kräfte, die sie selbst hervorbrachte, zu beherrschen. Die Vernunft im technischen Betrieb unseres Produktionssystems wird von der Unvernunft im sozialen Betrieb unseres Produktionssystems begleitet. Wirtschaftskrisen, Arbeitslosigkeit, Kriege regieren das Schicksal des Menschen. Ja, er hat seine Welt aufgebaut, Fabriken und Gebäude errichtet, Textilwaren, Kraftwagen, Korn und Frucht produziert. Aber er ist diesen, seinen eignen Produkten fremd und nicht Herr über die Welt, die er baute — umgekehrt! Diese selbstfabrizierte Welt bemeistert ihn; er verneigt sich vor ihr, sie zu besänftigen, um wenigstens einigermaßen mit ihr zurecht zu kommen. Seiner Hände Werk wurde sein Götze. Dem Anschein nach treibt ihn das eigene Interesse, aber in Wirklichkeit ist sein gesamtes Ich mit allen darin ruhenden Möglichkeiten Hilfsmittel und Bestandteil der selbstgemachten Riesenmaschinerie geworden. Er nährt noch den Wahn, Mittelpunkt dieses ganzen Getriebes zu sein und fühlt dabei im Tiefsten, wie überflüssig er ist — so macht- und bedeutungslos, wie seine Ahnen sich einst vor Gott gefühlt hatten.

Ja, dies immer wieder betonte Gefühl der Ohnmacht und Isolierung hat bei ihm noch ein ganz anderes Gesicht bekommen; denn auch seine mitmenschlichen Beziehungen sind verändert. Die Beziehung von Mensch zu Mensch ist nicht mehr menschlich, sondern mechanisch instrumentiert. Die Gesetze des Marktes gelten jetzt auch für die persönlichen und sozialen Beziehungen:

Aus der Beziehung von Konkurrent zu Konkurrent — das ist klar — muß das Menschliche vollkommen ausgeschaltet sein; wenn nicht, wären die Konkurrenten in ihrem Geschäft gelähmt, das unter anderem auch darin besteht, gegeneinander zu kämpfen und vor der gegenseitigen wirtschaftlichen Vernichtung nötigenfalls nicht zurückzuschrecken.

Die Beziehung vom Arbeitgeber zum Arbeitnehmer ist von der gleichen Gleichgültigkeit bestimmt. Mit dem englischen Wort «employer» (= Arbeitgeber) ist alles gesagt; «employ» heißt «verwenden, gebrauchen, benutzen». Der Kapitaleigentümer verwendet, gebraucht, benutzt menschliche Wesen wie Werkzeuge oder Maschinen. Arbeitgeber und -nehmer gebrauchen einander zu ihren ökonomischen Zwecken. In ihrer Beziehung sind sie sich Mittel zum Zweck; jeder dem andern Teil, Instrument, und keiner von beiden hat an dem andern ein Interesse, das über den eigenen Nutzen hinausgeht.

Die gleiche «Instrumentalität» beherrscht in der Regel die Mentalität der Beziehungen des Geschäftsmannes zum Kunden. Dieser ist ein Objekt, kein Mensch, an dessen Zielsetzung dem Geschäftsmann gelegen wäre. Auch die Einstellung zur Arbeit, zum Werk ist die der Instrumentalität. Im Gegensatz zum mittelalterlichen Handwerker ist der moderne Fabrikbesitzer in erster Linie nicht an dem interessiert, was er produziert; er produziert vor allem, um aus seiner Kapitalanlage Profit zu ziehen. Was er produziert, hängt hauptsächlich vom Markt und der Marktlage ab, von der Frage, ob sich seine Kapitalinvestition in der bestimmten Branche als profitabel erweist.

Wie die wirtschaftlichen tragen auch die persönlichen Beziehungen den Charakter menschlicher Entfremdung — es sind nur noch Beziehungen zwischen Dingen. Aber vielleicht die wichtigste und die verheerendste Auswirkung dieses Geistes der Instrumentalität und Entfremdung finden sich in den Beziehungen des Individuums zum eigenen Ich.*) Der Mensch verkauft nicht nur Waren; er verkauft sich selbst und empfindet sich als Ware. Der Arbeiter verkauft seine Arbeitskraft; der Kaufmann, der Internist, der Kirchendiener verkaufen ihre «Persönlichkeit». Sie benötigen eine Persönlichkeit, um ihre Dienste oder Erzeugnisse zu verkaufen.

*) Hegel und Marx haben die Grundlagen zum Verständnis des Problems der Entfremdung gelegt. Man vergleiche die Ausführungen von Marx über den «Fetischismus der Ware» und die «Entfremdung der Arbeit».

Diese Persönlichkeit soll angenehm sein; obendrein soll ihr Träger noch einer Reihe anderer Anforderungen entsprechen: er soll Energie, Initiative und noch eine Menge anderer Eigenschaften besitzen, wie seine Stellung sie eben verlangt. Und wie bei jeder anderen Ware entscheidet der Markt auch über den Wert dieser Qualitäten, ja über die ganze Existenz des Menschen. Besteht für die von ihm angebotenen Qualitäten keine Verwendung, dann h a t er keine und ist so wertlos wie eine unverkäufliche Ware, auch wenn sie Nutzwert besitzt. Infolgedessen ist sein Selbstbewußtsein, das «Gefühl des eigenen Wertes» nichts als ein Ausdruck dessen, was andere von ihm halten. Erfolg, Markt, Popularität bestimmen das Selbstbewußtsein. Wer «gefragt» ist, der ist «wer»; sonst ist er ein Niemand. Diese Abhängigkeit der Selbstachtung vom Erfolg der «Persönlichkeit» ist der Grund, warum für den modernen Menschen Popularität diese ungeheure Bedeutung hat. Von ihr hängt es nicht nur ab, ob jemand in der Praxis vorwärts kommt, sondern auch ob er die eigene Selbstachtung behaupten kann, oder im Abgrund der Minderwertigkeitsgefühle versinkt. —

So isolierte die neue Befreiung durch den Kapitalismus das Individuum noch mehr als vordem die religiöse Befreiung durch den Protestantismus und machte es zum Instrument übermächtiger Außenkräfte. Es war nun zwar ein Individuum, aber ein unsicheres, ein verwirrtes, verworrenes. Doch gab es auch hier Hilfsmittel, die dazu beitrugen, daß die unterirdische Unsicherheit nicht offen zutage trat.

In erster Linie wurde das Ich gestützt durch das Eigentum. Das Ich und sein Eigentum waren nicht voneinander zu trennen. Des Menschen Kleidung, seine Wohnung waren Bestandteile des Ichs so gut wie sein Körper, und je weniger er das Gefühl hatte, jemand zu sein, um so notwendiger war ihm das Eigentum. Wenn ein Individuum kein Eigentum hatte oder seinen Besitz verlor, fehlte ihm ein Hauptteil seiner selbst. In gewisser Beziehung wurde er nicht mehr für voll genommen, weder von anderen, noch von sich selbst.

Andere Mittel, sein Selbst aufrecht zu erhalten, waren Ansehen und Macht. Zum Teil ergaben sie sich aus dem Eigentum, teils rührten sie auch unmittelbar aus dem Erfolg im Wettstreit mit anderen her. Bewunderung durch andere und die Macht über sie, vermehrt durch die Stütze, die das Eigentum gab, richteten das Individuum aus seiner Unsicherheit auf.

Für jene aber, die geringen Besitz und wenig gesellschaftliches Ansehen besaßen, war die Familie eine Quelle persönlichen Ansehens. Hier konnte sich das Individuum als «jemand» fühlen. Weib und Kinder gehorchten ihm; es spielte die Hauptrolle und beanspruchte sie naiv als sein natürliches Recht. Mochte es auch in sozialer Beziehung ein Niemand sein; daheim war es der König. Und neben der Familie gab ihm auch der Nationalstolz — häufig auch Standesdünkel oder Klassenbewußtsein — das erhebende Gefühl, etwas zu bedeuten. Mochte er persönlich ein Nichts sein, so war er doch stolz, einer Gruppe anzugehören, die in irgendeiner Beziehung anderen Gruppen überlegen war.

Doch müssen wir diese Stützen des geschwächten Selbst von jenen Faktoren scharf unterscheiden, die wir zu Anfang des Kapitels erwähnten: der wirklichen politischen und wirtschaftlichen Freiheit; der Möglichkeit zu persönlicher Initiative; der zunehmenden Aufklärung. Diese stärkten tatsächlich das Selbst des Menschen und entwickelten und erhöhten seine Persönlichkeit, Unabhängigkeit und Vernunft, während die stützenden Hilfsmittel nur Korsett, einen Geradehalter, ein Gegengewicht der Ängste und Unsicherheit darstellten; sie beseitigten diese Übelstände nicht, sie verdeckten sie nur und halfen auf diese Weise dem Individuum dazu, daß es sich, bewußt, sicher fühlte. Doch war dies Gefühl zum großen Teil nur auf der Oberfläche und währte nur so lange und insoweit, als die stützenden Hilfsmittel da waren.

Jede ins einzelne gehende Analyse der europäischen und amerikanischen Geschichte von der Reformation bis auf unsere Zeit könnte nachweisen, wie die zwei widersprechenden — der Entwicklung von «der Freiheit von ... zur Freiheit zu...» innewohnenden — Tendenzen miteinander parallel laufen oder besser gesagt, miteinander ständig verflochten sind. Aber eine solche Untersuchung liegt außerhalb der Absichten dieses Buches und muß für eine spätere Veröffentlichung vorbehalten bleiben. Zu manchen Zeiten und in einzelnen Schichten war die menschliche Freiheit (im positiven Sinn), das heißt Kraft und Würde des Ichs, dominierend. Dies war der Fall in England, Frankreich, Amerika, der Schweiz, und auch in Deutschland, als das Bürgertum seine politischen und ökonomischen Siege über die Vertreter der alten Ordnung errang. In diesen Kämpfen um positive Freiheit konnte das Bürgertum sich mit Recht auf jene Seite des Protestantismus stützen, welche die menschliche Würde und Selbstregierung betont — während die katholische Kirche sich mit den Gruppen verbündete, die zur Aufrechterhaltung ihrer Privilegien die Befreiung des Menschen bekämpfen mußten. —
Auch im philosophischen Denken der Neuzeit finden wir die beiden Seiten der Freiheit so miteinander verflochten, wie sie es schon in den Lehrmeinungen der Reformation gewesen. So unterordneten Kant und Hegel — obwohl Freiheit des Individuums und Autonomie Zentralpostulate ihrer Systeme darstellen — das Individuum der staatlichen Allmacht. Die Philosophen der französischen Revolution und des 19. Jahrhunderts — Feuerbach, Marx, Stirner, Nietzsche — gaben hingegen kompromißlos dem Gedanken Ausdruck: das Individuum sei keinerlei Zwecken untertan, die außerhalb seines eigenen Glücks, Gedeihens und Fortschrittes lägen — während die reaktionären Philosophen der gleichen Zeit ausdrücklich die Unterordnung des Menschen unter geistliche oder weltliche Autoritäten gefordert haben. Die zweite

Hälfte des 19. und der Beginn des 20. Jahrhunderts zeigte das Streben nach positiver menschlicher Freiheit auf seinem Gipfel. Nicht mehr allein das Bürgertum nahm daran teil; auch die Arbeiterklasse wurde zur tätigen, regen und freien Kampfgruppe für ihre wirtschaftlichen Belange und zugleich für die Ziele der Menschheit. —

Unter der Herrschaft des Monopolkapitals, die sich in den letzten Jahrzehnten in zunehmendem Maße entfaltete, schien die Gewichtsverteilung zwischen den beiden Seiten der menschlichen Freiheit verändert. Jene Faktoren, die das Individuelle zu schwächen suchten, gewannen an Gewicht, und die es stärkten, verloren ... Des Individuums Hilflosigkeit wuchs; seine «Freiheit» von allen überlieferten Banden wurde immer lauter verkündet, seine Möglichkeiten zu persönlichen wirtschaftlichen Leistungen wurden immer mehr eingeengt. Und wieder, wie im 15. und 16. Jahrhundert, sah es sich von gigantischen Mächten bedroht.

Am meisten zu dieser Entwicklung trug das Monopolkapital bei. Die Konzentration des Kapitals (nicht des Reichtums) auf bestimmte Sektoren der Wirtschaft beschränkte die Erfolgsmöglichkeiten persönlicher Initiative, Intelligenz und Courage, und dort, wo das Monopolkapital den Sieg davontrug, wurden viele selbständige Existenzen zerstört. Für die, die dagegen ankämpften, nahm der Kampf solche Ausmaße und Formen an, daß ihr persönlicher Mut und Unternehmungsgeist bald dem Gefühl einer hoffnungslosen Ohnmacht wich. Eine an Zahl sehr kleine Gruppe übte eine enorme Macht auf Staat und Gesellschaft aus; an ihren Entschlüssen hing das Schicksal des Großteils der Bevölkerung. Die deutsche Inflation von 1923, der amerikanische Börsenkrach von 1929 steigerten das allgemeine Gefühl der Unsicherheit ins Ungeheure; vielen zerschlugen sie die letzte Hoffnung, je durch eigene Kraft vorwärts zu kommen, und den ererbten Glauben an unbegrenzte Erfolgsmöglichkeiten. Mochte auch mancher kleine und mittlere Geschäftsmann unter der Bedrohung durch das Großkapital weiter verdienen und selbständig bleiben — die über ihm hängende Drohung vermehrte seine Unsicherheit und Schwäche weit über das gewohnte Maß. Während er ehedem gegen Gleiche den Konkurrenzkampf zu führen hatte, mußte er sich jetzt der Giganten des Monopolkapitals erwehren. Auch in ihren Verrichtungen unterscheidet sich die psychologische Situation dieser selbständigen Geschäftsleute von der ihrer Vorgänger. Das zeigt sich sehr klar an jenem Typ des selbständigen Händlers, der oft als Beispiel für das Entstehen einer neuen Art Mittelstand herangezogen wird, nämlich am Tankstellen-Inhaber. Viele von diesen Leuten sind selbständig, genau wie ein Schneidermeister oder ein Kolonialwarenhändler: das Geschäft gehört ihnen. Doch welch ein Unterschied zwischen dem alten und dem neuen Schlag des selbständigen Geschäftsmannes! Der Kolonialwarenhändler brauchte ziemliches Wissen und Fertigkeit; im Einkauf hatte er die Wahl zwischen einer Reihe von Grossisten, von denen er sich die aussuchen konnte, deren Preise und Warenqualität ihm am meisten zusagten; beim Verkauf mußte er über Geschmack und Bedarf der einzelnen Kunden Bescheid wissen, sie bei ihren Käufen beraten und sich darüber schlüssig werden, wem und bis zu welcher Höhe er Kredit geben dürfe. Die Selbständigkeit war bei ihm nicht das Einzige; er brauchte dazu noch Gewandtheit, Rührigkeit, Menschen- und Branchenkenntnis. Ganz anders beim Tankstelleninhaber. Er hat nur eine einzige Ware: Treibstoff und Schmieröl; sein Einkauf erfolgt nur bei den Öl-Gesellschaften. Mechanisch wiederholt er immer und immer wieder den gleichen Akt des Einfüllens. Da ist weniger Raum für Geschicklichkeiten, Unternehmungsgeist, Rührigkeit als bei dem Kolonialwarenhändler alten Stils. Und sein Nutzen ist nur durch zwei Umstände bestimmt: den Preis, den er den Gesellschaften zahlen muß, und die Zahl der Wagen und Motorfahrer, die vor seiner Tankstelle haltmachen. Beides entzieht sich ganz seiner Einwirkung; er hat nur die Funktion eines Vertreters zwischen Grossist und Kundschaft. Psychologisch ist kaum noch ein Unterschied zu einem Konzern-Angestellten vorhanden. Er ist nur noch ein Zähnchen an einem Rad der ungeheuren Verteilungsmaschine. —

Die Lage des neuen Mittelstandes der «white-collar workers», der Stehkragen-Proletarier, deren Zahl mit der Ausbreitung der großen Konzerne stark anwuchs, unterscheidet sich sehr von der des kleinen selbständigen Kaufmanns von ehedem. Man könnte einwenden, auch wenn diese Leute der Form nach nicht mehr selbständig seien, hätten sie doch ebenso viel, vielleicht noch mehr Möglichkeit, Geschäftssinn und Initiative zu entwickeln als früher ein Schneider oder Krämer. Das mag in einer Hinsicht zutreffen, wenn auch das Ausmaß recht fraglich ist. Im Seelischen jedoch ist die Situation des Stehkragen-Proletariers ganz anders. Er ist das Teilchen einer riesigen Wirtschaftsmaschinerie, hat eine bis ins Letzte spezialisierte Einzelaufgabe, steht in heißem Wettbewerb mit Hunderten, denen es ebenso geht wie ihm, und fliegt ohne Gnade, wenn er nachläßt, kurz: Wenn auch seine Erfolgsaussicht hie und da größer ist, geht ihm doch ein Großteil der Sicherheit und Unabhängigkeit des einstigen Geschäftsmanns ab. Er ist ein, bald kleiner, bald etwas größerer Radzahn einer Maschinerie, die ihm ihr Tempo aufzwingt. Er kann nichts gegen sie ausrichten; er fühlt sich vor ihr unendlich klein und unbedeutend.

Auch auf den Handarbeiter übt die Ausdehnung und Machtüberlegenheit der Großunternehmungen ihre psychischen Wirkungen aus. In den kleineren Werken der früheren Zeit kannten die Arbeiter ihren Chef und den ganzen Betrieb, der sich einigermaßen überblicken ließ. Obwohl sie je nach Marktlage eingestellt und entlassen wurden, bestand doch eine greifbare Beziehung zum Chef. So hatten sie wenigstens das Gefühl, den Boden zu kennen, auf dem sie sich bewegten. Der Mann in einem Riesenbetrieb mit Tausenden von Arbeitern hat eine andere Stellung und Einstellung. Der Chef ist für ihn etwas Ungreifbares geworden — er bekommt ihn nie zu Gesicht. Die «Direktion» ist eine namenlose Macht, die mit ihm nur mittelbar verkehrt und für die er als Individuum völlig bedeutungslos ist. Das Unternehmen hat eine solche Ausdehnung, daß er nicht über den kleinen Abschnitt hinausblicken kann, an den er mit seiner spezialisierten Arbeit gebunden ist.

Durch die Gewerkschaften ist dieser Kontrast etwas ausgeglichen. Nicht nur, daß sie die wirtschaftliche Lage der Arbeiter verbessert haben, sie haben auch die bedeutsame psychologische Wirkung, daß sie dem Arbeiter ein Gefühl von Kraft und Bedeutung gegenüber den Giganten geben, mit denen er es zu tun hat. Unglücklicherweise haben sich viele Arbeiterverbände selber zu Mammut-Organisationen entwickelt, in denen für die Initiative des Einzelmitgliedes wenig Möglichkeit mehr besteht. Dieses zahlt seine Beiträge, gibt gelegentlich seine Stimme ab, aber auch hier ist es wiederum nichts als ein Radzahn im großen Getriebe. Es ist von äußerster Wichtigkeit, daß die Arbeiterverbände Organe werden, die von der aktiven Mitarbeit jedes einzelnen Mitglieds getragen sind. Sie müssen sich dergestalt organisieren, daß jedes Mitglied am Gewerkschaftsleben tätigen Anteil nehmen kann und für alles, was dort geschieht, Mitverantwortung fühlt.

Die Bedeutungslosigkeit des Individuums in unserer Zeit zeigt sich nicht allein in seinem Auftreten als Geschäftsmann, Angestellter, Arbeiter, sondern auch in seiner Eigenschaft als Kunde. Auch da vollzog sich in den letzten Jahrzehnten ein handgreiflicher Umschwung. Der Käufer, der den Laden eines selbständigen Detailhändlers betrat, war dessen persönlicher Aufmerksamkeit gewiß; sein individueller Einkauf war für den Ladeninhaber wichtig. Er wurde wie jemand empfangen, auf den es ankam, und so gab ihm sein Einkauf ein Gefühl von Bedeutung und Würde. Wie anders die Stellung des Kunden im Warenhaus! Die Größe des Gebäudes, die Fülle der ausgestellten Waren beeindrucken ihn, daß er sich im Vergleich dazu klein und unwichtig vorkommt. Er ist wichtig als «ein» Kunde; das Haus will ihn nicht verlieren, denn das wäre ein Anzeichen dafür, daß da etwas nicht in Ordnung ist, so daß das Geschäft aus dem gleichen Grund auch andere Kunden verlieren könnte. Als abstrakter Kunde ist er also wichtig, als konkreter ganz nebensächlich. Niemand ist über sein Kommen erfreut, niemand mit seinen Wünschen speziell beschäftigt. Der Kaufakt vollzieht sich wie der Einkauf von Marken am Postschalter.

Dieser Zustand wird noch durch die Methoden neuzeitlicher Reklame verstärkt. Das Verkaufsgespräch eines Geschäftsmanns im alten Stil war im großen Ganzen vernünftig. Er kannte seine Waren wie seine Kunden; auf dieser Grundlage bauten sich seine Empfehlungen auf. Gewiß war sein Verkaufsschwatz nicht ganz sachlich; er überredete auch nach Möglichkeit, doch auch dazu bedurfte es einer einigermaßen verständigen Rede.

Ein weites Gebiet der heutigen Reklame ist anders. Hier spricht man nicht zum Verstand, sondern zum Gefühl. Wie bei jeder andern Art hypnotischer Suggestion sucht man sein Objekt gefühlsmäßig zu beeindrucken, um so dessen Verstand zu unterjochen. Diese Art Warenwerbung drängt sich dem Kunden mit allen Mitteln auf: durch ständige Wiederholung des gleichen Slogans; durch autoritative Bilder wie das einer Dame der besten Gesellschaft oder eines berühmten Boxers, der eine bestimmte Zigarettenmarke raucht; dadurch, daß man den Käufer durch den Sexappeal eines schönen Mädchens anlockt und damit gleichzeitig sein Unterscheidungsvermögen schwächt; durch die Drohung mit «Kräftezerfall», Arterienverkalkung, schlechter Ausdünstung; dann wieder durch Erweckung von Wunschträumen neuen Lebensglücks (durch Kauf von Salbe, Seife oder

Reizwäsche). All diese Methoden sind irrational; mit den wahren Eigenschaften und Wirkungen der angepriesenen Ware haben sie nichts zu tun. Wie Rauschgift oder Hypnose schläfern sie die kritischen Fähigkeiten des Kunden ein und geben ihm, ähnlich wie viele Filme, eine gewisse Befriedigung seiner Wunschträume. Gleichzeitig aber machen sie ihn auf verborgene, nicht vorhandene oder tatsächliche Fehler, Mängel und Bedürfnisse aufmerksam und verstärken so, auch auf diese Weise, in ihm das Gefühl, klein, häßlich und arm zu sein.

Tatsächlich sind diese Methoden, die kritische Denkfähigkeit zu betäuben, für unsere Demokratien gefährlicher als mancher offene Angriff und im Hinblick auf menschliche Sauberkeit unmoralischer als manches Buch, das man als unsittlich verbietet. Die Konsumvereinsbewegung bemüht sich, die Würde und das Unterscheidungsvermögen der Kundschaft wiederherzustellen und wirkt damit psychologisch in ähnlicher Richtung wie die Gewerkschaftsbewegung, ist hierin aber noch nicht über die ersten bescheidenen Anfänge hinausgelangt. —

Was sich auf ökonomischem Gebiet als wahr herausstellt, bewahrheitet sich auch auf politischem. In der Frühzeit der großen Demokratien war es so eingerichtet, daß der einzelne Bürger tätig und in eigner Person an jeder Wahl oder Abstimmung teilnehmen konnte und teilnahm. Er kannte die zu entscheidenden Fragen; er kannte auch die Bewerber, über deren Zulassung zu Amt und Würde es zu befinden galt. Die Abstimmung — häufig in offener Volksversammlung — war etwas Greifbares; da zählte jeder Einzelne. Heut sieht sich der Wähler Mammutparteien gegenüber, und sie scheinen ihm ebenso fern und unklar und zäh wie die Mammut-Organisationen der Industrie. Die Gesetzesvorlagen sind undurchsichtig und werden es noch mehr durch alle möglichen Versuche, sie zu vernebeln. Vor den Wahlen bekam lange Zeit hindurch der Wähler die Wahlkandidaten wenigstens zu Gesicht, aber seit es ein Radio gibt, ist auch das kaum mehr der Fall; der Wähler hat nicht einmal mehr die Möglichkeit, «seinen» Kandidaten in natürlicher Größe leibhaftig vor sich zu sehen. In Amerika lassen ihm die Parteien die Wahl zwischen zwei oder drei Parteikandidaten, aber auch die hat er ja nicht ausgesucht; er kennt sie nicht und sie ihn erst recht nicht; die Beziehung ist ebenso unwirklich geworden wie viele andere.

Wie beim Kunden die Geschäftsreklame, nährt im Wähler die politische Propaganda das Gefühl seiner Überflüssigkeit. Dauernde Wiederholung von Parolen und die Hervorhebung von Umständen, die gar nichts mit der in Frage stehenden Gesetzesvorlage oder Abstimmung zu tun haben, verdummen ihn. Der vernünftige klare Appell an seine Überlegung ist zur Ausnahme der politischen Propaganda geworden — auch in allen demokratischen Ländern; und angesichts des Aufwands und Umfangs der Parteien kann der Wahlberechtigte nicht umhin, sich armselig und nebensächlich vorzukommen.

Das heißt aber nicht, daß Reklame und Propaganda die Bedeutungslosigkeit des Individuums etwa unterstreichen; im Gegenteil: sie schmeicheln der Wichtigkeit jedes einzelnen Wählers: «Auf dich kommt es an!» — Aber ihnen kommt es nur auf die Stimme an, nicht auf den Menschen. Sie «appellieren an seine Urteilskraft», aber das soll nur den Argwohn des Individuums einschläfern und es dazu bringen, daß es sich seine Stimmabgabe als Ergebnis eigener Überlegung und Überzeugung vormacht. Ich brauche wohl nicht eigens darauf hinzuweisen, daß die hier gemeinte Propaganda nicht völlig und überall irrational ist, sondern daß es da Unterschiede bei den verschiedenen Parteien und Kandidaten gibt und daß sehr wohl auch vernünftige Faktoren mitsprechen können.

Aber da sind noch andere Einwirkungen, die das Individuelle hinabdrücken: sehr fühlbare Gespenster, die immer mächtiger in die Höhe wachsen. Da ist das Gespenst der Arbeitslosigkeit, das vielen Millionen nichts läßt als das Gefühl der Unsicherheit. Und wenn auch die Arbeitslosen-Unterstützung ein wenig dazu beitrug, die seelischen und wirtschaftlichen Folgen der Arbeitslosigkeit aufzufangen, so ändert das doch nichts an der Tatsache, daß der seelische Druck der Arbeitslosigkeit als lebenslängliche Drohung das Dasein der Majorität des Volkes verfinstert. Arbeit zu haben — gleichgültig welcher Art — scheint für viele das Höchste, das Einzige, was sie vom Leben sich wünschen, eine Gnade, für die sie zu danken haben.

Die Arbeitslosigkeit nährt und vergrößert die drohenden Gefahren des Altwerdens. In vielen Berufszweigen will man nur noch Junge, selbst Ungelernte — weil sie sich «besser anpassen», das heißt, sich leichter zu solchen Radzähnchen umschmelzen lassen, wie man sie just in der Branche braucht.

Und zu alledem kam das Gespenst drohender Kriege und drückte das Gefühl, als Individuum etwas ausrichten zu können, tiefer und tiefer. Gewiß, auch im neunzehnten Jahrhundert hatte es Kriege gegeben, doch seit dem Krieg 1914—1918 waren die Vernichtungsmittel so erschreckend vermehrt und verstärkt und bedrohten ausnahmslos alle Kreise — die Kriegsdrohung war ein Alpdruck der ganzen Welt, auch wenn es vielen Leuten erst zu Bewußtsein kam, als ihre eigne Nation in den Krieg verstrickt wurde — alle Leben waren vom Fittich des nahenden Krieges berührt, überschattet; das Gefühl der Angst und persönlichen Machtlosigkeit allgemein.

Der «Stil» dieses ganzen Zeitabschnitts entspricht dem eben gezeichneten Bild. Riesenhafte Städte, darin das Individuum sich verlor, Gebäude wie Berge so hoch; ununterbrochenes Ton- und Wortbombardement durch das Radio; schreiende Schlagzeilen, wechselnd dreimal am Tag, lassen keine Möglichkeit mehr, das Wichtige vom Unwichtigen zu unterscheiden; Revuen, in denen einhundert Girls ihre Geschicklichkeit unter Beweis stellen, mit uhrwerkartiger Präzision alles Individuelle, alles Private auszuschalten und eine schmeichelnd glatte Riesenmaschine zu bilden; der aufpeitschende Rhythmus des Jazz — all dies und noch vieles andere ergab eine Konstellation, darin das Individuum, ein winziges Staubteilchen in überdimensionierten Räumen, willen- und machtlos umhergewirbelt wurde.

Da blieb den meisten nichts anderes übrig als mitzumachen, im gleichen Schritt mitzumarschieren wie ein Soldat, im gleichen Takt sich zu bewegen wie der Handlanger am laufenden Band. Der Mensch war zwar tätig, aber das Bewußtsein der Unabhängigkeit und das Verständnis ihrer Bedeutung für sich und die Welt waren dahin.

Das Ausmaß, in welchem der Durchschnittsmensch in Amerika wie fast auf der ganzen Erde vom gleichen Gefühl seiner Bedeutungslosigkeit und von Ängsten gepackt war, fand seinen sprechenden Ausdruck in der frappierenden Popularität der Mickey-Mouse-Filme, deren einziges Thema, in zahllosen Variationen abgewandelt, immer das gleiche war: etwas Kleines wird verfolgt und gefährdet durch etwas überwältigend Starkes, Mächtiges — es droht das kleine Ding zu vernichten oder zu verschlingen; das Kleine rennt weg, es gelingt ihm zu entrinnen, vielleicht sogar dem bösen Feind Schaden zu tun. — Die Massen wären nie bereit gewesen, immerfort die vielen Abwandlungen desselben Motivs zu betrachten, hätte das Grundthema nicht an etwas gerührt, das mit ihrem eigenen Gefühlsleben in einer sehr nahen Berührung stand. Augenscheinlich ist das, von einer feindseligen Macht bedräute winzige Ding der Zuschauer selbst: so fühlt e r. Mit dieser Situation kann er sich identifizieren; so ergeht es ihm, seinem wirklichen Ich.

Aber die nie versagende Anziehungskraft dieser Filmstreifen wäre ohne ein happy end nicht möglich. Der Zuschauer durchlebt all seine eigenen Gefühle des Kleinseins, um am Ende das tröstliche Gefühl mit nach Hause zu nehmen, er werde trotz allem gerettet werden, ja er werde sogar das unfaßbar Starke besiegen. Jedoch — und hierin liegt das Bezeichnende und Beklagenswerte dieses happy ending — seine Errettung ruht zumeist in der Fähigkeit auszureißen sowie in unvorhergesehenen Zwischenfällen, die es dem Monstrum unmöglich machen, ihn zu vernichten. —

Visionäre Denker des 19. Jahrhunderts sahen die Lage des Individuums unserer Zeit voraus. Kierkegaard schilderte das von Zweifeln zerrissene hilflose Individuum in seiner Vereinsamung; Nietzsche vergegenwärtigte den nahenden Nihilismus, der im Nazismus zutag treten sollte, und malte das Bild eines Übermenschen als Negation des unbedeutenden, richtungslosen Individuums, das er in der Wirklichkeit antraf. Einen vollkommenen Ausdruck fand das Thema der Machtlosigkeit des Menschen in den Werken Franz Kafkas. In seinem Roman «Das Schloß» schildert er einen Mann, der mit den mysteriösen Bewohnern eines Schlosses Verbindung aufnehmen will, damit sie ihm sagen, was er tun soll, und ihm seinen Platz in der Welt zeigen. Sein ganzes Leben ist ein heißes Bemühen, mit ihnen in Berührung zu kommen, doch es gelingt ihm nie; er bleibt allein im Gefühl letzter Hoffnungslosigkeit und tiefsten Unwerts. Bei Julian Green fand das Gefühl der Machtlosigkeit und Isolierung folgenden schönen Ausdruck:

> Ich wußte, wir zählen wenig im Vergleich zum All, ich wußte, wir sind nichts; aber so grenzenlos nichts zu sein, scheint uns gleicher Zeit niederzudrücken und zu beruhigen. Diese Bildungen, diese Gestalten jenseits der Reichweite menschlichen Denkens überwuchten uns ganz. Ist da noch etwas, woran wir uns festhalten können? Mitten im Chaos der Illusionen, in das wir kopfüber geworfen sind, gibt es Eines, das sich als

wahr erweist, und das ist — Liebe. Alles andere ist Nichtigkeit, haltlose Leere. Wir spähen hinab in einen ungeheuren finsteren Abgrund. Und sind erschreckt.

Aber dies Gefühl individuellen ohnmächtigen Isoliertseins, dem diese Autoren Ausdruck verliehen und das von vielen sogenannten Neurotikern empfunden wird, ist nicht etwas, das der normale, der Durchschnittsmensch wahrnahm. Dazu ist es ihm allzu erschreckend. Er überdeckt es mittels seiner alltäglichen Betätigung, durch die sichernde Bestätigung, die er in seinem Privatleben oder gesellschaftlichem Verkehr findet, durch allerhand «Ablenkungen», «Amusement», «Konnexionen», «Abenteuer», «Ausflüge». Doch Pfeifen im Finstern schafft kein Licht. Das Alleinsein, die Furcht und die Wirrnis bleiben; immer kann man sie nicht ertragen. Menschen können nicht immerfort die Lasten der «Freiheit von» tragen. Sie müssen dieser Freiheit entrinnen, es sei denn, sie machten den Fortschritt von der negativen zur positiven Freiheit.

Die Hauptstraßen dieser Flucht in unserer Zeit waren in den faschistischen Ländern die Unterwerfung unter einen Führer und in unsern großen Demokratien eine zwanghafte Gleichförmigkeit. Ehe wir jedoch diese beiden, sozial gepflasterten Hauptstraßen der Flucht näher beschreiben, muß ich den Leser bitten, mit mir in eine Erörterung der psychologischen Fluchtmechanismen einzutreten. Zwar haben wir uns mit einigen dieser Maßnahmen schon in den früheren Kapiteln beschäftigt, doch ist es zur vollen psychologischen Erfassung des Faschismus wie auch der Automatisierung des Menschen in den heutigen Demokratien durchaus erforderlich, die psychologischen Erscheinungen nicht bloß im allgemeinen, sondern in allen Einzelheiten und ihrem tatsächlichen Ablauf zu verstehen. Es bedeutet dies nicht etwa ein Abschweifen vom Thema, ist vielmehr ein unentbehrlicher Teil unserer Untersuchung. So wenig sich psychologische Probleme ohne Kenntnis ihres gesellschaftlichen und kulturellen Hinter- und Untergrundes richtig ergründen lassen, ebensowenig sind soziale Erscheinungen ohne das Wissen um die ihnen zugrunde liegenden psychologischen Mechanismen verständlich. Unser nächstes Kapitel sucht diese Mechanismen zu analysieren, sucht aufzudecken, was in dem Individuum vor sich geht, und aufzuzeigen, wie unsere Zeitgenossen im Bemühen, der Vereinsamung und Machtlosigkeit zu entrinnen, bereit sind, sich ihres individuellen Selbst zu entäußern — sei es auch durch Unterwerfung unter neue autoritäre Formen oder durch eine zwangsartige Angleichung an eine Schablone.

V

FLUCHTMECHANISMEN

Unsere Betrachtung ist bei der Gegenwart angelangt; die Erörterungen über die Psychologie des Faschismus und die Rolle der Freiheit in autoritären Staaten und in den Demokratien sollte beginnen. Da aber die Stichhaltigkeit der Beweisführung von der Stichhaltigkeit unserer psychologischen Voraussetzungen abhängig ist, scheint es angebracht, an dieser Stelle den allgemeinen Gedankengang zu unterbrechen und das Kapitel einer Einzeldarstellung dieser Prämissen zu widmen. Wir haben dieselben schon vorher gestreift und werden später noch eingehender auf sie zurückkommen. Sie beruhen auf Begriffen und Vorstellungen unbewußter Kräfte und auf den Bahnen, in welchen diese sich in «Rationalisierungen» (d. h. mittels vernünftig scheinender Begründungen oder in Beschönigungen mittels Vernunftgründen) ausdrücken. Ich stütze mich hierbei bewußt und planmäßig auf individualpsychologische Beobachtungen, die in eingehendstem psychoanalytischem Verfahren an zahlreichen Einzelpersonen gemacht wurden. Wenn auch die Psychoanalyse nicht jenes Ideal erreicht hat, das viele Jahre lang das Ideal der akademischen Psychologie gewesen, nämlich die Annäherung ihrer experimentellen Methoden an die der exakten Naturwissenschaften, so ist sie doch ein vollkommen auf Erfahrung beruhendes Verfahren, das auf der peinlichsten Beobachtung der unzensurierten Gedanken, Träume und Phantasien des Individuums aufgebaut ist.

Nur eine Psychologie, die sich des Begriffs der unbewußten Kräfte bedient, vermag die verwirrenden Rationalisationen zu durchdringen, die uns bei der Analyse einer Person oder einer Kultur gegenübertreten. Viele scheinbar unlösliche Probleme verschwinden, sobald wir die Vorstellung fahren lassen: jene Motive, von denen die Leute bewogen zu sein glauben, seien die, welche sie wirklich dazu treiben, so zu handeln, zu fühlen, zu denken, wie sie es tun.

Dabei mag die Frage auftauchen, ob sich Entdeckungen, die man bei Einzelpersonen gemacht hat, auch für die psychologische Beurteilung von Gruppen verwenden lassen. Die Frage ist zu bejahen. Jede Gruppe besteht aus Individuen, aus nichts als Individuen. Daher können psychologische Mechanismen, die wir in einer Gruppe arbeiten sehen, nur Mechanismen sein, die in den Individuen arbeiten. Die Individualpsychologie ist sozusagen das Mikroskop der Sozialpsychologie; sie läßt uns die psychologischen Mechanismen in ihren kleinsten, feinsten Einzelheiten feststellen, die sich in den sozialen Vorgängen nur in Umrissen vorfinden. Sofern eine Analyse sozialpsychologischer Phänomene nicht auf dem Einzelstudium individuellen Verhaltens beruht, fehlt ihr die Empirie und damit die Gültigkeit.

Aber selbst, wenn einer dies alles zugibt, könnte er immer noch die Frage aufwerfen, ob denn das Studium der gemeinhin als Neurotiker etikettierten Personen von irgendwelchem Wert bei der Behandlung sozialpsychologischer Probleme sein könne. Und auch hierauf kann die Antwort nur ein Ja sein. Die Erscheinungen, die wir bei den neurotischen Personen beobachten, sind im Prinzip von jenen nicht unterschieden, die wir bei den normalen vorfinden. Sie sind lediglich stärker akzentuiert, klarer erkennbar und im allgemeinen der Wahrnehmung der neurotischen Person selbst leichter zugängig, als sie es einem Normalen sind, der gar kein Problem wahrnimmt, das irgendein Studium erheischen könnte.

Zur Klärung des Gesagten und noch zu Sagenden scheint eine kurze Bestimmung der Begriffe «neurotisch» und «normal» oder «gesund» hier am Platze.

«Normal» oder «gesund» läßt sich auf zwei Arten definieren. Erstens, vom Standpunkt einer funktionierenden Gesellschaft, nennt man wohl den normal oder geistig gesund, der imstande ist, die ihm zugefallene Aufgabe zu erfüllen, das heißt: so zu arbeiten, wie es in dieser speziellen Gesellschaft verlangt wird, und außerdem an der Fortpflanzung der Gesellschaft mitzuwirken, das heißt, Kinder zu zeugen. Zweitens vom Standpunkt des Individuums: Da betrachten wir Gesundheit und Normalsein als ein Optimum an Glück und Gedeihen. Hätten wir eine Gesellschaftsstruktur, die jedem Einzelnen die optimale Möglichkeit böte, so würden beide Gesichtspunkte in einen verschmelzen. Doch war dies in nahezu allen uns bekannt gewordenen Gesellschaftsordnungen, einschließlich der unseren, niemals der Fall. Sie differieren wohl alle in bezug auf den Grad, in dem sie die Ziele individuellen Wohlseins fördern, doch immer klafft noch ein Zwiespalt zwischen den auf glattes Funktionieren der Gesellschaftsordnung gerichteten Bestrebungen einerseits und der vollen Entwicklung der Persönlichkeit andererseits. Und dadurch sind wir gezwungen, scharf zwischen den beiden Begriffen «gesund» zu unterscheiden. Der eine ist durch soziale Notwendigkeiten bestimmt, der andere durch die Existenz des Individuums, seinen Wert und die ihm innewohnenden Gesetze.

Diese notwendige Unterscheidung wird leider sehr oft nicht beachtet. Die meisten Psychiater und Psychologen nehmen ihre eigene Gesellschaftsordnung so sehr als gegeben und unantastbar, daß jeder, der sich ihr nicht gut einfügt, das Brandmal der Minderwertigkeit trägt, während sie den besser Verwendbaren als menschlich höherwertig betrachten.

Konfrontieren wir nun die Begriffe «anormal» und «neurotisch», so ergibt sich: der Normale, d. h. der gesellschaftlich Taugliche, der Angepaßte, ist in Ansehung menschlicher Werte oft weniger gesund als der Neurotische. Oft ist er nur besser tauglich auf Kosten seines Selbst, das er aufgab, um nach Möglichkeit so zu werden, wie man es, seinem Dafürhalten nach, von ihm erwartete. Alle echte Persönlichkeit, Selbstentwicklung und Selbstbestimmung, seine Spontanität*), kann ihm darüber verloren gegangen sein. Demgegenüber kann sich der Neurotische als ein Charakter herausstellen, der sich im Kampf um sein eigenes Selbst nicht völlig zu ergeben bereit war. Sein Versuch, das eigene Selbst zu bewahren, blieb nur erfolglos, und statt sein Selbst fruchtbar werden zu lassen, suchte er seine Rettung in neurotischen Symptomen, im Rückzug in eine Phantasie-Existenz. Und doch ist er, vom Standpunkt rein menschlicher Wertung gesehen, kein solch «geistiger Krüppel» wie jener Normale, der seine ganze Persönlichkeit dreingab. (Selbstverständlich gibt es auch Menschen, deren Persönlichkeit im Anpassungsprozeß nicht unterging, und die trotzdem keine Neurotiker wurden.) Allein das Brandmal, das man den Neurotischen aufdrückte, scheint uns unstatthaft und unbegründet. Gerechtfertigt wäre es nur, wenn wir Neurotiker rein vom Standpunkt des gesellschaftlichen Nutzwertes betrachten.

Von diesem Standpunkt aus läßt sich der Ausdruck «neurotisch» für die gesamte Gesellschaft nicht anwenden; sie könnte ja nicht bestehen, wenn ihre Mitglieder keine sozialen Funktionen ausübten. Wohl aber läßt sich vom Standpunkt menschlicher Wertung aus eine Gesellschaft neurotisch nennen — in dem Sinne nämlich, daß ihre Mitglieder in ihrem Persönlichkeitswachstum verkrüppelt sind. Da die Bezeichnung neurotisch meist angewandt wird, um Mangel an Sozialfunktion zu bezeichnen, möchten wir sie lieber nicht zur Charakterisierung einer Gesellschaft gebrauchen, sondern in solchem Fall richtiger sagen: sie sei dem Glück der Menschheit und der menschlichen Selbsterfüllung feind.

---

*) Dieser Begriff wird in seiner vollen Bedeutung im zweiten Abschnitt des letzten Kapitels behandelt.

Die Mechanismen, die wir in diesem Kapitel erörtern wollen, sind «Fluchtmechanismen», die sich aus der Unsicherheit des isolierten Individuums ergeben.

Sobald die primären Bindungen, die dem Individuum Sicherheit gaben, getrennt sind, sobald es sich der Außenwelt als eine völlig von ihr getrennte Einheit darstellt, stehen ihm — weil es über den unerträglichen Zustand der Machtlosigkeit und Einsamkeit hinwegkommen muß — zwei Wege offen. Auf dem einen kann es zu «positiver Freiheit» fortschreiten; es kann sich aus freien Stücken der Welt in Liebe und tätigem Leben verbinden, in der echten Auswirkung seiner Gefühls-, Sinnes- und Geistesfähigkeiten. So kann es wieder eins werden mit Menschheit, Natur und sich selbst, ohne die Unabhängigkeit und Reinheit seines Ichs preiszugeben. Der zweite Weg, der ihm offen steht, ist der des Rückfalls, der Preisgabe seiner Freiheit und des Versuchs, die Kluft zwischen sich und der Welt verschwinden zu machen. Nie vereint dieser zweite Weg den Menschen so mit der Welt, wie er ihr vor seinem Auftauchen als Individuum verbunden war; die Tatsache seiner Abtrennung läßt sich nicht umstoßen. Der zweite Weg ist eine Flucht — zwangsmäßig wie jede Flucht aus einer Panik, eine Flucht, bei der der Fliehende seine Individualität und die Integrität seines Ichs mehr oder weniger vollständig preisgibt und ausliefert, und darum nie eine Lösung, die zu einem Glück und zu positiver Freiheit führen könnte, sondern im Grunde nur die gleiche Scheinlösung, wie sie in allen neurotischen Phänomenen vorliegt. Sie mildert zwar ein unerträgliches Bangen und ermöglicht durch Vermeidung einer Panik das Leben, löst aber nicht das Problem und muß mit einer Art Leben bezahlt werden, das oft aus nichts anderem als automatischem oder Zwangs-Tun besteht.

Einige dieser Fluchtmechanismen sind von verhältnismäßig geringer sozialer Bedeutung; sie finden sich nur bei Individuen mit schweren Gefühls- und Geistesstörungen. Im folgenden Abschnitt erörtern wir nur jene Mechanismen, die sich als kulturell einschneidend erweisen und deren Verständnis eine notwendige Voraussetzung für die psychologische Analyse solcher sozialen Erscheinungen bildet, mit denen wir es in den nächstfolgenden Kapiteln zu tun haben: dem faschistischen System und der heutigen Demokratie.*)

1

Autoritäre Tendenzen

Der erste Mechanismus der Flucht aus der Freiheit, dem wir uns zuwenden wollen, ist die Tendenz, die Unabhängigkeit des eigenen Selbst aufzugeben und es mit jemand oder etwas Außenstehendem zu verschmelzen, um so die dem individuellen Selbst mangelnde Kraft zu gewinnen; das heißt: als Ersatz für die verlorenen primären Bindungen «sekundäre Bindungen» einzugehen. Die ausgesprocheneren Formen dieses Mechanismus finden sich in dem Streben nach Unterwerfung und in dem nach Beherrschung: in dem masochistischen und sadistischen Streben, wie man es in den verschiedensten Abstufungen bei normalen wie bei neurotischen Personen antrifft. Wir werden zunächst diese Tendenzen beschreiben und danach zeigen, daß beide auf Flucht aus unerträglichem Alleinsein zurückzuführen sind.

Die häufigsten Formen, in denen das masochistische Streben auftritt, sind die Gefühle der Inferiorität, der Ohnmacht

---

*) Von einem abweichenden Gesichtspunkt gelangt Karen Horney in «Neurotic Trends» (New Ways in Psychoanalysis) zu dem Begriff der «neurotic trends», der mit meinem Begriff der «Fluchtmechanismen» gewisse Ähnlichkeit hat. Die Hauptunterschiede zwischen beiden sind: Die neurotischen Trends sind die treibenden Kräfte der individuellen Neurose; die Fluchtmechanismen die treibenden Kräfte in dem normalen Menschen. Ausserdem liegt bei Horney die Hauptbetonung auf der Angst, bei mir auf der Isoliertheit des Individuums.

und der persönlichen Unbedeutendheit. Die Analyse der von diesen Gefühlen besessenen Personen ergibt, daß sie bewußt über diese Empfindungen klagen und sie loswerden möchten, unbewußt aber von irgendeiner inneren Macht getrieben werden, sich unterlegen und unbedeutend zu fühlen. Diese Gefühle sind mehr als bloße Vorstellungen wirklichen Benachteiligtseins, Zukurzgekommenseins, oder tatsächlicher Schwäche (obwohl sie von den Betreffenden meist so erklärt werden). Diese Leute haben die Neigung, sich klein zu machen, so schwach, als beherrschten sie nichts. Regelmäßig zeigen solche Personen deutliche Abhängigkeit von äußeren Gewalten: anderen Leuten, Institutionen oder der Natur. Sie verteidigen sich nicht, tun nicht, was sie selber wollen, sondern fügen sich wirklichen oder vermuteten Befehlen jener äußeren Mächte. Oft sind sie ganz außerstand, zu fühlen und zu sagen: «Ich will», oder «ich bin.» Für sie ist das Leben etwas ungeheuer Schweres, Allmächtiges, mit dem sie nicht fertig werden.

In extremen Fällen, deren es viele gibt, findet man neben diesen Tendenzen, sich klein zu machen und äußeren Mächten zu unterwerfen, eine Sucht, sich weh zu tun und sich leiden zu machen, die mannigfache Formen annehmen kann. Da gibt es Leute, die in Selbstanklagen schwelgen, in Selbstkritik und Selbstverurteilungen, wie sie ihre ärgsten Feinde nicht besser vorbringen könnten. Andere, so gewisse Zwangsneurotiker, martern sich mit Zwangs-Riten und -Vorstellungen. Bei einem bestimmten neurotischen Typ begegnet uns auch die Tendenz, physisch krank zu werden; bewußt oder unbewußt warten sie auf eine Krankheit wie auf ein Geschenk Gottes. Oft rufen sie Unfälle hervor, die nicht erfolgt wären, wenn nicht eine unbewußte Tendenz am Werk gewesen wäre, die sie ihnen zuzog. Diese gegen sich selbst gerichteten Bestrebungen zeigen sich häufig auch in weniger offenen, weniger dramatischen Formen. So gibt es Leute, die bei einer Prüfung unfähig sind, auf Fragen zu antworten, obwohl sie die Antwort genau wissen. Wieder andere sagen Dinge, mit denen sie sich Vorgesetzte oder geliebte Personen zu Feinden machen, obwohl sie dabei von Zuneigung erfüllt sind und solche Dinge gar nicht zu äußern beabsichtigen. Bei solchen Menschen hat es den Anschein, als folgten sie immer dem schädlichen Rat eines Feindes.

Masochistisches Begehren an sich wird meist als ausgesprochen pathologisch und unvernünftig empfunden. Doch wird es sehr oft «vernünftig» begründet: masochistische Abhängigkeit als Liebe oder Treue, Minderwertigkeitsgefühle als richtige Einschätzung der eigenen körperlichen oder geistigen Unterlegenheit, eigenes Leiden als Folge von Umständen, an denen sich nichts ändern läßt.

Neben diesen masochistischen Tendenzen findet sich deren gerades Gegenteil, die sadistischen, im gleichen Charakterbild, verschieden an Stärke, bald mehr, bald weniger bewußt, aber nie ganz abwesend. Drei Arten Sadismus sind dabei mehr oder weniger eng miteinander verbunden.

Die erste macht andere von sich abhängig, sucht unbeschränkte Macht über sie; nichts anderes sollen sie sein als Werkzeuge: Ton in des Töpfers Hand. Die zweite beherrscht den oder die andern nicht nur auf diese unumschränkte Weise, sondern beutet sie auch aus, nutzt sie aus, höhlt sie innerlich aus, bestiehlt sie, frißt sie sozusagen bis auf die Knochen, nimmt alles, was nur der Partner an materiellen, geistigen und Gefühlswerten zu bieten hat. Die dritte Art wünscht andere leiden zu machen oder leiden zu sehen, sei es körperlich, seelisch oder geistig; sie will Schmerzen zufügen, demütigen, in Verlegenheit bringen oder den andern in peinlichen oder erniedrigenden Situationen erblicken.

Sadistische Tendenzen sind erklärlicherweise für gewöhnlich weniger bewußt und werden häufiger mit Vernunftgründen beschönigt als die sozial harmloseren masochistischen Neigungen. Oft werden sie mit völlig entgegengesetzten Scheingründen zugedeckt: mit höchster Güte und der

Rücksicht auf andere. Einige der häufigsten Rationalisationen lauten: ‚Ich befehle dir, weil ich weiß, was für dich am besten ist; in deinem eigenen Interesse solltest du mir ohne Widerspruch folgen.' Oder: ‚Ich bin so schön (oder gescheit oder bedeutend), daß es mein gutes Recht ist, wenn ich von andern erwarte, daß sie sich mir fügen.' Der Ausbeutungstrieb wird mit folgender Rationalisation überdeckt: ‚Ich habe so viel für dich getan, daß ich nun dazu berechtigt bin, dir alles zu nehmen, was ich nur will.' Eine noch aggressivere Art sadistischer Impulse bedient sich in vielen Fällen der Vernunftgründe: ‚Man hat mir weh (oder Unrecht) getan; mein Wunsch weh zu tun, ist nur die Vergeltung.' Oder: ‚Dadurch, daß ich zuerst schlage, verteidigte ich mich (oder meine Freunde) gegen die zu erwartenden Angriffe.'

Ein Umstand in der Beziehung des Sadisten zum Gegenstand seines Sadismus wird oft übersehen, weshalb er hier besonders hervorgehoben sei: die Abhängigkeit vom Objekt des Sadismus. Die Abhängigkeit des Masochisten von seinem Partner liegt auf der Hand. Von dem sadistisch Veranlagten erwarten wir just das Gegenteil: er scheint so stark und überlegen, sein Objekt so schwach und unterwürfig, daß es schwer hält, sich vorzustellen, der Starke könne von dem Beherrschten abhängig sein. Und doch ist dies der Fall, wie sich bei näherer Analyse herausstellt. Der Sadist braucht seinen Untertan dringend. Denn sein ganzes Kraftgefühl beruht auf dem Faktum, daß er über irgendwen herrscht. Diese Abhängigkeit kann ganz unbewußt sein. So kann zum Beispiel ein Mann seine Frau sehr sadistisch behandeln und ihr immerzu wiederholen, sie könne jeden Tag das Haus verlassen; er wäre darüber nur froh! In vielen Fällen wird sie schon so klein geworden sein, daß sie nie den Versuch wagt, und beide werden daher unentwegt an die Wahrheit seiner Worte glauben. Bringt sie aber erst einmal den Mut auf und erklärt, daß sie ihn verläßt — dann ereignet sich etwas, das beiden ganz unerwartet kommt: Er bricht verzweifelt zusammen und bettelt, sie möge nicht gehen: er könne nicht ohne sie leben. Er wird ihr sagen, wie sehr er sie liebe usw. Aus Angst, ihr Recht und sich zu behaupten, schenkt sie ihm dankbar gerührt wohl Glauben, ändert ihren Entschluß und bleibt. Und dann beginnt das Spiel wieder von neuem. Er verfällt wieder in sein altes Benehmen; sie findet das Auskommen mit ihm immer schwerer, explodiert abermals; er bricht wieder zusammen, sie bleibt und so weiter ad infinitum.

In tausend und abertausend Ehen und andern persönlichen Beziehungen wiederholt sich dieser Kreislauf wieder und wieder; nie wird der magische Kreis durchbrochen. — Log er, als er sagte, er liebe sie so, daß er nicht ohne sie leben könne? Was seine «Liebe» betrifft, so kommt es nur darauf an, was man unter Liebe versteht. Seine Versicherung aber, er könne nicht ohne sie leben, ist — wenn auch nicht buchstäblich, aber dem Sinne nach — vollkommen wahr. Er kann nicht ohne sie oder wenigstens ohne jemanden leben, den er als hilfloses Werkzeug empfindet und ausnutzt.

Während in solchen Fällen Liebesgefühle erst auftauchen, wenn der Beziehung Auflösung droht, liebt in andern Fällen der Sadist offenbar seine Objekte. Mag es sein Weib, sein Kind, ein Angestellter oder auf der Straße ein Bettler sein, immer ist dabei ein Gefühl von «Liebe», sogar von Dankbarkeit für den Gegenstand seiner Herrschgewalt. Er bildet sich vielleicht gleichzeitig ein, er wünsche über das Leben seiner Objekte zu bestimmen, weil er sie so sehr liebe. Tatsächlich aber «liebt» er sie, weil er über sie herrscht. Er besticht sie mit Geschenken, mit Lob, mit Liebesbeteuerungen, mit Geist, Witz oder Anteilnahme; er ist imstand, ihnen alles zu geben — eines ausgenommen: das Recht, frei und unabhängig zu sein. Diese Konstellation ist besonders oft im Verhältnis von Eltern zu Kindern zu finden, und zwar wird hier der Impuls, zu herrschen und zu besitzen, meistens mit der sogenannten «von Natur gegebenen Sorge und Anteilnahme» begründet und mit der «Schutzbedürftigkeit des geliebten Kindes». Man steckt es in einen goldenen Käfig; da kann es alles haben, solange ihm nicht in Sinn kommt, dem Käfig entrinnen zu wollen. Das Ergebnis davon ist beim Kind, wenn es erwachsen ist, oft eine tiefgehende Angst vor der Liebe, denn Liebe bedeutet ihm, eingesperrt und in seinem Freiheitsdrange gehemmt sein.

Vielen Beobachtern scheint der Sadismus weniger rätselhaft als der Masochismus. Daß Einer Andern weh tun oder sie beherrschen will, dünkt sie, wenn auch nicht gerade «gut», so doch ganz natürlich. Hobbes in «Leviathan»*) meint, «ein dauerndes, rastloses Verlangen nach Macht und abermals Macht» sei allen Menschen gemein und ende erst mit dem Tod. Machtgelüst trägt für ihn keine teuflischen Züge, sondern ist das vollkommen vernünftige Resultat des menschlichen Strebens nach Freude und Sicherheit. Von Hobbes bis Hitler, der das Herrschenwollen als die logische Folge des biologisch bedingten Kampfes um die Auslese der Besten erklärte, hat man die Machtgier als einen Bestandteil der Menschennatur aufgefaßt, welcher als ein Selbstverständliches keiner weiteren Auslegung bedürfe.

Hingegen schien der gegen das eigene Ich gerichtete Masochismus ein Rätsel. Unverständlich, daß Menschen sich nicht nur klein machen, schwächen und weh tun, sondern dabei sogar noch Lust empfinden! Widersprach nicht der Masochismus dem ganzen Bild der menschlichen Psyche, die doch angeblich auf Selbsterhaltung und Genuß aller Annehmlichkeiten gerichtet war? Wie sollte man Menschen verstehen, die es verlockte und die danach strebten, etwas herbeizuführen, was wir alle tunlichst zu vermeiden suchen: Leiden und Schmerz?

Ein Phänomen beweist, daß Leiden und Schwachsein sehr wohl das Ziel menschlichen Verlangens sein kann: die masochistische Perversion. In ihr sehen wir, daß Menschen

*) London, 1651.

vollkommen bewußt auf eine oder andere Art leiden wollen und Genuß daran haben. Denn in ihr empfindet eine Person sexuelle Erregung, sobald ihr von einer andern Schmerz zugefügt wird. Doch ist dies nicht die einzige Erscheinungsform masochistischer Perversion. Vielfach wird nicht ein eigentlicher Schmerz gesucht, vielmehr entstehen Erregung und Befriedigung dadurch, daß der oder die Betreffende körperlich gefesselt oder gebunden, das heißt hilflos und schwach gemacht wird. Oft auch geht in der masochistischen Perversion das ganze Verlangen dahin, moralisch schwach und klein gemacht zu werden; der Masochist ersehnt, wie ein kleines Kind behandelt und angeredet, gescholten oder auf verschiedene Weise erniedrigt zu werden. Und in der sadistischen Perversion fließt die Befriedigung aus entsprechenden Liebhabereien, nämlich den Partner körperlich zu verletzen, ihn mit Ketten oder Stricken zu binden; mit Worten oder mit Taten ihn zu erniedrigen.

Die masochistische Perversion (der Sexual-Masochismus) mit seinem bewußten, beabsichtigten Genuß von Schmerz und Demütigung hat die Aufmerksamkeit der Psychologen und Schriftsteller früher auf sich gelenkt als der masochistische Charakter (der «moralische Masochismus»). Doch erkannte man immer deutlicher, wie nahe und eng diese masochistischen Tendenzen, wie wir sie zuerst beschrieben, der masochistischen Sexualperversion verwandt sind, und daß beide Typen des Masochismus in ihrem Wesen ein und dieselbe Erscheinung darstellen.

Einzelne Psychologen sind nun der Ansicht, weil es Leute gäbe, die nach Leiden und Unterwerfung verlangen, es müsse da ein auf dies Ziel gerichteter «Instinkt» vorliegen. Soziologen wie Vierkand kamen zum gleichen Schluß. Der erste, der eine tiefergehende theoretische Untersuchung in Angriff nahm, war Freud. Zunächst hielt er den Sado-Masochismus im wesentlichen für ein Sexualphänomen. Aus der Beobachtung sado-masochistischer Gewohnheiten bei

Kindern folgerte er die Natur des Sadomasochismus als eines sich in der Regel mit der Entwicklung des Sexualinstinktes einstellenden «Partialtriebs». Auch betonte er die Tatsache, daß trotz ihres scheinbaren Widerspruchs masochistische und sadistische Tendenzen stets zusammen anzutreffen sind, und nahm an, daß bei den Erwachsenen die sado-masochistischen Tendenzen dadurch verursacht seien, daß die psychosexuelle Entwicklung einer Person auf einer früheren Stufe stehen geblieben oder wieder auf dieselbe zurückgefallen sei. Erst später wurde sich Freud in zunehmendem Maß der Wichtigkeit jener Phänomena bewußt, die wir mit dem Ausdruck «moralischer Masochismus» belegten, d. h. der Tendenz, nicht physisch, sondern seelisch zu leiden. Daraufhin änderte er seine Auffassung masochistischer Phänomena. In der Annahme, daß hier eine biologisch gegebene Zerstörungstendenz vorläge, die sich entweder gegen andere oder gegen sich selbst richte, stellte er fest, daß Masochismus wesentlich das Produkt des sogenannten Todes-Instinktes sei. Daß ferner dieser Todesinstinkt, den wir nicht unmittelbar wahrnehmen können, sich mit dem Sexualinstinkt vereinige: In dieser Vereinigung erscheine er als Masochismus, wenn er sich gegen die eigene Person richte — als Sadismus hingegen, wenn er gegen andere gerichtet sei. Er nahm an, daß eben diese Vermischung mit dem Sexualinstinkt den Menschen vor der sonst sehr gefährlichen Wirkung des Todesinstinktes bewahre. Kurz, nach Freud bleibt dem Menschen, bei dem die Vereinigung des Zerstörungstriebs mit dem Sexus versagt, keine andere Wahl, als sich oder andere zu zerstören, eine Theorie, die sich grundsätzlich von Freuds ursprünglicher Ansicht vom Sado-Masochismus unterscheidet. Dort war der Sado-Masochismus im wesentlichen ein Sexual-Phänomen, während er in seiner neueren Theorie in der Hauptsache ein Nichtsexual-Phänomen ist; die Sexualität ist nur die Ursache der Vereinigung des Todesinstinkts mit dem Sexualinstinkt.

Während Freud jahrelang den Phänomenen nichtsexueller Aggression nur geringe Aufmerksamkeit zollte, stellte Alfred Adler die hier von uns erörterten Tendenzen in den Mittelpunkt seines Systems, behandelte sie jedoch nicht als Sado-Masochismus, sondern als «Minderwertigkeitsgefühl» und «Machtwunsch». Und sah allein die rationale Seite dieser Erscheinungen. Während wir bei dem «Sich-klein-machen und Heruntersetzen» von irrationalen Tendenzen sprechen, hält Adler Minderwertigkeitsgefühle für eine adäquate Reaktion auf wirklich vorhandene Minderwertigkeiten wie die allgemeine Hilflosigkeit des Kindes oder organische Mängel. Und während wir den Wunsch nach Macht als Ausdruck eines irrationalen Impulses, andere zu beherrschen, auffassen, betrachtete ihn Adler rein rational als eine angemessene Reaktion, welche die Aufgabe hat, den Menschen gegen die aus seiner Unsicherheit und Minderwertigkeit entspringenden Gefahren zu schützen. Hier wie überall vermag Adler nicht, über eine rationale und zweckhafte Bestimmung menschlichen Verhaltens hinaus zu sehen. Obwohl er schätzenswerte Einblicke in die Verwicklungen der Beweggründe gibt, bleibt er doch immer an der Oberfläche und steigt nie wie Freud hinab in den Abgrund irrationaler Impulse.

Von Freud abweichende Standpunkte vertreten Wilhelm Reich (Charakteranalyse», Wien 1933), Karen Horney («The Neurotic Personality of Our Time», London 1939) und der Autor dieses Buches in dem erwähnten Beitrag «Psychologie der Autorität» in «Autorität und Familie», Paris 1936. Obwohl Reichs Anschauungen sich auf der ursprünglichen Libido-Theorie Freuds aufbauen, weist er doch darauf hin, daß auch der Masochist letztendlich Lust sucht und der zugefügte Schmerz Beiprodukt, nicht Ziel an sich ist. Horney erkannte als erster die Grundbedeutung masochistischer Antriebe bei Neurotikern; er gab eine vollständige, detaillierte

Beschreibung masochistischer Charakterzüge, die er als Ausfluß der ganzen Charakterstruktur ansah.

Und nun zur Hauptfrage: Welches ist die Wurzel der masochistischen Perversion und des masochistischen Charakters? Ferner: Welches ist die gemeinsame Wurzel masochistischen und sadistischen Wollens? Die Richtung, in welcher die Antwort zu suchen ist, wurde schon zu Beginn des Kapitels andeutungsweise gezeigt. Sowohl masochistisches wie sadistisches Streben will dem Individuum zur Flucht aus seinem unerträglichen Einsamkeits- und Ohnmachtsgefühl verhelfen. Psychoanalytische und andere empirische Beobachtungen, die im einzelnen anzuführen, den Zweck dieses Buches überschreiten dürfte, lassen in weitestem Umfang erkennen, daß die untersuchten Personen, vom Schrecken des Alleinseins und der eigenen Unbedeutendheit erfüllt sind. Häufig ist dies Gefühl nicht einmal bewußt; oft ist es von kompensierenden Gefühlen der Vollkommenheit oder der hohen Stellung, des Rangs überdeckt. Dringt man jedoch tief genug in das unbewußte Triebleben solcher Leute, so stößt man unfehlbar auf dies Gefühl. Das Individuum hält sich selber für «frei» im negativen Sinn: allein mit seinem Selbst einer feindseligen Welt gegenüber. In dieser Situation — um eine vielsagende Schilderung Dostojewskys aus den «Brüdern Karamasow» zu zitieren — hat es «kein dringenderes Bedürfnis als das eine: jemand zu finden, dem es so schnell wie möglich jenes Geschenk der Freiheit aushändigen kann, mit welchem das unglückselige Geschöpf geboren wurde». Das beunruhigte Individuum sucht jemand oder etwas, mit dem es sein Selbst verbinden kann; es kann sein individuelles Selbst nicht länger mitschleppen. Leidenschaftlich sucht es sich seiner zu entledigen und wieder Sicherheit zu empfinden, indem es diese Brücke beseitigt. Masochismus ist der eine Weg zu diesem Ziel.

All die verschiedenen Formen, welche das masochistische Streben annimmt, haben den einzigen Zweck: das individuelle Selbst loszuwerden, sich selbst zu verlieren, mit andern Worten: die Last der Freiheit von sich zu werfen.

Deutlich erkennbar ist dieses Ziel in jenen masochistischen Äußerungen, bei denen sich das Individuum einer Person oder Macht unterwirft, die es als überwältigend stark empfindet. Das Überzeugtsein von der überlegenen Kraft des Gegenparts ist übrigens stets relativ zu nehmen. Es kann ebensogut auf wirklicher Stärke des andern beruhen wie auf dem Durchdrungensein von der eigenen Unbedeutendheit und Machtlosigkeit. In letzterem Fall kann sogar eine Maus oder ein Blatt im Wind drohende Gestalt annehmen.

Bei den übrigen masochistischen Äußerungen ist das Ziel das gleiche. Das masochistische Gefühl des Kleinseins dient nur noch dazu, das ursprüngliche Gefühl der Bedeutungslosigkeit zu steigern.

Wie können wir dies verstehen? Läßt sich annehmen, man heile sich dadurch von einer Furcht, daß man sie noch verschlimmert?

Solches versucht der Masochistische tatsächlich. Solange man zwischen dem Wunsch nach Kraft und Unabhängigkeit einerseits und den Gefühlen des Unbedeutend- und Machtlos-Seins schwankt und kämpft, befindet man sich in einem peinigenden Konflikt. Sobald man jedoch sein individuelles Selbst auf den Nullpunkt und damit die Wahrnehmung seines Losgetrenntseins als Individuum zum Verschwinden bringt, verschwindet auch der Konflikt, und man wäre gerettet! Sich äußerst klein und hilflos zu fühlen, ist ein Weg, — von Schmerz und Qual überwältigt zu sein, ein zweiter zu diesem Ziel. Und wenn alle Mittel versagen, bilden Selbstmordphantasien die letzte Hoffnung, eine Linderung von der Last des Alleinseins zu finden.

Unter gewissen Bedingungen sind diese masochistischen Mühen verhältnismäßig erfolgreich. Wenn das Individuum ein kulturelles oder politisches Cliché findet, das seinem masochistischen Drängen Genüge tut (wie die Unterwerfung unter den Duce, den Führer, in der faschistischen Ideologie), gewinnt es einige Sicherheit in der Vereinigung mit Millionen anderer, die diese Gefühle teilen. Aber selbst in solchen Fällen ist die masochistische «Lösung» ebensowenig eine wirkliche Lösung wie der aller andern neurotischen Manifestationen. Zwar schaltet das Individuum das vordringlichste Leiden mit Erfolg aus, beseitigt jedoch keinesfalls den zugrundeliegenden Konflikt und nicht die schweigende Glücklosigkeit. Findet jedoch das masochistische Streben keine entsprechende «Schulung», kein politisches Cliché, Muster oder Idol — oder übersteigt sein Verlangen den Durchschnittsbedarf seiner neuen sozialen Gemeinschaft, so führt das masochistische Gruppendasein nicht einmal relativ zu einer Entspannung. Dann springt das Individuum nur aus einer unerträglichen Situation in eine andere, sucht sie zu überwinden und wird dabei nur von neuen Leiden umfangen.

Wäre das menschliche Verhalten stets vernunftgemäß und zweckentsprechend, so wäre der Masochismus so unerklärlich, wie es neurotische Manifestationen meist sind. Doch hat uns die Beschäftigung mit Gefühls- und Geistesstörungen gelehrt: Das Verhalten des Menschen läßt sich durch Tendenzen erklären, deren Ursache in einer Angst oder einer andern unerträglichen Geistesverfassung liegen. Diese Tendenzen suchen zwar über den unerträglichen Zustand hinwegzukommen, allein es gelingt ihnen nur, seine sichtbarsten Manifestationen zu überdecken — und oft nicht einmal dies.

Neurotische Manifestationen gleichen dem vernunftlosen Verhalten bei einer Panik. So steht ein Mann, von einer Feuersbrunst überrascht, an seinem Fenster und schreit um Hilfe, ohne daran zu denken, daß niemand ihn hört und er im Augenblick noch über die Treppe, die in wenigen Minuten gleichfalls in Flammen steht, den Ausweg ins Freie gewinnen könnte. Er schreit, weil er gerettet werden will; im Augenblick scheint das auch noch ein Schritt auf dem Weg zur Rettung — doch sein Ende kann nur eine Katastrophe sein. So ist auch das masochistische Streben von dem Wunsche getragen, das individuelle Selbst mit all seinen Benachteiligungen, Konflikten, Zweifeln, Gefahren und Einsamkeiten loszuwerden, doch wird dabei nur die Entfernung des auffallendsten Übels erreicht — und das Ende ist nur ein noch größeres Leid. Die Vernunftlosigkeit des Masochismus wie aller andern neurotischen Manifestationen erhellt aus der letztendlichen Fruchtlosigkeit der zur Lösung einer unhaltbaren Gefühlssituation aufgewandten Mittel.

Diese Erwägungen deuten auf einen wichtigen Unterschied zwischen neurotischer und rationaler Aktivität. In der letzteren entspricht das Resultat dem Motiv: man handelt, um ein bestimmtes Ergebnis zu erzielen. Beim neurotischen Mühen handelt man aus einem Zwang heraus, der im wesentlichen negativen Charakter trägt: um einer unerträglichen Situation zu entkommen. Das Bemühen tendiert in einer Richtung, die nur in der Einbildung zu einer Lösung führt. Und das Ergebnis widerspricht ja auch wirklich dem, was erreicht werden sollte. Der Drang, sich eines unerträglichen Gefühls zu entledigen, war so zwingend stark, daß der Getriebene unfähig war, eine andere Richtung zu wählen als die einer nur fiktiven Lösung.

Damit ist gesagt, daß das masochistische Individuum von einem nicht mehr tragbaren Gefühl des Alleinseins und Unbedeutendseins getrieben ist. Es sucht es daher zu überwinden, indem es sich seines psychischen Selbst entäußert. Sein Weg hierzu ist Selbsterniedrigung, Leiden und Sichverkriechen. Aber Schmerz und Leiden ist gar nicht das, was es sich wünscht, sondern vielmehr der Preis, welchen es für sein Ziel entrichtet, das es mit aller Gewalt zu erreichen trachtet. Der Preis ist hoch. Wie das Opfer einer Erpressung muß der Masochist immer mehr und mehr dafür zahlen, gerät immer tiefer in Schulden und bekommt doch nie das, wofür er gezahlt hat: inneren Frieden und Ruhe.

Ich sprach von der masochistischen Perversion, um jeden Zweifel darüber auszuschließen, daß Leiden ersehnt werden kann. Trotzdem ist weder in ihr noch im moralischen Masochismus Leiden das wirkliche Ziel, sondern in beiden Fällen nur Mittel zu dem einen Zweck: das eigene Selbst zu vergessen. Der Unterschied zwischen masochistischem Charakter und masochistischer Perversion liegt vor allem in folgendem: In der Perversion drückt sich der Hang zur Selbst-Entäußerung körperlich und in Verbindung mit Sexualgefühlen aus. Der moralische Masochismus hingegen sucht den ganzen Menschen zu erfassen und alle Zielsetzungen zu zerstören, denen das Ich bewußt zustrebt. In der Perversion sind die Masochismen mehr oder weniger auf das physische Gebiet beschränkt, nehmen durch ihre Verbindung mit dem Geschlechtlichen an der sexuellen Entspannung teil und finden so unmittelbare Befriedigung.

Allein die Vernichtung des individuellen Selbst und der Versuch, dadurch das unerträgliche Ohnmachtsempfinden zu überwinden, zeigt uns erst eine Seite masochistischen Strebens. Die andere ist der Versuch, Teil eines größeren, mächtigeren Ganzen außerhalb des eigenen Ichs zu werden, in ihm unterzutauchen und einzugehen. Diese Macht kann ein Mensch, eine Institution, kann Gott, Volk, Gewissen oder eine Zwangsidee sein. Durch das Eingehen in eine als unerschütterlich stark, ewig, ruhmreich empfundene Macht, wird man zum Teilhaber ihrer Gewalt und Glorie. Man überliefert das eigene Selbst samt dem mit ihm verbundenen Stolz und Willen, verzichtet auf seine unversehrte Persönlichkeit und die Freiheit, gewinnt aber an deren Stelle einen neuen Stolz, neue Gewißheit und hat teil an der Macht und Herrlichkeit, in welche man einging. So tauscht man marternde Zweifel gegen Sicherheit ein. Der Masochistische — mag sein Herr eine äußere Autorität oder als

Zwangsidee oder Gewissen in ihm verinnerlicht sein — ist nun davor bewahrt, seine Entschlüsse selber zu treffen, gerettet von der Verantwortung für sein eigenes Selbst und damit vor jedem Zweifel behütet, welche Entscheidung er jeweils zu treffen hat. Er braucht nicht mehr über den Sinn seines Lebens, und wer «er» ist, nachzudenken. Die Verbindung mit der Macht, der er sich anschloß, beantwortet all diese Fragen. Sein Lebenszweck und -sinn, die Identität seines Selbst sind festgelegt durch das Große, das Ganze, in dem er untergetaucht ist.

Aber die masochistischen Bindungen unterscheiden sich grundlegend von den primären Bindungen. Letztere bestanden vor Beendigung der Individuation, da der Mensch, Teil seiner Welt, noch nicht über die ihn umgebende Natur und Gesellschaft emporgetaucht war. Die primären Bindungen gaben ihm echte Sicherheit und das Wissen, wohin er gehört. Die masochistischen Bindungen sind eine Flucht. Das Individuum ist emporgetaucht, aber unfähig, seine Freiheit zu verwirklichen. Da bemüht sich das Selbst, in «sekundären Bindungen», wie wir die masochistischen nannten, Sicherheit zu gewinnen. Doch dieser Versuch führt nie zum Erfolg. Das Auftauchen des Individuums läßt sich auf keine Art rückgängig machen; bewußt mag es sich sicher und zugehörig fühlen — im Grunde seiner Seele bleibt es ein ohnmächtiges Atom und leidet noch unter dem Untergang seiner Persönlichkeit. Der Mensch und die Macht, an die er sich hing, können nie eins werden. Es bleibt ein Ur-Gegensatz und mit ihm ein, wenn auch unbewußter Impuls, die masochistische Abhängigkeit zu überwinden und frei zu sein. — —

Und was ist nun das Wesen sadistischer Triebe? — Wiederum ist der Wunsch, anderen Schmerz zu bereiten, nicht das Wesentliche. Alle beobachteten Formen von Sadismus gehen auf ein und denselben Wesensimpuls zurück: über einen andern völlige Herrschaft auszuüben, ihn zum hilflosen Objekt des eigenen Willens zu machen, sein Tyrann, sein Gott zu werden und mit ihm nach Gefallen umzuspringen. Erniedrigung und Versklavung sind erst Mittel zu diesem Endziel. Das radikalste Ziel aber ist, ihn leiden zu machen; denn es gibt keine größere Macht über eine Person, als ihm Schmerz zuzufügen und ihn zu zwingen, Leid auf sich zu nehmen, ohne daß er imstande ist, sich zu verteidigen. Die Lust, der Genuß an der völligen Beherrschung einer Person oder eines Lebewesens ist der Kern des sadistischen Triebes.*)

Anscheinend ist die Tendenz, sich zum unumschränkten Herrn über den Partner zu machen, das gerade Gegenteil masochistischen Verhaltens, so daß es verwunderlich scheinen mag, daß diese beiden Gegensätze so eng miteinander verbunden sein sollen. Zweifellos ist das Abhängigkeits- und Leidensbegehren in praxi dem Herrschaftswillen und Wunsch zu quälen entgegengesetzt. Psychologisch jedoch entsteigen beide Tendenzen dem einen Quell: der Unfähigkeit, die Isoliertheit und Schwäche des eigenen Selbst zu ertragen. Ich möchte daher das Ziel, das dem Sadismus und Masochismus grundlegend gemeinsam ist, S y m b i o s i s nennen. Symbiose, im psychologischen Sinn, heißt die Vereinigung eines individuellen Selbst mit einem anderen Selbst (oder mit jeder anderen Macht außerhalb des eigenen Ichs), wobei jedes die Integrität seines eigenen Selbst verliert und eines vom andern abhängig wird. Der Sadist braucht sein Objekt ebenso dringend, wie er selbst von dem Masochisten benötigt wird. Nur sucht er Sicherheit nicht im

---

*) Marquis de Sade in «Justine» Tl. II sieht in dem Herrschen die Quintessenz der nach ihm genannten Gefühls- und Denkart. Es heisst dort: «Nicht Lust willst du deinem Partner verschaffen, sondern Eindruck willst du bei ihm hervorrufen, und da der Eindruck des Schmerzes heftiger ist jener der Lust, so nutzt man ihn zu seiner eignen Befriedigung.» Das Chrakteristikum der sadistischen Herrschaftsausübung besteht darin, dass in ihr der Beherrschte zum willenlosen Objekt des Beherrschenden wird, während bei der nichtsadistischen Freude am Einwirken auf Andere die Unantastbarkeit dieser Anderen gewahrt bleibt und hinter allem das Gefühl menschlicher Gleichheit steht.

Verschlungenwerden, sondern im Verschlingen. Doch hier wie da ist die Integrität des Individuums verloren. Im ersten Fall verliert sich das Selbst, bringt sich in einer außerhalb seiner selbst befindlichen Macht zur Auflösung; im zweiten Fall, dem der Sadismus, erweitert sich Einer, indem er einen Andern sich einverleibt und damit die Kraft gewinnt, die er als selbständiges Selbst entbehrte. Immer ist es die Unfähigkeit, der eigenen Vereinsamung standzuhalten, welche den Trieb hervorruft, mit einem andern in symbiotische Beziehung zu treten. Daraus geht offensichtlich hervor, wieso masochistische und sadistische Anlagen stets miteinander verquickt sind. Obwohl sie sich auf der Oberfläche zu widerstreben scheinen, quellen sie aus der nämlichen Not hervor. Man ist nicht sadistisch o d e r masochistisch, vielmehr gehen beständig Schwingungen zwischen dem aktiven und dem passiven Pol des symbiotischen Komplexes hin und her, so daß es oft schwer hält, festzustellen, welche Seite in einem bestimmten Augenblick in Tätigkeit ist. Individualität und Freiheit fehlen aber in beiden Fällen.

Bei dem Sadismus denken wir meist der feindlich zerstörenden Gewalt, die sich in ihm austobt. Gewiß findet sich mit den sadistischen Tendenzen immer ein mehr oder weniger großes Maß verderblicher Zerstörung verbunden. Aber das gilt auch vom Masochismus. Jede Analyse desselben weist Züge solcher Feindseligkeit auf. Der Hauptunterschied liegt wohl darin, daß die Feindseligkeit im Sadismus, zumeist bewußter, sich unmittelbar in die Tat umsetzt, während sie sich im Masochismus, meist unbewußt, nur auf mittelbare Art äußert. Ich gedenke später noch darzutun, daß diese zerstörerische Gewalt ein Ergebnis der verhinderten Sinnes-, Geistes- und Gefühlsentfaltung des Individuums ist und somit eine verständliche Folge der gleichen Bedingungen, welche die Symbiosis zu einem Bedürfnis macht. Betont sei jedoch, daß Sadismus nicht mit verderblich zerstörender Gewalt gleichbedeutend, wenn auch in hohem Maß mit ihr verbunden ist. Der Zerstörer will ein Objekt zerstören, es abtun, es loswerden. Der Sadist will sein Objekt beherrschen, behalten, und wenn es verschwindet, erleidet er einen Verlust.

In diesem unserem Sinn kann also Sadismus relativ frei von Zerstörungstendenzen und mit freundlicher Haltung zu dem Objekte verbunden sein. Diese Sorte von «liebendem» Sadismus hat ihren klassischen Ausdruck in Balzacs «Verlorenen Illusionen» gefunden. Aus jener Schilderung geht auch hervor, was wir unter «symbiotischem Bedürfnis» verstehen. Balzac beschreibt da die Beziehung eines Bagnosträflings, der sich als Abbé ausgibt, zu dem jungen Lucien, der, kurz bevor die beiden sich kennen lernten, einen Selbstmordversuch unternommen hat. Der Abbé spricht:

> Dieser Jüngling hat nichts mehr gemein mit dem Dichter, der eben starb. Ich habe dich aufgelesen, habe dir Leben gegeben, und du gehörst zu mir wie das Geschöpf zu seinem Schöpfer, wie in orientalischen Märchen der Ifrit zu dem Geist, wie der Leib zu der Seele. Mit starker Hand will ich dich auf dem Wege zur Macht halten. Dabei verspreche ich dir ein Leben der Lust, der Ehren und immerwährender Feste. Nie wird dir Geld mangeln, du wirst glänzen und strahlen, während ich, in den Kot deiner Laufbahn gebeugt, das glanzvolle Gebäude deines Erfolges errichte. Ich liebe die Macht um der Macht willen. Ich werde mich immer an deinen Freuden erfreuen, obwohl ich selber auf sie verzichten muß. Kurz: ich werde ein und dieselbe Person sein wie du... Ich will mein Geschöpf lieben, ich will es formen, will es zu meinem Dienst umschaffen, um es zu lieben wie ein Vater sein Kind. Ich werde neben dir in deinem Tilbury sitzen, mein lieber Sohn, ich werde mich an deinen Erfolgen bei Frauen ergötzen, werde sagen: dieser stattliche Jüng-

ling bin ich. Ich habe diesen Marquis de Rubembré geschaffen und ihn mitten unter den Adel versetzt, sein Erolg ist mein Werk. Er spricht und ist schweigsam mit meiner Stimme, er hört in allem auf meinen Rat.

Sehr häufig, und nicht bloß im gewöhnlichen Leben, wird Sado-Masochismus mit Liebe verwechselt; zumal masochistische Kennzeichen werden für ein Zeichen von Liebe gehalten, ja, völlige Selbstaufgabe zugunsten einer andern Person und die Preisgabe eigenen Rechts, der Verzicht auf eigene Ansprüche werden als Beispiele der «großen Liebe» gepriesen, ja es ist, als gäbe es keinen bessern Beweis für Liebe als Opfer und die Bereitschaft, sich selbst einer geliebten Person willen aufzugeben. Tatsächlich aber ist solche «Liebe» ein masochistisches Verlangen und wächst aus einem symbiotischen Bedürfnis hervor. Verstehen wir unter Liebe leidenschaftliche Bejahung und tätige Verbundenheit, die dem Wesen und Sein eines besonderen Menschenkinds gelten, und eine Vereinigung, die auf Selbständigkeit, seelischer Reinheit und Unversehrtheit zweier Persönlichkeiten und ihrer gegenseitigen Bejahung beruht, dann sind Liebe und Masochismus unvereinbare Gegensätze. Liebe beruht auf Freiheit und Gleichheit. Gründet sie sich auf Unterordnung des einen Partners und den Verlust seiner eigenen Art, dann ist es masochistische Abhängigkeit, ganz gleich, wie die Beziehung beschönigt wird.

Auch Sadismus tritt oft als Liebe verkleidet auf. Über den andern Menschen bestimmen mit der Behauptung, solches geschähe zu seinem Besten, wird häufig als ein Beweis für Liebe betrachtet; aber das Wesentliche ist hier immer die Lust am Beherrschen.

Die Frage taucht auf: ist nicht der hier beschriebene Sadismus gleichbedeutend mit Machtverlangen? Die Antwort lautet: obwohl die zerstörerischen Formen von Sadismus, die darauf zielen, den andern zu quälen, ihm weh zu tun, mit Machtgelüst nicht identisch sind, so sind doch Machtgelüste, Machtverlangen, Machtstreben für den Sadismus außerordentlich bezeichnend. In unserer Zeit hat dies Problem erhöhte Bedeutung gewonnen. Zwar sah man seit Hobbes die Macht als Grundmotiv menschlichen Treibens an; trotzdem legten die folgenden Jahrhunderte ein immer stärkeres Gewicht auf gesetzliche, sittliche Maßnahmen, die dazu angetan waren, die Macht zu beschränken. Erst mit dem Aufkommen des Faschismus erreichte die Machtgier und die Überzeugung ihrer Berechtigung einen neuen Höhepunkt. Millionen wurden von den Siegen der Macht beeindruckt und hielten sie für ein Zeichen von Kraft. Freilich zeigte sich in der Macht über Menschen eine Überlegenheit an Kraft in rein materiellem Sinn. Wenn ich die Macht habe, jemand andern zu töten, bin ich allerdings «stärker» als er. In psychologischem Sinne jedoch wurzelt die Machtbegier nicht in Stärke, sondern in Schwäche. Sie ist der Ausdruck für die Unfähigkeit des individuellen Selbst, allein sich aufrecht zu erhalten, allein zu leben. Sie ist der verzweifelte Versuch, sekundäre Kraft zu gewinnen, wo die ursprüngliche fehlt. —

Das Wort «Macht» hat doppelte Bedeutung: erstens die Fähigkeit, jemanden zu beherrschen, also: «Macht über etwas»; zweitens: die Fähigkeit zu handeln und stark zu sein. Letztere hat nichts mit «Herrschaft über» zu tun. Wenn wir von «Machtlosigkeit» sprachen, hatten wir dabei das Gegenteil der letzteren Bedeutung im Sinn und meinten nicht etwa jemanden, der nicht imstande sei, andere zu beherrschen, sondern den, der nicht fähig ist, das zu tun, was er möchte. So bedeutet Macht zweierlei: Herrschgewalt oder Potenz, d. h. Schaffenskraft, Wirkungsmöglichkeit. Weit entfernt, miteinander identisch zu sein, schließen beide Eigenschaften vielmehr einander aus. Impotenz — nicht bloß im Hinblick auf die sexuelle Sphäre, sondern auf alle

Sphären menschlicher Möglichkeiten — mündet ein in sadistische Herrschbegier. Dahingegen: je potenter, d. h. je fähiger ein Mensch ist, seine Möglichkeiten auf der Basis der Freiheit und Unantastbarkeit seines Selbst zu verwirklichen, um so weniger treibt und drängt ihn ein Bedürfnis zu herrschen. Er ist frei von Machtgelüst. Macht im Sinn von Herrschgewalt ist die Perversion von Macht als Schaffenskraft — so wie der sexuelle Sadismus die Perversion der sexuellen Liebe darstellt.

Vermutlich sind sadistische und masochistische Züge bei jedermann anzutreffen. In extremen Fällen wird das ganze Wesen davon beherrscht; für die Gegenseite sind die sado-masochistischen Züge nicht charakteristisch, weshalb sich nur bei den erstgenannten von einem sado-masochistischen Charakter sprechen läßt. Der Ausdruck «Charakter» wird hier in dem dynamischen (= tätigen) Sinne gebraucht, in welchem ihn Freud anwendet. In diesem Sinne gilt er nicht für die Gesamtsumme aller, einer Person eigenen Kennzeichen und Eigenschaften, sondern nur für die dominierenden, sein Verhalten bestimmenden Triebkräfte. Da für Freud die Grundmotive sexueller Art sind, gelangte er zu Unterscheidungen wie «orale», «anale» oder «genitale» Charaktere. Wer hierin nicht mit Freud einig geht, kann sich anders geartete Charaktertypen ausdenken, das dynamische Prinzip bleibt das gleiche. Die Triebkräfte selbst müssen einer Person, deren Charakter sie beherrschen, nicht unbedingt bewußt sein. Ein Mensch kann sadistisch besessen und dabei bewußt der Überzeugung sein, alles geschähe bei ihm nur aus Pflichtgefühl. Er begeht vielleicht keine offen sadistische Handlung und unterdrückt jede derartige Anwandlung bis zu dem Grad, daß er äußerlich nicht den Eindruck eines Sadisten hervorruft. Doch jede genaue Analyse seines Verhaltens, seiner Phantasien und Träume und Gebärden würde die in den tieferen Schichten seiner Persönlichkeit arbeitenden Sadismen enthüllen.

Obzwar der Charakter solcher Personen, bei denen sadomasochistische Züge vorherrschen, als sadomasochistisch gekennzeichnet werden kann, sind solche Leute nicht unbedingt neurotisch. Ob eine Charakteranlage «neurotisch» oder «normal» ist, hängt in hohem Maße von den besonderen Aufgaben ihrer sozialen Stellung und den in ihrem Kulturkreis im Schwange befindlichen Normen ab. Tatsächlich ist für große Teile des Kleinbürgertums in Deutschland und andern europäischen Ländern der sadomasochistische Charakter typisch, und wie wir noch zeigen werden, übte die Nazi-Ideologie auf diese Kreise die stärkste Anziehung aus. Da sich jedoch die Bezeichnung «sado-masochistisch» mit Vorstellungen von Perversitäten und Neurosen verbindet, wollen wir hier von dem sadomasochistischen Charakter — zumal wenn dabei nicht der Neurotische sondern der Normale gemeint ist — als von dem «autoritären Charakter» reden. Diese Terminologie ist auch dadurch gerechtfertigt, daß der Sado-Masochistische immer durch seine Einstellung zur Autorität gekennzeichnet ist. Er bewundert die Autorität und strebt danach, sich ihr zu unterwerfen; gleichzeitig aber will er selbst Autorität sein und andere sich gefügig machen. — Ein weiterer Grund für die Wahl dieser Bezeichnung: Das faschistische System nennt sich — auf Grund des überragenden Anteils der Autorität an seinem sozialen und politischen Aufbau — selber ein «autoritäres». Durch die Bezeichnung «autoritärer Charakter» deuten wir also zugleich auf die dem Faschismus zugrunde liegenden Persönlichkeitsanlagen.

Ehe wir nun in die Erörterung des autoritären Charakters eintreten, bedarf noch der Ausdruck «Autorität» einiger Klarstellung.

Autorität ist keine Eigenschaft, die eine Person «besitzt», so wie es Eigentum oder physische Eigenschaft «hat». Vielmehr ist Autorität ein Ausdruck für zwischenpersönliche Beziehungen, bei denen eine Person auf andere herab oder zu ihnen empor schaut. Doch besteht ein grundlegender Unterschied zwischen jener Art Unter- und Überlegenheits-Beziehung, die wir «vernünftige Autorität» und jener, die wir «hemmende Autorität» nennen könnten. Beispiel: Die Beziehung zwischen Lehrer und Schüler, Professor und Student einerseits und die zwischen Sklavenhalter und Sklaven beruhen beide auf der Überlegenheit des einen über die andern. Allein die Interessen von Lehrer und Schüler liegen in gleicher Richtung. Ist der Schüler erfolgreich, so ist der Lehrer zufrieden; versagt er, so ist es für beide ein Mißerfolg. Hingegen will der Sklavenhalter den Sklaven so viel als möglich ausbeuten; je mehr er aus ihm herausholt, um so befriedigter ist er. Gleichzeitig sucht der Sklave seine bescheidenen Glücksansprüche nach Möglichkeit zu verteidigen. Diese Interessen stehen ein für alle Mal zueinander im Gegensatz; was für den einen vorteilhaft, ist für den andern schädlich. Die Überlegenheit hat in den beiden Fällen völlig verschiedene Funktionen: im ersten ist sie die Vorbedingung für erfolgreiche Hilfe und Beistand für die der Autorität Unterstellten, im zweiten für deren Ausbeutung.

Auch die Auswirkungen der Autorität sind in beiden Fällen verschieden: Je mehr der Student lernt, um so mehr verringert sich der Abstand zwischen ihm und dem Lehrer. Mehr und mehr wird er ihm gleich, das heißt: Diese Autoritäts-Beziehung strebt danach, sich selbst aufzulösen. Dient jedoch die Überlegenheit als Grundlage der Ausbeutung, so wird — je länger sie anhält — der Abstand nur immer tiefer und breiter.

Auch die psychologische Situation ist in jeder der beiden Lagen anders. In der ersten wiegen die Elemente der Liebe, Bewunderung, Dankbarkeit vor. Die betreffende Autorität ist zugleich ein Vorbild, dem der Student nacheifert, dem er ganz oder zum Teil ähnlich zu werden begehrt. Im zweiten Falle jedoch, in dem die Unterordnung den eigenen Interessen widerstreitet, erheben sich Übelwollen, Haß und Feindseligkeit. Da aber ein solcher Haß oft zu Kämpfen führen würde, die den Sklaven ohne Aussicht auf Sieg noch härterer Pein unterwerfen müßte, wird das aufsteigende Haßgefühl oft unterdrückt, ja sogar durch das Gefühl blinder Bewunderung ersetzt. Dieses hat die doppelte Aufgabe: einmal die quälenden und gefährlichen Haßgefühle zu entfernen; zum andern, das Gefühl der Demütigung zu lindern. Denn wenn die Person, die über mich herrscht, so fabelhaft, so vollkommen ist, brauche ich mich nicht zu schämen, ihr zu gehorchen. Ich kann ihr ja nur deshalb nicht gleich sein, weil sie so viel stärker, weiser und besser ist. Infolgedessen streben bei der «hemmenden Autorität» die Elemente — entweder des natürlichen Hasses oder die der irrationalen Überwertung und Autoritätsanbetung — danach, sich immer mehr zu steigern. Bei der rationalen Art Autorität hingegen nehmen sie ab, und zwar in direkter Proportion zu dem Grad, in welchem die der Autorität Unterstellten stärker und damit der Autorität ähnlicher werden.

Die Unterschiede zwischen rationaler und hemmender Autorität sind natürlich nur relativ. Selbst in der Beziehung zwischen dem Sklaven und seinem Herrn finden sich für den Sklaven noch vorteilhafte Momente. Er hat ein Minimum an Nahrung und Schutz, das ihn instand setzt, für den Herrn zu arbeiten. Andererseits sind nur bei einem idealen Verhältnis vom Lehrer zum Schüler alle gegensätzlichen Interessen ausgeschaltet. Und zwischen diesen beiden extremen Fällen bestehen vielerlei Abstufungen, so in der Beziehung des Fabrikarbeiters zum Chef, des Bauernsohns zu seinem Vater, der Hausfrau zu ihrem Eheherrn. Aber obwohl im gewöhnlichen Leben die beiden Autoritätstypen miteinander verquickt sind, besteht zwischen ihnen ein wesenshafter Unterschied, und jede Analyse einer konkreten autoritären Situation muß stets jeweils das spezifische Gewicht der einen wie der andern Autorität beachten und feststellen.

«Autorität» braucht keine Person oder Institution zu sein,

die da sagt: ‚Das mußt du tun, und jenes darfst du nicht!' — Neben dieser Art äußerer Autorität treten auch, unter den Namen Pflicht, Gewissen oder Super-Ego (Über-Ich), innerliche Autoritäten auf. Tatsächlich läßt sich in der Entwicklung des Denkens in der Neuzeit — vom Protestantismus bis Kant — ein fortschreitender Ersatz der äußeren Autoritäten durch verinnerlichte feststellen. Mit den politischen Siegen des aufstrebenden Bürgertums verloren die äußeren Autoritäten an Ansehen; an ihre Stelle trat des Menschen eigenes Gewissen, eine Veränderung, die vielfach als Sieg der Freiheit gebucht wurde. Sich von außen kommenden Befehlen zu fügen, zumal in Angelegenheiten des Geistes, schien eines freien Mannes unwürdig. Dem gegenüber schien diesem die Besiegung seiner natürlichen Neigungen, die «Selbst-Beherrschung», das heißt die Beherrschung eines Teiles des Individuums durch einen andern Teil desselben, die Beherrschung seines natürlichen Wesens durch seine Vernunft, seinen Willen oder sein Gewissen — der eigentliche Inhalt der Freiheit zu sein. Wie die Analyse ergibt, herrscht das Gewissen mit nicht geringerer Strenge als äußere Autoritäten, und obendrein sind die Inhalte der vom Gewissen diktierten Befehle letzten Endes nicht von Wünschen des individuellen Selbst bestimmt, sondern vielmehr von gesellschaftlichen Belangen, die die Form von Sittengeboten annehmen und deren Würde zur Schau tragen. Die Herrschaft des Gewissens kann sogar noch härter sein als die einer äußeren Autorität, weil ja das Individuum die Gebote desselben als seine eigenen empfindet. Wie könnte es sich da gegen sie auflehnen?!

In den letzten Jahrzehnten hat jedoch das «Gewissen» sehr an Bedeutung eingebüßt. Es schien, als spielten im Leben des Individuums weder äußere noch innere Autoritäten eine besondere Rolle. Ein jeder war «frei», solange er nicht die Rechtssphäre eines andern verletzte. Der richtige Befund jedoch zeigt, daß die Autorität nicht verschwand, sondern sich bloß unsichtbar machte. Statt offener Autorität regieren anonyme Autoritäten und tragen die Masken: Wissenschaft, Normalität, Öffentliche Meinung, Gesunder Menschenverstand, Bequemes Leben («meine Ruhe steht mir am höchsten») usw. Sie verlangen nichts, was nicht selbstverständlich erschiene — da herrscht kein Druck, nur sanfte Überredung. Ob eine Mutter zu ihrer Tochter sagt: «Ich weiß, du gehst nicht gern mit dem Jungen aus», oder eine Reklame rät: «Smoke this brand of cigarettes — you will like their coolness» — es herrscht die gleiche Atmosphäre feinster Suggestion und durchdringt unser ganzes soziales Sein. Anonyme Autorität ist wirksamer als offene, da niemand argwöhnt, es handle sich hier um einen Befehl, dem man folgen müsse. Bei der äußeren Autorität ist klar, daß ein Befehl vorliegt, und wer ihn gibt. Man kann dagegen ankämpfen, und in diesem Kampf können sich persönliche Unabhängigkeit und sittlicher Mut entwickeln. Und während auch noch bei der verinnerlichten Autorität das Kommando, wenn auch innerlich, sichtbar bleibt, ist bei der anonymen Autorität, beides, Kommando und Kommandant, unsichtbar. Da ist niemand und nichts, wogegen man kämpfen könnte.

Wenden wir uns nun wieder der Betrachtung des autoritären Charakters zu, so erscheint uns als wichtigster Zug seine Einstellung zur Macht. Für den autoritären Charakter gibt es sozusagen nur die beiden Geschlechter: die Machtvollen und die Machtlosen. Angesichts der Macht einer Person oder Institution entstehen in ihm automatisch Liebe, Bewunderung, Unterwürfigkeit. Nicht wegen irgendeines Wertes, für den sie eintritt, nein, nur weil sie Macht ist, bestrickt ihn die Macht und entzückt ihn. Und so wie seine «Liebe» sich vor der Macht automatisch aufreckt, so ruft machtloses Volk automatisch seine Verachtung hervor. Der bloße Anblick eines Machtlosen treibt ihn dazu, denselben zu attackieren, zu beherrschen und zu erniedrigen. Während es Charaktere gibt, die der Gedanke, Hilflose anzugreifen, erschreckt, fühlt sich der autoritäre Charakter um so mehr angeregt, je hilfloser sein Objekt wird.

Ein Einzelzug im autoritären Charakter hat manchen Beobachter irregeführt: die Neigung, der Autorität zu trotzen und einer jeden Art Einfluß «von oben» zu widerstreben. Mitunter überschattet ein solcher Trotz das ganze Bild; die Unterwürfigkeitstendenzen bleiben im Hintergrund. Dieser Typ möchte stets gegen irgendeine Autorität rebellieren, selbst wenn diese im Augenblick seinen Interessen dienlich wäre und ihn keineswegs unterdrückt. Manchmal auch ist seine Einstellung zur Autorität geteilt: er kämpft gegen die eine Obrigkeit, zumal wenn ihn ihr Mangel an Machtfülle ärgert, und unterwirft sich gleichzeitig oder bald darauf einer anderen, die ihm durch größere Machtfülle oder freigiebigere Versprechungen seine masochistischen Sehnsüchte zu erfüllen verheißt. Daneben gibt es auch einen Typ, in welchem jede Art Auflehnung völlig unterdrückt ist und erst zum Vorschein kommt, wenn die Kontrolle des Bewußtseins abgeschwächt ist. Oft erkennt man diesen Menschenschlag erst hintennach an seinem Haß, der sich einstellt, sobald die Macht einer Autorität geschwächt ist oder ins Wanken gerät. Personen vom ersten Typ, bei denen die rebellische Haltung im Mittelpunkt ihres Wesens steht, verführen leicht zu der Annahme, ihre Charakteranlage sei just das Gegenteil zu dem unterwürfigen masochistischen Typ. Sie erwecken den Anschein, als widersetzten sie sich infolge eines ausgeprägten Unabhängigkeitssinns jeglicher Autorität. Sie ähneln Menschen, die kraft innerer Stärke und Reinheit gegen die Mächte der Unfreiheit und Verdummung ankämpfen. Doch ist des autoritären Charakters Kampf gegen die Autorität lediglich Trotz, ein Versuch, sich selbst zu behaupten und sein Ohnmachtsgefühl durch Bekämpfung irgendeiner Obrigkeit zu überwinden, wobei sein Verlangen nach Unterwerfung — bewußt oder unbewußt — stets gegenwärtig bleibt. Der autoritäre Charakter ist nie ein «Revolutionär». Ich möchte ihn lieber als «Rebellierer» bezeichnen. Zahlreiche Individuen scheinen dem oberflächlichen Betrachter ein Rätsel, wenn sie «unerklärlicherweise» vom Radikalismus zu einem autoritären Regime strengster Observanz hinüberwechseln. Psychologisch gesehen sind derartige Leute die typischen «Rebellierer» oder «Krakehler».

Die Einstellung des autoritären Charakters zum Leben, seine ganze Weltanschauung ist von seiner Veranlagung bestimmt. Er liebt Verhältnisse, die die menschliche Freiheit beschränken, liebt es, sich dem «Schicksal» zu unterwerfen. Seine gesellschaftliche Stellung, von der er abhängt, bedeutet für ihn «sein Schicksal». Ist er Soldat, so sind es der Wille und die Launen des Vorgesetzten, denen er sich freudig unterwirft; ist er ein kleiner Geschäftsmann, so bilden die Gesetze der Wirtschaft sein Schicksal. Krisen und Prosperität sind für ihn keine, durch menschliches Eingreifen abzuschaffenden ökonomischen Vorgänge, sondern Ausdruck einer höheren Macht, der man sich zu unterwerfen hat. Und stünde er selbst auf der Spitze der Pyramide, so bliebe die Basis für ihn doch die gleiche. Der Unterschied läge nur im Format, nicht im Gefühl der Abhängigkeit von einer Allmacht.

Nicht nur die Mächte, die das eigene Leben unmittelbar bestimmen, werden von dem autoritären Charakter als unabänderliches Schicksal empfunden, auch jene, die das Leben im allgemeinen zu bestimmen scheinen. Es ist für ihn «Schicksal», daß es Kriege gibt; «Schicksal», daß die einen herrschen und die andern beherrscht werden; «Schicksal», daß die Summe des Leidens nie weniger wird. Das Schicksal kann hierbei als «Naturgesetz» rationalisiert werden, oder als «menschliche Bestimmung», religiös als «Wille des Herrn», ethisch als «Pflicht» — für den autoritären Charakter ist es stets eine höhere Macht, der sich das Individuum zu unterwerfen hat.

Der autoritäre Charakter ist ein Anbeter der Vergangenheit. Was da war, wird ewig bleiben. Etwas zu wünschen oder für etwas zu wirken, das nicht bereits da war, ist «Wahnwitz oder Verbrechen». Das Wunder des Schöpferischen — und alles Schöpferische ist immer ein Wunder — liegt außerhalb des Bereichs seiner Erlebnisfähigkeit.

Schleiermachers Definition des religiösen Erlebnisses als Erlebnis absoluter Abhängigkeit ist eine Definition des Masochismus im allgemeinen. Und eine ganz besondere Rolle in diesem Erlebnis spielt die Sünde. Die ursprüngliche Vorstellung von Sünde, die auf den kommenden Geschlechtern lastet, ist für das masochistische Erlebnisbild charakteristisch. Moral wie jede andere Art menschlicher Schwäche wird hier zum Schicksal, dem der Mensch niemals entrinnt. Wer einmal sündigte, ist wie mit eisernen Ketten ewig an seine Sünde gefesselt. Des Menschen eigenes Tun wird die Macht, die über ihn herrscht und ihn nie freigibt. Die Folgen der Schuld können durch Buße gelindert werden, doch nie beseitigt die Buße die Schuld.*) Jesajas Worte: «Wenn eure Sünde gleich blutrot ist, soll sie doch schneeweiß werden, und wenn sie gleich wie Scharlach, soll sie doch wie Wolle werden», drückt eine der autoritären Welt- und Lebensanschauung diametral entgegengesetzte Meinung aus.

Allem autoritären Denken gemeinsam ist die Überzeugung, daß das Leben von Mächten bestimmt wird, die außerhalb des menschlichen Selbst, seiner Wünsche und Interessen liegen. Das einzig mögliche Glück liegt danach in der Unterwerfung unter diese Mächte. Die Machtlosigkeit des Menschen ist Leitmotiv masochistischer Philosophie. Moeller van der Bruck, einer der ideologischen Väter des Nazismus, drückt dies sehr klar aus, wenn er in seiner Schrift «Das Dritte Reich» erklärt, der Konservative glaube an die Katastrophe, an die Machtlosigkeit des Menschen, sie zu ver-

---

*) In der Figur Javerts in «Les Misérables» gab Victor Hugo dem Gedanken von der Unentrinnbarkeit der Schuld einen beredten Ausdruck.

meiden, an ihre Notwendigkeit und an die schreckliche Enttäuschung des verführten Optimisten. In Hitlers Geschreib und Gerede finden wir weitere Äußerungen der gleichen Mentalität.

Der autoritäre Charakter entbehrt keineswegs der Aktivität, des Mutes oder des Glaubens. Aber diese Eigenschaften bedeuten für ihn etwas ganz anderes als für einen, der sich nicht nach Unterwerfung sehnt. Seine Aktivität kommt aus einem Grundgefühl von Machtlosigkeit, das nach Überwindung strebt; sie bedeutet nichts anderes als Aktion im Namen von etwas Höherem als es das eigene Selbst darstellt, möglicherweise im Namen Gottes, ruhmreicher Vergangenheit, der Natur oder der Pflicht, aber nie im Namen der Zukunft, des Ungeborenen, das ohne Macht ist, oder des Lebens als solchem. Der autoritäre Charakter gewinnt seine Kraft zum Handeln durch Anlehnen an eine höhere, übergeordnete Macht, die unantastbar und unveränderlich ist. Für ihn ist Mangel an Macht immer ein untrügliches Zeichen von Schuld und Minderwertigkeit, und wenn die Autorität, an die er glaubt, sich als schwach erweist, schlägt seine Liebe und Achtung in Haß und Verachtung um. Ihm fehlt das «Offensiv-Potential», kraft dessen er eine bestehende Macht angreifen könnte, ohne sich erst einer andern, stärkeren Macht dienstbar zu fühlen.

Der Mut des autoritären Charakters ist im Wesentlichen ein Mut, das auszuhalten, was das Schicksal oder dessen persönlicher Vertreter oder «Führer» für ihn bestimmt hat. Leiden ohne zu klagen, betrachtet er als höchste Tugend — nicht etwa den Mut, mit dem Leiden Schluß zu machen, oder wenigstens es zu vermindern. Nicht das Schicksal zu ändern, sondern sich ihm zu unterwerfen, ist der Heroismus des autoritären Charakters.

Er glaubt an die Autorität, so lange sie stark ist und kommandiert. Sein Glaube ist tief in seinen Zweifeln verwurzelt und nur ein Versuch sie aufzuwiegen. Verstehen wir jedoch unter Glauben das sichere Zutrauen in die Verwirklichung dessen, was uns jetzt erst als Möglichkeit vor Augen steht — dann hat der Autoritäre überhaupt keinen Glauben.

Die autoritäre Weltanschauung ist in der Hauptsache relativistisch und nihilistisch, trotzdem gerade von jenen Leuten oft und heftig behauptet wird, man habe den Relativismus besiegt, und trotz allem Protzen mit Aktivität. Denn diese Geistesverfassung steigt auf aus bodenloser Verzweiflung, aus völligem Mangel an Glauben und führt zum Nihilismus, zu Lebensverneinung.*)

In der autoritären Philosophie gibt es den Begriff Gleichheit nicht. Mag auch der Autoritäre gelegentlich einmal das Wort Gleichheit gebrauchen, so geschieht es nur konventionell oder weil es ihm gerade zweckdienlich scheint. Wirkliche Bedeutung, Gewicht hat es für ihn nicht; es liegt außerhalb des Bereichs seiner Gefühlserfahrung. Für ihn besteht die Welt aus Leuten mit und Leuten ohne Macht, aus Vorgesetzten und Untergebenen. Infolge seiner sadomasochistischen Verfassung kann er nur Herrschgewalt oder Unterwürfigkeit empfinden, aber nie Solidarität. Unterschiede — des Geschlechts, der Staatsangehörigkeit — sind für ihn notwendig Zeichen von Überlegenheit oder Minderwertigkeit. Einen Unterschied, der nicht diesen Beigeschmack hätte, kann er sich nicht vorstellen. —

Die Betrachtung des Sado-Masochismus und des autoritären Charakters brachte uns auf die extremeren Formen der Hilflosigkeit und die ihnen entsprechenden Fluchtmechanismen durch symbiotische Beziehung zu einem beherrschenden Gegenstand der Verehrung. Obwohl diese sadomasochistischen Tendenzen ziemlich allgemein sind, lassen sich immer nur bestimmte Individuen und Gruppen als dafür typisch ins Auge fassen.

Doch gibt es da auch eine mildere Form von Abhängig-

---

*) ‹Die Revolution des Nihilismus› von H. Rauschning, 1939, enthält eine gute Darstellung des nihilistischen Charakters des Faschismus.

keit, die in unserm ganzen Kulturkreis so weit verbreitet ist, daß sie beinahe die Regel bildet. Diese hat nicht die gefährlichen, leidenschaftlichen Eigenheiten des Sado-Masochismus, scheint aber doch wichtig genug, um in unserer Untersuchung nicht übergangen zu werden. Ich denke dabei an Menschen, deren ganzes Dasein auf besonders geschickte Art mit einer, außerhalb ihrer selbst befindlichen Macht in Verbindung steht.*) Da wird nichts getan, gefühlt oder gedacht, das nicht auf diese Macht, diesen Machthaber irgendwie Bezug hätte. Von «ihm» erwarten sie Schutz, Hilfe, Umhegtsein und machen «ihn» für alle Folgen eigenen Tuns verantwortlich. Oft wird die abhängige Person ihrer Abhängigkeit nicht einmal selber gewahr. Selbst wenn ein dunkles Gefühl von Abhängigkeit vorliegt, so bleibt es doch völlig im Nebel; kein klares Bild verbindet sich mit der Macht. Ihre Hauptaufgabe ist: schützen, helfen, vorwärtsbringen, nie einen allein lassen, stets zugegen sein. Nennen wir dieses «X» den «Magischen Helfer». Oft wird er natürlich personifiziert: als Gott, als ein Prinzip oder als wirkliche Personen, wie Eltern, Gattin, Gatte, Geliebter, Geliebte, Vorgesetzter, welchen dann die magischen Eigenschaften des Magischen Helfers und dessen Bedeutung zugeschrieben wird. Diese Personifikation des Magischen Helfers läßt sich häufig in Fällen beobachten, bei denen man von «sich verlieben» spricht. Menschen mit dieser Art von Bezogenheit zu dem Magischen Helfer suchen ihn eben in Fleisch und Blut aufzufinden. Meist von sexuellem Begehren gefördert, nimmt für sie eine bestimmte Person die magischen Qualitäten an, und so machen sie denn aus ihr jenes Wesen, von dem ihr ganzes Sein abhängig und ein Abglanz wird. Der Umstand, daß jene andere Person nicht selten das gleiche tut und ihren suchenden Entdecker ihrerseits wieder zum Magischen Helfer erhebt, ändert nichts an dem Bild, sondern verstärkt nur bei Frem-

---

*) Vgl. in diesem Zusammenhang Karen Horney, «New Ways in Psychoanalysis», London 1939.

den den Eindruck, es handle sich hier um «die große Liebe».

Im psychoanalytischen Verfahren läßt sich dies Bedürfnis nach dem Magischen Helfer wie ein Experiment im Laboratorium verfolgen. Die analysierte Person entwickelt eine tiefgehende Bindung zu ihrem Analytiker; ihr ganzes Leben, Tun, Denken, Fühlen wird mit ihm verknüpft. Bewußt oder unbewußt fragt sich die oder der Analysierte: «Wird er (der Analytiker) sich darüber freuen? Wird ihm dies oder jenes mißfallen? Wird er mich dafür schelten? Wird er einverstanden sein?» Bei der Liebesbeziehung gilt das Faktum, daß jemand sich gerade diese bestimmte Person auserkor, als Beweis dafür, daß eben dieser besondere Mensch deshalb geliebt wird, weil er «er» ist. In der psychoanalytischen Situation läßt sich diese Illusion nicht aufrecht erhalten. Denn da entwickeln die allerverschiedenartigsten Personen zu den allerverschiedenartigsten Analytikern genau die gleichen Gefühle; sie sehen genau aus wie Liebe, sind auch oft von sexuellem Verlangen begleitet — und doch ist es in der Hauptsache nur die Beziehung zum Magischen Helfer, dessen Rolle der Psychonalaytiker für den Sucher des personifizierten Magischen Helfers ebenso gut spielen kann wie jede andere Autoritätsperson: Arzt, Seelsorger, Lehrer.

Die Ursachen einer solchen Bindung an einen Magischen Helfer sind im Prinzip dieselben wie die der symbiotischen Süchte: die Unfähigkeit, allein zu stehen und seine eigenen Möglichkeiten zu erfüllen, ruft hier wie dort die Tendenz hervor, sich des eigenen Selbst durch Abhängigkeit vom Magischen Helfer zu entäußern; in der milden Form, die wir hier vor Augen haben, hat sie nur zu dem Wunsch nach Leitung und Beschirmung geführt.

Die Stärke der Beziehungen zum Magischen Helfer steht in umgekehrter Proportion zur Fähigkeit, die Möglichkeiten des eigenen Gefühls, Geistes, Verstandes und der eigenen Sinne aus freiem Antriebe zu erfüllen. Mit andern Worten: Alles, was einer vom Leben erhofft, das erwartet er statt durch eigene Taten vom Magischen Helfer zu erhalten. Je mehr dies der Fall ist, um so weiter verschiebt sich das Lebenszentrum von der eigenen Person zu der des Magischen Helfers und seiner irdischen Verkörperung. Die Frage ist dann nicht mehr, wie man selbst leben soll, sondern wie man «ihn» zu behandeln hat, um ihn nicht zu verlieren; wie man ihn für das verantwortlich macht, wofür man selber verantwortlich wäre und ihn veranlassen könnte zu tun, was man gern möchte.

In den extremeren Fällen besteht das ganze Leben fast nur noch aus dem Bemühen, «ihn» «richtig» zu behandeln; bald geschieht es «mit Güte», bald durch Unterwürfigkeit oder stilles Dulden. Das ganze Denken, Fühlen, Empfinden ist von dem Drang, mit «ihm» umzugehen, beeinflußt, kurz: kein seelischer Vorgang ist mehr frei oder freiwillig. Diese Abhängigkeit, aus einer Verstopfung der Selbstbestimmung entstanden und sie gleichzeitig verstärkend, verschafft nicht nur ein gewisses Maß von Sicherheit, sondern führt auch zu einem Gefühl der Schwäche und des Gebundenseins. Bewußt oder unbewußt fühlen die von dem Magischen Helfer Abhängigen sich von «ihm» versklavt und lehnen sich in mehr oder minder höherem Maß gegen «ihn» auf, und diese Auflehnung gegen eben das Wesen, auf das man alle Hoffnungen setzte, schafft neue Konflikte. Will man «ihn» nicht verlieren, so muß der Aufruhr unterdrückt werden; wird er es, so bedroht der verborgene Gegensatz immerfort die in der Verbindung gesuchte Sicherheit.

Verkörpert sich der Magische Helfer in einer realen Person, so wird die Enttäuschung — die eintreten muß, sobald die reale Person die Erwartungen nicht erfüllt, und die unausbleiblich ist, weil ja die in sie gesetzten Erwartungen illusorisch sind — den aus der Versklavung entspringenden Aufruhr vermehren und zu endlosen Kämpfen führen. Mitunter enden sie einfach in Trennung, der die Wahl eines neuen Objektes folgt, von welchem man die Erfüllung der mit dem Magischen Helfer verbundenen Hoffnungen erwartet. Erweist sich auch diese Beziehung als Fehlschlag, so wird auch sie wieder abgebrochen, oder es kommt die enttäuschte Person zu dem Schluß, so sei nun einmal das «Leben», und resigniert. Sie erkennt nicht die Tatsache, daß alle Fehlschläge nicht im wesentlichen darin ihre Ursache haben, daß die richtige magische Person nicht gefunden wurde, sondern daß sie die unmittelbare Folge davon waren, daß man versuchte, durch Manipulation mit einer magischen Macht etwas zu erlangen, was einzig das Individuum selbst durch eigenes, selbstbestimmendes Handeln erreichen kann.

Das Phänomen lebenslänglicher Abhängigkeit von einem außenstehenden Objekt ist eine Entdeckung Freuds. Er interpretierte es als eine, das Leben hindurch andauernde Fortsetzung der frühesten, wesentlich sexuellen Bindung an die Erzeuger. Und es beeindruckte ihn so, daß er das von ihm entdeckte Phänomen, den Oedipuskomplex, als Kernpunkt aller Neurosen erklärte und in dessen erfolgreicher Überwindung das Hauptproblem jeder normalen Entwicklung sah.

Durch das Erkennen des Oedipus-Komplexes als Zentral-Phaenomen der Psychologie machte Freud eine der bedeutsamsten psychologischen Entdeckungen. Doch ging er in seiner Auslegung irre. Denn obwohl das Phaenomen sexueller Anziehung zwischen Eltern und Kindern besteht, und obwohl daraus erwachsende Konflikte mitunter Bestandteile der neurotischen Entwicklung werden, sind weder die sexuelle Anziehung noch die aus ihr resultierenden Konflikte das Wesentliche in der Fixierung von Kindern an ihre Eltern. Solange das Kind klein ist, hängt es natürlicherweise von den Eltern ab, doch bedeutet diese Abhängigkeit nicht unbedingt eine Einschränkung der kindlichen Freiheit und Spontanität. Erst wenn die Eltern als Sachwalter der Gesellschaft die Selbstbetätigung, Selbständigkeit und das freiwillige Tun des Kindes seine «Spontanität», wie wir es nennen — einzuschränken beginnen, wird sich das heranwachsende Kind mehr und mehr unfähig fühlen, auf eigenen Füßen zu stehen; es wird nach dem Magischen Helfer suchen und oft die Eltern zu dessen Verkörperung werden lassen. Später überträgt es diese Gefühle dann auf jemand andern, auf Lehrer, Gatten, Arzt usw. Auch hier ist das Bedürfnis, mit einem derartigen Symbol der Autorität verbunden zu sein, nicht durch die Fortführung der ursprünglichen sexuellen Anziehung an einen Elternteil verursacht, sondern durch die Verunmöglichung der Mitteilsamkeit, Entfaltung und Spontanität des Kindes und die hieraus entspringende Bangnis. —

Was wir als Kernpunkt jeder Neurose wie auch der normalen Entwicklung feststellen, ist der Kampf um Freiheit und Unabhängigkeit. Bei vielen Normalen endete dieser Kampf mit der Aufgabe ihres individuellen Selbst, — womit sie zum Normalsein befähigt sind und als normal eingeschätzt werden. Nur der Neurotische hat den Kampf gegen restlose Unterwerfung nicht aufgegeben, doch bleibt er zugleich der Gestalt des Magischen Helfers verhaftet, gleich welche Form dieser für ihn annimmt. Immer ist seine Neurose als ein im Wesentlichen erfolgloser Versuch zu verstehen, den Konflikt zwischen Abhängigkeit und Freiheit zu lösen.

2

Der Zerstörungstrieb

Wie bereits erwähnt, ist zwischen sado-masochistischen Trieben und dem Zerstörungstrieb — obwohl beide oft miteinander verquickt sind — zu unterscheiden; denn das Ziel des Zerstörungstriebes ist keine aktive oder passive Symbiose, sondern die Zerstörung seines Objekts. Aber auch er erwächst aus der nicht zu ertragenden Machtlosigkeit und

Isolierung des Individuums. Es kann jemand dem Gefühl der eigenen Machtlosigkeit seiner Außenwelt gegenüber dadurch entgehen, daß er sie zerstört. Gewiß, wenn er damit Erfolg hat, bleibt er trotzdem allein, in Isolation — aber es ist eine ‚splendid isolation', in welcher er nicht durch die überwuchtende Macht der Dinge außerhalb seiner selbst entmutigt, zermalmt wird. Die Zerstörung der Welt ist der letzte Verzweiflungsversuch, sich vor der Zermalmung zu retten.

Der Sadismus zielt auf die Einverleibung des Objekts, der Zerstörungstrieb auf dessen Vernichtung. Sadismus sucht das atomisierte Individuum durch die Beherrschung anderer, der Zerstörungstrieb es durch die Beseitigung jeder Bedrohung von außen zu stärken.

Wer immer die persönlichen Beziehungen im Gesamtbild unserer Gesellschaft beobachtet, wird bestürzt der Verbreitung zerstörerischer Tendenzen gewahr. Meist sind sie nicht bewußt, sondern auf mannigfaltige Weise rationalisiert, ja es gibt förmlich nichts, was nicht zu solcher Beschönigung des Zerstörungstriebes herhalten muß: Liebe, Pflicht, Wissenschaft, Patriotismus, Wohltätigkeit wurden und werden als Masken verwandt, um andere Menschen und sich zu zerstören.

Wir müssen selbstverständlich zwischen zwei verschiedenen Arten zerstörerischer Tendenzen einen Unterschied machen: jenen, die aus bestimmtem Anlaß hervorgehen, Reaktionen auf Angriffe gegen eigenes oder anderer Dasein, Reinheit, Selbständigkeit, gegen Ideen, die wir vertreten. Solche Zerstörung ist die natürliche, notwendige Begleiterscheinung der eigenen Lebensbejahung. — Die hier in Frage stehenden Zerstörungstendenzen haben jedoch nichts mit diesen rationalen, besser gesagt reaktiven Feindlichkeiten zu tun; sie lauern vielmehr im Innern der von ihnen Befallenen zusammen mit ihnen ständig auf eine Gelegenheit loszuschlagen. Und da den Ausbrüchen dieses Zerstörungstriebes ein objektiver Grund fehlt, müssen wir solche Personen als gefühls- oder geisteskrank ansehen, auch dann, wenn sie irgendeine Art Rationalisierung ihres Tuns vorbringen. Diese ist in den meisten Fällen von solcher Beschaffenheit, daß auch andere, ja ganze Gruppen oder Klassen an deren Realität glauben. Allein die Auswahl der Zerstörungsobjekte und die dafür angeführten Gründe sind nicht das Entscheidende. Denn der Zerstörungstrieb ist eine Leidenschaft, die immer Objekte zu finden weiß. Und wenn er an deren Zerstörung, an jeder Zerstörung anderer, gehindert wird, wird das eigene Selbst Gegenstand der Zerstörungstendenzen: zu der psychischen tritt physische Krankheit, im äußersten Falle der Selbstmord.

Ein weiteres wichtiges Ergebnis der gleichen Grundsituation ist das, was ich «Vereitelung des Lebens» nennen möchte: Dem isolierten machtlosen Individuum ist die Verwirklichung seiner Sinnes-, Gefühls- und Verstandesmöglichkeiten vereitelt. Es entbehrt der inneren Sicherheit und Selbstbestimmung, den Vorbedingungen solcher Verwirklichung. Und diese seelische Blockade wird noch durch allerhand zivilisatorische und kulturelle Tabus verstärkt, die bestimmte Freuden und manches Glück in Bann taten, so wie dies durch die Religion und die bürgerlichen Sitten seit alters, zumal seit der Reformation der Fall war. Und sind auch heute die äußeren Tabus zum großen Teil verschwunden, so ist doch die seelische Blockade, trotz bewußter Billigung sinnlicher Freuden, noch immer nicht aufgehoben.

Die Frage der Beziehung zwischen Lebensvereitelung und dem Zerstörungstrieb wurde gleichfalls zuerst von Freud gestellt. Die Erörterung seiner Theorie gibt uns Gelegenheit, unsern eigenen Standpunkt zu präzisieren.*)

Freud erkannte, daß seine ursprüngliche Annahme, wonach die Sexualtriebe und der Selbsterhaltungstrieb die zwei

---

*) Man vergleiche hierzu auch Karen Horney, «New Ways in Psychoanalysis», London 1939.

grundlegenden Motive des menschlichen Verhaltens seien, etwas vernachlässigt habe: das Gewicht und die Bedeutung der destruktiven Impulse, und daß diese ebenso gewichtig seien wie die sexuellen. So gelangte er zu der Annahme zweier menschlicher Grundtriebe: der eine dränge zum Leben und sei mehr oder weniger mit sexueller Libido identisch; der andere — der «Todesinstinkt» — sei auf Zerstörung des Lebens gerichtet. Mit dem Sexualtrieb vermischt, richte sich dieser gegen das eigene Selbst oder andere, außerhalb des Ichs befindliche Objekte. Darüber hinaus nahm er an, der Todesinstinkt wurzle in einer biologischen, allen lebenden Organismen innewohnenden Eigenschaft und sei daher ein notwendiger, unabänderlicher Lebensbestandteil.

Die Annahme des Todesinstinkts ist insofern zureichend, als sie die zerstörerischen Tendenzen, die in Freuds früheren Theorien vernachläßigt waren, in ihrem vollen Gewicht und Umfang enthält. Unzureichend ist sie insofern, als sie zu einer biologischen Erklärung greift, die nicht genügend der Tatsache Rechnung trägt, daß Bedeutung und Summe der Destruktion innerhalb der Individuen, Gruppen und Klassen enorme Verschiedenheiten aufweist. So ist das Gewicht destruktiver Tendenz in dem Charakter des europäischen Kleinbürgertums unvergleichlich viel größer als unter der Arbeiterklasse und bei den oberen Schichten. Auch lehrte die Anthropologie uns Volksstämme kennen, die durch ein besonderes Maß an zerstörerischen Tendenzen auffallen, während andere einen ebenso auffallenden Mangel an Zerstörungstrieb aufweisen — mag dieser sich in Gestalt von Feindseligkeit gegen andere oder das eigene Selbst kundtun.

Jeder Versuch, die Wurzeln des Zerstörungstriebes zu erfassen, muß mit der Beobachtung dieser Unterschiede beginnen, danach die Frage aufwerfen, welche anderen Unterscheidungsmerkmale sich feststellen lassen, um schließlich zu untersuchen, ob nicht in diesen Unterschieden die Ursachen für das so unterschiedliche Auftreten der Zerstörungstendenzen zu finden sind. Dieses Problem bietet jedoch Schwierigkeiten, die eine besondere Behandlung erfordern, für welche in dieser Schrift nicht der Raum ist. Ich will daher nur die Richtung andeuten, in welcher die Antwort zu suchen ist.

Es scheint: die Summe zerstörerischer Tendenzen steht im gleichen, direkten Verhältnis zu dem Ausmaß, in dem die Lebensentfaltung geschmälert ist, wobei wir nicht etwa an individuelles Versagtsein dieses oder jenes Verlangens denken, sondern an die Vereitelung des Lebensganzen, an die Blockierung der Selbstbestimmung, die Verhinderung freitätigen Wachstums aller menschlichen Fähigkeiten.

Das Leben besitzt seinen eigenen inneren Auftrieb. Es will wachsen, blühen, sich kundtun; es will gelebt werden. Und es ist, als wenn Leben, dem der Lebenswille und die Lebenssäfte abgegraben werden, eine Zersetzung erfahre, durch die seine, aufs Leben gerichteten Energien sich der Zerstörung zuwenden.

Der Trieb zum Leben und der Trieb zur Zerstörung sind nicht von einander unabhängig, sondern stehen zueinander in umgekehrtem Verhältnis: Je mehr der Lebenstrieb durchkreuzt und unterbunden wird, um so stärker der Trieb der Zerstörung; je mehr sich das menschliche Dasein entfalten kann, um so geringer die Kraft der Zerstörung und um so seltener.

Der Zerstörungstrieb ist die Folge des ungelebten Lebens.

Alle gesellschaftlichen und persönlichen Lebensbedingungen, die auf die Unterdrückung eigenen Lebens hinauslaufen, erzeugen eine Leidenschaft zur Zerstörung. Diese bildet sozusagen das Reservoir, aus dem die besonderen feindseligen Tendenzen gegen andere oder das eigne Sein gespeist werden.

Es bedarf keiner weiteren Erklärung, um einzusehen, wie wichtig die Erkenntnis nicht allein der zerstörerischen Triebkraft, sondern auch der besonderen Ursachen ihrer Stärke ist. Die Feindseligkeit, die das Bürgertum im späten Mittelalter und zu Beginn der Neuzeit erfüllte, und ihre Ausprägung, zumal im asketischen Geist des Protestantismus und in Calvins Bild eines unbarmherzigen Gottes, dem es gefiel, einen Teil der Menschheit schuldlos zu ewiger Verdammnis zu verurteilen, mußte darum notwendig in aller Ausführlichkeit und ohne Rücksicht dargelegt werden. Damals wie später zeigte der Mittelstand eine Feindseligkeit, die unter dem Mantel moralischer Entrüstung einen heftigen Neid auf jene verbarg und rationalisierte, welche die Mittel besaßen, sich des Lebens zu erfreuen. In unserer Zeit lieferten die zerstörerischen Impulse des Kleinbürgertums einen wesentlichen Beitrag zum Aufstieg des Nazismus, welcher sich an eben jene destruktiven Tendenzen wandte und sie zum Kampf gegen seine Gegner benutzte. Die Ursprünge des feindseligen Zerstörungswillens im Kleinbürgertum sind leicht als die gleichen erkennbar, die unsere Diskussion zu Tage gefördert hat: die Isoliertheit des Individuums und die Unterdrückung der individuellen Entfaltung, die beide für das Kleinbürgertum greifbarere Formen angenommen hatten als für die darüber und darunter befindlichen Klassen.

3

Automatische Anpassung

In den bisher erörterten Mechanismen überwand das Individuum seine Gefühle eigener Bedeutungslosigkeit vor den überwältigenden Mächten der Außenwelt — entweder durch Verzicht auf individuelle Integrität oder durch Zerstörung der andern, auf daß die Drohung der Welt von ihm weiche. Weitere Fluchtmechanismen sind völliges Zurückziehen von der Welt (in ein Kloster, auf Südseeinseln, in den Elfenbeinturm), auf daß die Welt für den Flüchtling ihre Schrecken verliere; in verschiedenen Psychosen zeigt sich das Bild dieser Mechanismen *) — oder Aufblähung des Ichs (psychologische Inflation), und zwar in einem Ausmaß, daß daneben die Außenwelt klein erscheint. Obwohl diese Mechanismen für die Psychologie des Individuums wichtig genug sind, ist ihre Kultur-Bedeutung doch wohl geringer, weshalb ich hier nicht weiter auf sie eingehe, sondern lieber zu einem andern, sozial sehr bedeutungsvollen Fluchtmechanismus zurückkehre.

Es stellt dieser eigenartige Mechanismus die Lösung dar, die in der modernen Gesellschaft von einer Mehrzahl der Normalmenschen gesucht und gefunden wurde: Das Individuum gibt es auf, es selber zu sein und übernimmt zur Gänze die Sorte Persönlichkeit, die sich ihm in Form einer Zivilisations-Schablone darbietet, und auf Grund derer es genau so wird, wie man es von ihm erwartet, genau so, wie alle andern sind. Der Zwiespalt zwischen dem Ich und der Welt verschwindet und mit ihm zugleich die bewußte Furcht vor Alleinsein und Machtlosigkeit.

Wir können diesen Mechanismus mit der Mimikry einiger Tiergattungen vergleichen. Dank ihrer Schutzfärbung gleichen sie ihrer Umgebung so, daß sie sich kaum mehr von ihr unterscheiden. Jeder, der seine Individualität aufgibt, ein Automat wird gleich Millionen anderer Automaten ringsum, muß nicht mehr Alleinsein und Bangen empfinden. Aber der Preis, den er dafür entrichtet, ist hoch; es ist der Verlust seines Selbst.

Nun widerspricht aber die Annahme, der «normale» Weg

---

*) Vgl. Harry Stack Sullivan, «Conceptions of Modern Psychiatry — The First William Alanson White Memorial Lectures», «Psychiatry 1941, Bd. 3 Nr. 1 und «Research in Schizophrenia», American Journal of Psychiatry, Bd. IX, Nr. 3; ferner: Frieda Fromm-Reichmann, «Transference Problems in Schizophrenia» in Psychoanalytic Quarterly, Bd. VIII, Nr. 4.

zur Überwindung der Vereinsamung sei die Verwandlung in einen Automat, einer der verbreitetsten Vorstellungen von der Stellung des Menschen in unserm Kulturkreis. Man hält nämlich die Mehrzahl von uns für Persönlichkeiten, frei nach ihrem Gefallen zu denken, zu fühlen, zu handeln, und zwar ist dies nicht allein die allgemeine Anschauung des modernen Individualismus, auch jeder Einzelne ist aufrichtig davon überzeugt, er sei «er» und seine Gedanken, Gefühle und Wünsche «die seinen». Doch ist dieser Glaube — obwohl es auch unter uns wirkliche Individualitäten gibt — in den meisten Fällen ein Trugbild, und zwar ein gefährliches, denn es verhindert die Beseitigung jener Zustände, die für diesen Zustand der Dinge verantwortlich sind.

Wir sehen uns hier einem Fundamentalproblem der Psychologie gegenüber, welches sich uns am schnellsten durch eine Reihe von Fragen erschließt:

Was ist das Selbst?

Welcher Natur sind jene Handlungen oder Vorgänge, die nichts als die Illusion geben, als handle man selbst?

Was ist Spontanität?

Was ist ein ursprünglicher geistiger Akt?

Und endlich: Was hat das alles mit Freiheit zu tun? —

Wir versuchen in diesem Abschnitt zu zeigen, wieso Gefühle und Gedanken von außen her infiltriert und dabei zugleich als die eigenen erlebt werden können; ferner, auf welche Weise Gefühle und Gedanken verdrängt und damit vom eigenen Selbst abgetrennt werden. In dem Kapitel «Freiheit und Demokratie» werden wir dann die hier aufgeworfenen Fragen weiter behandeln. —

Beginnen wir mit der Analyse des Erlebnisinhaltes und der Bedeutung der Worte: «Ich fühle», «ich denke», «ich will».

Wenn wir sagen: «Ich denke», so scheint dies eine klare, unzweideutige Feststellung zu sein, wobei es nur darauf ankommt, ob das Gedachte richtig oder falsch ist, und nicht etwa ob oder ob nicht «Ich» denke. Jedoch ein konkretes Experiment zeigt uns, daß die Beantwortung dieser Frage auch anders ausfallen könnte. Arrangieren wir zu diesem Zweck ein hypnotisches Experiment! *)

Hier das Subjekt A. Hypnotiseur B schläfert es ein und suggeriert ihm, es werde nach dem Erwachen ein Manuskript lesen wollen, von dem es glauben werde, es habe es mitgebracht; es werde danach suchen, nichts finden, werde dann annehmen, ein Dritter, C, habe es gestohlen, und werde auf C wütend werden. A werde völlig vergessen, daß ihm dieser Befehl in der Hypnose gegeben sei. (Es sei dazu bemerkt, daß A nie etwas gegen C gehabt hat und auch jetzt keinerlei Grund zu irgendeinem Unwillen vorliegt; daß außerdem A überhaupt kein Manuskript bei sich hat!) — Was geschieht?

A erwacht und bemerkt nach kurzem Gespräch über irgendein Thema: «Da fällt mir etwas ein, was ich in meinem Manuskript geschrieben habe; ich will es Ihnen vorlesen.» Er sieht sich um, findet es nicht, wendet sich an C, deutet an, C habe es wohl genommen. Da C verneint, wird A immer heftiger, bricht in Wut aus und beschuldigt C, das Manuskript gestohlen zu haben. Er geht noch weiter. Er bringt Gründe vor, die es wahrscheinlich machen sollen, C sei der Dieb: Er habe von andern gehört, C brauche das Manuskript; C habe die beste Gelegenheit gehabt, es zu entwenden usw. So klagt er C nicht nur an; er bringt auch zahlreiche «Rationalisationen» vor, die seine Beschuldigung glaubhaft erscheinen lassen. (Natürlich ist keine derselben wahr, und A hat zuvor an keine gedacht).

Nehmen wir an: in diesem Moment betritt ein unbeteiligter D das Zimmer! Er wird nicht daran zweifeln, daß A das sagt, was er denkt und fühlt. Er kann nur fragen, ob die Anklage richtig ist, d. h. ob der Inhalt von A's Ge-

---

*) Zu den Problemen der Hypnose vgl. das Verzeichnis der Publikationen von M. H. Erickson in «Psychiatry» 1939, Bd. 2, Nr. 3, S. 472.

danken mit den wirklichen Tatsachen übereinstimmt, während wir, die der Prozedur von Anfang an beigewohnt haben, gar nicht daran denken zu fragen, ob die Beschuldigung wahr sei. Wir wissen: Was A jetzt fühlt und denkt, sind nicht «seine» Gedanken und Gefühle, sondern fremde Elemente, die ein anderer ihm in den Kopf setzte.

D wird nun zu folgender Schlußfolgerung kommen: «Hier ist A, und man sieht klar: er hat diese Gedanken. Er muß am besten wissen, was er denkt, und es gibt keinen bessern Beweis für das, was er fühlt, als seine eigene Aussage. Aber die andern behaupten, seine Gedanken seien fremde Elemente und ihm von außen eingeflößt! Alles, was recht ist — ich kann hier nicht entscheiden; jedermann kann sich irren. Vielleicht, da mehrere gegen Einen stehen, hat die Majorität recht.» — Für uns, die wir dem ganzen Experiment beigewohnt haben, besteht kein Zweifel: auch für D bestünde keiner, wenn er andern hypnotischen Experimenten beiwohnen würde. Er würde dann sehen, daß sich diese Art Experiment unzählige Male mit den verschiedensten Personen und immer andern Inhalten wiederholen läßt. Der Hypnotiseur kann suggerieren, eine rohe Kartoffel sei eine herrliche Ananas; und das Subjekt wird die Kartoffel mit dem Hochgenuß, der einer Ananas gebührt, verzehren. Oder: das Subjekt könne nichts sehen; und das Subjekt wird blind sein. Oder: es halte die Erde für flach; und das Subjekt wird hitzig behaupten, sie sei keine Kugel. Was beweist dieses hypnotische Experiment, speziell sein posthypnotischer Teil?

Es beweist: wir können Gedanken, Gefühle, Wünsche, sogar Sinnesempfindungen haben, die wir subjektiv als die unsern empfinden, und die uns dennoch von außen her eingepflanzt wurden, mithin von Grund auf uns fremd, nicht das sind, was wir denken, fühlen usw. Und nun zurück zu unserem Ausgangspunkt! Was hat das Experiment damit zu tun? Antwort:

1. Das Subjekt will etwas (das Manuskript lesen).
2. Es denkt etwas (daß C es entwendet hat).
3. Es fühlt etwas (Wut auf C).

Wir sahen: alle diese drei «geistigen Akte» — sein Willensimpuls, sein Denken, sein Fühlen — sind nicht «sein» im Sinne eigener geistiger Tätigkeit; sie haben nicht in ihm ihren Ursprung, sind von außen in ihn gelegt und nur ganz subjektiv als seine eigenen empfunden. Er äußerte eine Anzahl Gedanken, die ihm in der Hypnose nicht gesagt wurden: jene Rationalisationen, mit denen er seine Behauptung, C habe das Manuskript gestohlen, «erklärt». Aber diese Gedanken sind nur in formalem Sinn seine eigenen. Obwohl sie seinen Verdacht scheinbar motivieren, war der Verdacht, wie wir wissen, zuerst da, und die rationalisierenden Gedanken sind erst nachträglich erfunden, um seine Gefühle glaubhaft zu machen; aber sie kommen *post factum*.

Unser hypnotischer Versuch zeigte unmißverständlich: obwohl jemand von der Spontanität seiner geistigen Akte überzeugt sein mag, rühren sie in Wahrheit unter besondern Bedingungen vom Einfluß einer ihm fremden Person her. Und dies Phänomen tritt keineswegs nur unter den besondern Bedingungen der Hypnose auf, vielmehr trifft man das Faktum, daß Denk-, Gefühls- und Willensinhalte nicht echt, sondern von außen her eingeflößt sind, so häufig und überall, daß man den Eindruck nicht los wird, als bildeten diese Pseudo-Akte die Regel und echte, eingeborene Geistesakte die Ausnahme.

Der Pseudocharakter, den das Denken anzunehmen pflegt, ist bekannter als der Pseudocharakter des Wollens und Fühlens. Beginnen wir daher mit einer Schilderung des Unterschieds zwischen ihm und dem echten Denken! Nehmen wir an, wir befinden uns auf einer Insel mit Fischern und Sommerfrischlern und wollen wissen, was wir für Wetter bekommen. Wir fragen einen Fischer und zwei von den Stadtleuten, die alle zusammen zuvor die Wettervorhersage am Radio gehört haben. Der Fischer mit seiner langen Erfahrung wird (wenn er nicht schon vorher darüber nachgedacht hat) zuerst einmal nachdenken, und da er mit dem Einfluß von Windrichtung, Temperatur, Feuchtigkeit usw. vertraut ist, wird er diese verschiedenen Faktoren entsprechend ihrer Bedeutung abwägen und so zu einem mehr oder weniger bestimmten Urteil gelangen. Wahrscheinlich wird er auch an die Radio-Vorhersage denken und sie zur Bestätigung oder als Widerspruch zu seiner Ansicht erwähnen; im letzteren Fall wird er die Gründe für seine Meinung wohl besonders sorgfältig erwägen, doch wie dem auch sei: was er uns mitteilt, es ist s e i n e Meinung und das Ergebnis s e i n e s Denkens.

Der erste der beiden Städter, die wir um ihre Meinung fragen, weiß, daß er nichts vom Wetter versteht, und auch keine Veranlassung sieht, sich darum zu kümmern. Er antwortet nur: «Das kann ich nicht beurteilen; ich weiß nur: das Radio sagt so und so.» Der zweite Städter ist ein anderer Typ. Er bildet sich ein, eine Menge vom Wetter zu verstehen, weiß aber nur sehr wenig. Er gehört zu jenen Leuten, die meinen, sie müßten auf alles eine Antwort wissen. Er denkt einen Augenblick nach und sagt uns dann «seine» Meinung, die in Wirklichkeit mit der Radio-Vorhersage identisch ist. Fragen wir ihn nach seinen Gründen, dann erzählt er uns, er schließe das aus der Windrichtung usw.

Äußerlich betrachtet ist also seine Art zu antworten nicht anders als die des Fischers. Erst nähere Untersuchung ergibt, er hat sich die Radio-Vorhersage zu eigen gemacht, fühlt sich dessenungeachtet aber verpflichtet, «seine eigene Meinung» zu haben, vergißt daher, daß er bloß einer xbeliebigen Autorität nachplappert, und bildet sich ein, er sei durch eigenes Denken zu dieser Ansicht gelangt. Von seinen Gründen meint er, sie seien zuerst dagewesen und hätten seine Meinung gebildet. Sehen wir uns aber diese

Gründe näher an, so ergibt sich, daß er aus ihnen gar keine Schlußfolgerung über die Wetterlage ziehen konnte; das wäre ihm ohne die Radio-Ansage unmöglich. Es handelt sich also um «Pseudo-Gründe», deren Funktion es ist: ihm seine sogenannte Meinung als Resultat eigenen Denkens erscheinen zu lassen, während er sich in Wirklichkeit, ohne es selbst zu merken, eine Autoritätsmeinung aneignete. Es ist durchaus möglich, daß er mit dem Wetter recht behält und der Fischer unrecht; aber dann wäre es nicht «seine» Meinung, die sich als richtig erwies, während sich der Fischer wirklich «in seiner», seiner eigenen Ansicht getäuscht hätte.

Das gleiche Phänomen beobachten wir bei den Meinungsbildungen über wichtigere Gegenstände, zum Beispiel Politik. Frage den Durchschnittsleser, was er über eine bestimmte Frage denkt, und er wird dir als «seine» Meinung eine mehr oder weniger genaue Widergabe dessen vorsetzen, was er in seiner Zeitung gelesen und trotzdem — und dies ist das Wesentliche dabei — glauben, daß das, was er sagt, Ergebnis seines eigenen Denkens sei! Stammt er aus einer kleinen Gemeinde, in der sich politische Ansichten vererben, so ist «seine eigene» Meinung — vielleicht mehr als er im Augenblick zugeben mag — ein Stück übriggebliebener Autorität seines Erzeugers. Eines anderen Lesers Meinung ist vielleicht Folge einer momentanen Verlegenheit, der Furcht, für uninformiert gehalten zu werden; dann ist sein «Gedanke» nur eine Fassade, nicht das Produkt aus Erfahrungen, Wünschen und Kenntnissen. Die gleiche Erscheinung läßt sich bei ästhetischen Werturteilen feststellen. Der Durchschnitt der Museumsbesucher sieht ein berühmtes Rembrandtbild und erklärt es für wundervoll und bedeutend. Analysieren wir sein Urteil, so finden wir, daß es nicht der Ausdruck innerer Antwort auf das Kunstwerk war — vielmehr hält der Durchschnittsbesucher das Bild für wundervoll, weil er weiß, man erwartet von ihm, daß er es als wundervoll ansieht. Ebenso verhält es sich im allgemeinen mit dem Musik-Urteil und bei der Naturbetrachtung. Da ist der Vorgang bei vielen so, daß sie beim Betrachten eines vielgerühmten Stückes Natur oder eines berühmten Bauwerks sogleich innerlich das oft in illustrierten Zeitschriften, auf Postkarten oder im Film gesehene Abbild reproduzieren. Während sie die Wirklichkeit anschauen, haben sie in Wahrheit jene Abbilder vor Augen. Und wohnen sie einem Unfall bei, so erleben sie die ganze Situation bereits in Form eines darüber erscheinenden, von ihnen antizipierten Zeitungsberichts. Tatsächlich wird für zahlreiche Menschen irgendein Erlebnis, etwa eine Theateraufführung oder eine politische Versammlung, bei der sie anwesend sind, erst dann vollkommen und wirklich, wenn sie in den Zeitungen die Kritik oder den Bericht darüber gelesen haben.

Die Unterdrückung des kritischen Selbstdenkens beginnt schon früh. So erkennt vielleicht schon ein fünfjähriges Mädchen die Unaufrichtigkeit seiner Mutter entweder auf subtile Art daran, daß die Mutter zwar Güte und Mutterliebe im Munde führt, in Wahrheit jedoch egoistisch und kalt ist, oder auf gröbere Weise dadurch, daß es bemerkt, die Mutter hat etwas mit einem anderen Mann, obwohl sie stets ihre hohe sittliche Würde betont. Das Kind spürt die Diskrepanz. Sein Gerechtigkeits- und Wahrheitssinn ist verletzt. Da es jedoch von der Mutter abhängig ist, die keine Art von Kritik zulassen würde, und ihr — wie wir hinzufügen wollen — der schwache Vater keinen Rückhalt bietet, ist das Mädchen gezwungen, sein kritisches Urteil zu unterdrücken. Bald wird es die Unaufrichtigkeit und Treulosigkeit der Mutter gar nicht mehr wahrnehmen, wird die Fähigkeit kritischen Denkens einbüßen, da sich dessen Betätigung als gefährlich und hoffnungslos erwiesen hat. Andererseits ist das Kind nicht wenig von einem Schema beeindruckt, das ihm den Glauben beibringt, die Mutter sei ehrlich und gut, die Ehe der Eltern glücklich — und wird bereit sein, diese Idee als seine eigene anzunehmen.

Bei allen diesen Beispielen eines Pseudodenkens handelt es sich einzig darum, ob der Gedanke das Resultat eigenen Denkens, d. h. eigener Geistestätigkeit ist, nicht darum, ob die Gedankeninhalte richtig sind. Das Pseudo-Denken kann durchaus logisch und vernünftig sein; sein Pseudo-Wesen braucht sich nicht in unlogischen Äußerungen zu zeigen. Das läßt sich an vielen Rationalisationen studieren, die eine Handlungsweise oder ein Gefühl vernünftig und sachlich erklären und motivieren, obwohl dieselben tatsächlich von irrationalen und rein subjektiven Faktoren bestimmt waren. Es kann sich die Rationalisation im Widerspruch zu Tatsachen oder zur Logik befinden, muß es aber nicht. Sie ist oft in sich logisch und vernünftig; ihre Irrationalität liegt dann eben nur in der Tatsache, daß das behauptete Handlungsmotiv nicht das wirkliche ist.

Ein Beispiel für irrationale Rationalisation bietet der bekannte Scherz: Jemand hat vom Nachbarn einen Krug geliehen, hat ihn zerbrochen und sagt, als er ihn zurückgeben soll: «Erstens habe ich ihn schon zurückgegeben, zweitens habe ich gar keinen Krug von dir geliehen und drittens war er schon kaput, als du ihn mir gegeben hast.»

Beispiel für rationale Rationalisation: A ist in Geldschwierigkeiten und bittet seinen Verwandten B um eine größere Summe. Dieser lehnt ab mit der Begründung: das hieße nur der Neigung A's Vorschub leisten, sein Geld leichtsinnig andern zu leihen. — Das könnte durchaus ein triftiger Grund sein, ist aber eine Rationalisation, weil B in keinem Augenblick daran dachte, A etwas zu borgen. Obwohl er selbst daran glaubt, der einzige Grund für seine Ablehnung sei das wohlverstandene Interesse seines Verwandten, ist das wahre Motiv nur sein eigener Geiz.

Der Grad der Logik oder Unlogik einer persönlichen Feststellung oder Behauptung gibt uns also an und für sich noch kein Mittel in die Hand, um zu erkennen, ob wir es mit einer Rationalisation zu tun haben. Wir müssen vor allem auch die im Menschen arbeitenden psychologischen Beweggründe in Betracht ziehen. Entscheidend ist nicht was, sondern wie gedacht ist. Ein Gedanke, der tätigem Denken entspringt, ist immer neu und ursprünglich — nicht in dem Sinne, als sei er von andern noch nie zuvor gedacht worden, aber immer in dem Sinn, daß der Denkende sein Denken als ein Werkzeug gebrauchte, um Neues in der Welt zu entdecken in der Außen- oder der Innenwelt. Dieser Eigenschaft des Ent- und Aufdeckens ermangeln die Rationalisationen; sie bestätigen bloß die im Innern bereits vorgezeichneten, gefühlsmäßigen Vorurteile. Rationalisationen sind keine Handhaben zur Durchdringung der Wirklichkeit, sondern nur nachträgliche Versuche, gewisse Wünsche mit den gegebenen Tatsachen in Einklang zu bringen.

Und wie bei dem Denken, so muß man auch bei dem Fühlen zwischen dem echten Gefühl, das in uns entsteht, und einem Pseudogefühl unterscheiden, das nicht unser eigenes ist, obwohl wir es glauben.

Ein Beispiel, wie es jeden Tag vorkommt, möge hier den Pseudo-Charakter von Gefühlen an einem typischen Fall illustrieren!

Wir beobachten einen Herrn bei einer Abendgesellschaft. Er ist heiter, lacht, plaudert angenehm und scheint, nach allem zu urteilen, zufrieden und glücklich. Beim Abschied das freundlichste Lächeln, Dank für den reizenden Abend. Hinter ihm schließt sich das Haustor. Und nun bitte genau auf sein Gesicht zu achten! Eine plötzliche Veränderung ist erfolgt. Das Lächeln ist weg — natürlich; er ist ja jetzt allein und nichts mehr da, was ihm ein Lächeln entlocken könnte — aber die Veränderung besteht nicht nur in dem verschwundenen Lächeln. Ein Ausdruck tiefer Trauer, fast von Verzweiflung steht auf seinem Gesicht. Vielleicht nur für ein paar Sekunden; dann ist wieder die gewöhnliche Maske da.

Der Herr steigt in seinen Wagen, überdenkt den Abend

... ob er wohl einen guten Eindruck gemacht hat? O sicher! Aber — fragen wir — war «er» während des Abends glücklich und froh? War der vorüberhuschende Ausdruck verzweifelter Trauer bedeutungslos? Ohne Näheres über den Herrn zu wissen, ist die Frage kaum zu beantworten.

Aber da kommt uns ein Zufall zu Hilfe und gibt uns den Schlüssel zum Verständnis seiner Lustigkeit oben im Saal und seiner gequälten Miene unten allein. Er träumt nämlich nachts und erzählt mir am folgenden Morgen den Traum: Er war wieder beim Heer, im vorigen Weltkrieg, und erhielt den Befehl, sich durch die feindlichen Linien in ein Stabsquartier einzuschleichen. Er zieht eine Offiziersuniform an, eine deutsche anscheinend, und findet sich plötzlich inmitten deutscher Offiziere. Er staunt, wie luxuriös und bequem das Stabsquartier ist und wie nett alle zu ihm sind, und dabei wächst in ihm mehr und mehr die Angst: sie werden entdecken, daß er ein Spion ist! Und da tritt auch schon ein junger Offizier, der ihm besonders sympathisch ist, auf ihn zu: «Ich weiß, wer Sie sind. Es gibt für Sie nur einen Weg, hier herauszukommen: Erzählen Sie Witze! Bringen Sie alle zum Lachen; das lenkt die Aufmerksamkeit von Ihnen ab!» Dankbar beginnt der Träumende Späße zu machen, zu lachen, immer mehr und mehr, bis die anwesenden Offiziere Verdacht schöpfen, und je mehr dieser Verdacht sich verdichtet, um so krampfhafter scheinen seine Scherze, um so höher steigt sein Angstgefühl, bis er es nicht mehr aushält, vom Sessel aufspringt. — Alle rennen hinter ihm her, das Bild wechselt, er sitzt in einer Tram, die vor seinem Hause hält. Er ist in Zivil und hat ein Gefühl tiefer Erleichterung bei dem Gedanken, der Krieg sei zu Ende.

Ich frage ihn, was ihm in Verbindung mit den Einzelheiten seines Traumes einfällt. An dieser Stelle geben wir jedoch nur einige wenige seiner Assoziationen wieder, nur solche, die zum Verständnis des uns beschäftigenden Hauptpunktes aufschlußreich sind:

Die deutsche Uniform, die er im Traum trug, erinnert ihn an einen der Abendgäste, der einen stark deutschen Akzent sprach; er habe sich auch über ihn geärgert, weil ihm der Mensch keine Beachtung schenkte, obwohl er doch darauf aus gewesen war, allgemein einen guten Eindruck zu machen. Dabei fällt ihm ein, daß er im Verlauf des Abends einen Moment den Eindruck hatte, als mache der Kerl mit dem deutschen Akzent sich über ihn lustig.

Bei dem luxuriösen Stabsquartier fällt ihm eine Ähnlichkeit mit dem Zimmer auf, in dem er bei der Gesellschaft saß; nur die Fenster waren so wie in dem Prüfungszimmer, in dem er einst durchs Examen fiel. Diese Assoziation überrascht ihn und bringt ihn zu dem Eingeständnis, daß er kurz vor der Gesellschaft so etwas wie Prüfungsangst hatte; er wollte gut abschneiden, denn unter den Gästen war der Bruder des Mädchens, für das er sich interessiert, außerdem habe der Gastgeber einflußreiche Beziehungen zu einem Vorgesetzten, von dessen guter Meinung ein Großteil seines beruflichen Erfolges abhängig sei. Bezüglich dieses Vorgesetzten äußerte er in weiterem Verlauf, wie zuwider ihm dieser sei; wie es ihn demütige, ihm immer ein liebenswürdiges Gesicht zeigen zu müssen; und daß er eigentlich auch den Gastgeber nicht recht möge — daß ihm aber das alles bisher nicht so gegenwärtig gewesen sei.

Weitere Assoziationen: unter den Witzen, die er im Traum erzählte, war einer von einem Glatzkopf. Hatte er damit vielleicht den Gastgeber getroffen, der kahl war? — Das Tram kam ihm seltsam vor, weil keine Schienen da waren. Während er darüber spricht, fällt ihm die Straßenbahn ein, mit der er als Junge zur Schule fuhr, und dann noch eine Einzelheit aus dem Traum: er stand plötzlich an Stelle des Konduktéurs und war verwundert, daß man ein Tram fast wie ein Auto lenke. Augenscheinlich vertrat der Straßenbahnwagen im Traum die Stelle seines Autos, in dem er nach Hause gefahren war, und diese Heimfahrt rührte an die Erinnerung des Wegs von der Schule nach Hause.

Obwohl hier nur ein Teil der Assoziationen angeführt und überhaupt nichts über die Persönlichkeit, Vergangenheit und gegenwärtige Lage des Herrn mitgeteilt ist, enthüllt doch der Traum mit den ihn begleitenden Assoziationen das wahre Gefühl des Herrn bei der Abendgesellschaft. Er war ängstlich, besorgt, nicht den gewünschten guten Eindruck zu hinterlassen, und wütend auf einige Leute, von denen er sich verspottet, jedenfalls nicht genügend geschätzt glaubte. Die Heiterkeit des Herrn an dem Abend wird von seinem nächtlichen Traum buchstäblich «entlarvt»: sie diente als Larve, um dahinter Angst und Verdruß zu verbergen und zugleich die ihm Unsympathischen zu täuschen und für sich einzunehmen. All seine Fröhlichkeit war eine Maske; sie kam nicht aus «ihm», sondern verdeckte nur, was «er» tatsächlich fühlte: Furcht, Abneigung, Ärger. Und das machte ihn so unsicher, daß er sich vorkam wie ein Spion im feindlichen Lager, der jeden Augenblick ertappt werden kann. Der flüchtige Ausdruck verzweifelter Trauer nach Schluß der Gesellschaft findet damit Bestätigung und Erklärung: In jenem unbeobachteten Augenblick sagte uns sein Gesicht, was «er» in Wirklichkeit fühlte, mochte «er» auch im Wachzustand dieses Gefühl nicht einmal wahrnehmen. Aber der Traum stellte es deutlich, dramatisch dar.

Dieser Herr ist weder Neurotiker, noch stand er unter Hypnose, ist vielmehr ein ziemlich normaler Zeitgenosse mit dem gleichen gierigen Bedürfnis nach Anerkennung wie zahllose andere. Er hatte nichts davon gemerkt, daß seine Heiterkeit nicht «sein» war. Er ist ja so daran gewöhnt, jeweils genau die Gefühle zu haben, die man von ihm erwartet; die Pseudo-Gefühle sind bei ihm und Tausenden so die Regel geworden, daß er dabei nichts besonderes mehr findet. Er fände eher die Ausnahme von dieser Regel «merkwürdig».

Was vom Denken und Fühlen gilt, stellt sich auch beim Wollen als wahr heraus.

Die meisten Menschen sind davon überzeugt: solange sie nicht mit Gewalt dazu gezwungen werden, etwas zu tun, solange sind ihre Entschlüsse die ihren, und wenn sie etwas wollen, dann sind sie es, die wollen. Aber das ist eine der großen Illusionen, die wir noch in bezug auf uns haben.

Viele unserer Entschlüsse sind nicht unsere eigenen, sondern uns von außen her suggeriert. Aber wir haben uns mit Erfolg eingeredet, daß wir es sind, die die Entscheidungen treffen. Und haben uns dabei gleichzeitig den Erwartungen und Zumutungen anderer angepaßt, immer getrieben von Angst, allein dazustehen, oder unsere Bequemlichkeit zu verlieren, vielleicht gar unsere Existenz.

Wenn man Kinder fragt, ob sie gern täglich zur Schule gehen, und ihre Antwort lautet: «Ja, gewiß!» — ist dann die Antwort wahr? Bestimmt nicht in allen Fällen. Das Kind geht gewiß oft gern in die Schule, aber oft genug würde es lieber statt dessen spielen oder sonst etwas tun. Sobald es fühlt, «ich möchte jeden Tag in die Schule gehen», unterdrückt es seine Abneigung gegen den regelmäßigen Schulbetrieb. Aber es fühlt: man erwartet von ihm, daß es jeden Tag zur Schule gehen will, und dieser Druck genügt vollkommen, um im Kind das Gefühl hinwegzuschwemmen, daß es nur deshalb so oft in die Schule geht, weil es muß. Vielleicht würde ein Knabe sich glücklicher fühlen, wenn man ihm die Wahrheit ließe: daß er manchmal gehen will, manchmal aber nur geht, weil er muß. Allein die Pression des Pflichtgefühls genügt, ihm das Gefühl einzupflanzen: «er» will das, was man erwartet, daß er es wolle.

Es ist auch eine allgemeine Annahme, die Leute heirateten freiwillig. Natürlich gibt es viele Fälle, in denen ganz bewußt aus Pflichtgefühl oder auf Grund zwingender Notwendigkeit geheiratet wird. Es gibt Fälle, in denen jemand heiratet, weil wirklich «er» will. Jedoch in nicht wenigen Fällen denkt ein Mensch bewußt, er will eine bestimmte Person heiraten, während er sich in Wirklichkeit in eine Folge von Begebenheiten verstrickt hat, die scheinbar jedes Entkommen ausschließt und mit Notwendigkeit in den Ehestand einmündet. Da ist der betreffende Mensch die ganzen Monate bis zur Hochzeit fest überzeugt, daß «er» heiraten will, und das erste, freilich sehr verspätet eintretende Zeichen dafür, daß dem nicht so ist, finden wir in der Tatsache, daß er am Hochzeitstag, von jäher Panik befallen, auf und davon rennen möchte. Ist er «vernünftig», so hält das Gefühl nur wenige Minuten an, und er antwortet auf die Frage, ob er gewillt sei zu heiraten, mit unerschütterlicher Überzeugung: Ja!

Wir könnten noch mancherlei Augenblicke im täglichen Leben anführen, in denen Leute Entschließungen zu treffen, etwas Bestimmtes zu wollen scheinen, tatsächlich aber nolens volens einer inneren oder äußeren Pression nachgeben: sie «haben das zu wollen», was sie zu tun im Begriffe stehen.

Wenn man so die menschlichen Entschlüsse betrachtet, ist man förmlich betroffen über das Ausmaß, in welchem sich Menschen darüber Täuschungen hingeben, was sie für «ihre» Entschlüsse halten, was aber nichts anderes ist als Unterwerfung unter Konvention, Pflicht oder einfach Zwang. Ja, es scheint fast, als seien ureigene Entschlüsse eine ziemliche Seltenheit innerhalb einer Gesellschaftsordnung geworden, die offiziell die persönliche Entschlußfähigkeit des Individuums, unter dem Namen Individualismus, als Eckpfeiler ihrer Existenz proklamiert.

Ein detailliertes Beispiel eines Falles von Pseudo-Willen, wie er oft bei der Analyse von solchen Personen beobachtet werden kann, die keinerlei neurotische Symptome aufweisen, sei noch angefügt — vor allem deshalb, weil dieser Fall (der kaum etwas mit den breiten Zeitströmungen zu tun hat, von denen dies Buch in der Hauptsache handelt) dem mit dem Wirken unterbewußter Kräfte noch nicht vertrauten Leser noch weiter Gelegenheit gibt, mit diesen Erscheinungen bekannt zu werden. Außerdem stützt das Beispiel noch eine, bisher erst stillschweigend gestreifte Frage, die nun jedoch in den Vordergrund rückt: Die Beziehung der Verdrängung zum Problem der Pseudo-Handlungen.

Obwohl man die Verdrängung meist unter dem Gesichtspunkt der Wirksamkeit verdrängter Kräfte in neurotischem Verhalten, Träumen usw. betrachtet, erscheint es von höchster Wichtigkeit, darauf hinzuweisen, daß bei jeder Verdrängung Teile des eigenen wirklichen Selbst eliminiert und der Ersatz jedes verdrängten durch ein Pseudo-Gefühl erzwungen wird.

Es handelt sich bei dem Fall, den ich hier vorstellen möchte, um einen vierundzwanzigjährigen Studenten der Medizin — mit Interesse für seinen Beruf, im Umgang durchaus normal, fühlt sich nicht weiter unglücklich, zeigt jedoch keine eigentliche Lebenslust und öfters Zeichen leichter Ermüdung. Die Analyse erfolgt aus rein theoretischen Gründen, da er sich auf Psychiatrie zu spezialisieren gedenkt. Zu klagen hat er nur über gewisse Hemmungen bei seinem Studium. Im Kolleg wird er ungewöhnlich leicht müde, vergißt oft Dinge, die er eben erst gelesen hat; bei seinem Examen machte er daher eine etwas traurige Figur. Ihm selbst ist das ein Rätsel; für andere Dinge hat er ein weit besseres Gedächtnis. Obwohl er nicht daran denkt, sein Studium aufzugeben oder umzusatteln, hat er oft ernsthafte Zweifel, ob er zum Arzt taugt.

Nach einigen Wochen Analyse erzählt er mir einen Traum: Er steht in der obersten Etage eines von ihm selbst gebauten Wolkenkratzers und blickt triumphierend hinab auf die anderen Häuser. Da bricht sein Hochhaus plötzlich zusammen und begräbt ihn unter den Trümmern. Er merkt, man arbeitet daran, ihn auszugraben. Schon hört er jemanden sagen, der Arzt werde gleich zur Stelle sein; er — der Student — sei schwer verletzt. Nach endlosem Warten erscheint der Doktor, entdeckt aber alsbald, daß er sein Instrumentarium vergessen hat und ihm daher nicht helfen kann. Heftige Wut auf den Doktor befällt ihn; auf einmal vermag er sich zu erheben; er stellt fest, daß er überhaupt keine Verletzung hat. Er verhöhnt den Arzt und erwacht.

Er hat in bezug auf den Traum nur wenige, dafür aber um so erheblichere Assoziationen. Bei dem von ihm erbauten Hochhaus bemerkt er beiläufig, er habe sich immer für Architektur interessiert. Schon als Kind habe er am liebsten mit Baukästen gespielt; mit Siebzehn habe er Baumeister werden wollen. Als er diese Absicht seinem Vater gegenüber äußerte, habe dieser freundlich versetzt: natürlich sei er in seiner Berufswahl frei, aber die Idee, Baumeister zu werden, sei wohl mehr ein Rest Jugendeselei; Medizin studieren sei jedenfalls besser. Der Jüngling meinte den Vater im Recht, kam nie wieder auf das Vorhaben zurück und widmete sich dem Medizinstudium. — Die Assoziationen betreffend den Arzt und das vergessene Instrumentarium waren unbestimmt und dürftig. Aber während er noch darüber sprach, kommt ihm plötzlich in Sinn, daß sein psychoanalytischer Stundenplan eine Abänderung erfahren hat. Und obwohl er vorher ohne Widerspruch damit einverstanden war, wird er jetzt über die Abweichung von der gewohnten Zeit ärgerlich. Während er noch von seinem Traum spricht, fühlt er, wie Zorn in ihm aufsteigt; er beschuldigt seinen Analytiker der Willkür und bricht los: «Na ja, ich darf ja überhaupt nicht tun, was ich will.» — Dieser Satz und sein Zorn wundern ihn nachher selbst, denn er fühlte bisher nie einen Widerstand, weder gegen analytische Tätigkeit noch gegen den Analytiker.

Einige Zeit danach wieder ein Traum, von dem er nur Bruchstücke behält: Sein Vater ist bei einem Autounfall verwundet. Er selbst ist der Arzt und soll ihn behandeln. Wie er ihn untersuchen will, ist er völlig gelähmt und kann nichts tun. Schrecken und Qual lassen ihn aufwachen.

In seinen Assoziationen bekennt er widerstrebend, er habe sich in den letzten Jahren mitunter vorgestellt, sein Vater könne plötzlich sterben. Er habe sogar manchmal an das Vermögen gedacht, das er erben werde, und was er mit dem Geld anfangen würde, sei jedoch in diesen Phantasien nicht weiter gegangen, sondern habe sie gleich bei ihrem Auftauchen unterdrückt. Bei der Vergleichung dieses Traums mit dem zuvor erzählten macht es ihn stutzig, daß in beiden der Arzt unfähig war, wirksame Hilfe zu leisten. Deutlicher, klarer denn je wird ihm das Gefühl bewußt, er könne als Arzt niemals etwas leisten. Darauf hingewiesen, daß im ersten Traum ein bestimmtes Gefühl von Zorn und ein Hohn auf die mangelnde Leistungsfähigkeit des Arztes vorhanden war, erinnert er sich, er habe häufig schon, wenn er von Fällen las oder hörte, in denen der Arzt unfähig war, Patienten zu helfen, ein ganz bestimmtes Gefühl von Genugtuung empfunden, dem er aber damals keine weitere Beachtung geschenkt habe.

Im weiteren Verlauf der Analyse tritt noch mehr bisher verdrängtes Material zutage. Zu seiner eigenen Überraschung entdeckt er ein starkes Zorngefühl auf den Vater und außerdem: daß sein Gefühl des Unvermögens als Arzt nur Teil eines allgemeinen Gefühls der Machtlosigkeit ist, das sein ganzes Leben durchdringt. Obwohl er, auf der Oberfläche seines Bewußtseins, der Ansicht war, er habe sein Dasein nach eigenen Plänen gestaltet, fühlt er nunmehr, daß in der Tiefe er voller Resignation war. Klar wird ihm: er war davon überzeugt, er könne nicht tun, was er wolle, sondern habe dem zu entsprechen, was man von ihm erwarte. Und sieht immer klarer: nie wollte er wirklich Arzt werden, und alle Umstände, an denen er bisher seine mangelnde Berufseignung zu entdecken glaubte, erkennt er nun als Äußerungen seiner passiven Resistenz.

Dieser Fall ist ein typisches Beispiel für die Verdrängung der wirklichen Wünsche eines Menschen und seine Anpassung an die Erwartungen anderer, die sich in der Weise vollzieht, daß ihm die fremden Erwartungen als eigene Wünsche erscheinen. Der «Original-Wunsch» wird sozusagen durch einen «Pseudo-Wunsch» ersetzt.

Diese Unterschiebung von «Pseudo-Handlungen» an Stelle der «Original-Handlungen» des Denkens, Fühlens und Wollens besagt, wenn wir sie richtig durchdenken, nichts anderes als *Ersatz des Original-Selbst durch das Pseudo-Selbst*. Das Original-Selbst ist der Urheber geistiger Tätigkeiten. Das Pseudo-Selbst ist nur ein Agent, ein Vertreter, der die Rolle spielt, die dem Menschen zugemutet ist; es spielt sie unter dem Namen des Betreffenden und seines Selbst. Gewiß kann jemand vielerlei Rollen spielen und subjektiv überzeugt sein, daß er in jeder Rolle «er» ist. Tatsächlich aber ist er in all diesen Rollen das, was man seiner Ansicht nach von ihm erwartet, daß er es sei. Für viele, wenn nicht für die meisten, ist so das Original-Selbst vom Pseudo-Selbst vollkommen erstickt. Nur manchmal in Träumen, Phantasien oder im Rausch mag einiges von dem Original-Selbst zum Vorschein kommen ... Gedanken, Gefühle, die der Mensch seit Jahren nicht mehr an sich erlebte. Oft sind es schlechte Dinge, die er aus Angst oder Scham verdrängte. Mitunter aber auch ist es das Beste in ihm; er verdrängte es nur aus Furcht, wegen dieser Gefühle oder Gedanken verlacht oder verfolgt zu werden.*)

Der Verlust seines Selbst und dessen Ersatz durch das Pseudo-Selbst läßt das Individuum in einem angespannten

---

*) Die Psychoanalyse ist in erster Linie ein Verfahren, durch das eine Person dieses, ihr Original-Selbst wieder aufzudecken sucht. «Freie Assoziation» heisst: die eigenen Original-Gedanken und -Gefühle dadurch zu vergegenwärtigen, dass man die Wahrheit sagt. Doch bezieht sich «Wahrheit» in diesem Fall nicht darauf, dass man sagt, was man denkt,

Zustand von Unsicherheit. Da es nun im wesentlichen ein Spiegel jener Erwartungen ist, die andere von ihm haben, ist in gewissem Umfang seiner Identität verlustig gegangen und daher von Zweifeln besessen. Um über die aus diesem Identitätsverlust entstandene Panik hinwegzukommen, muß das Individuum seine Identität in einer immerwährenden Anerkennung und Bestätigung durch andere suchen. Wenn einer nicht weiß, wer er ist, dürften es wohl die andern wissen — wofern er sich ihren Erwartungen entsprechend verhält. Wenn sie es wissen, weiß er es auch — dann aber muß ihr Wort ihm Gesetz sein. —

Die Automatisierung des Individuums in der modernen Gesellschaft hat die Hilflosigkeit und Unsicherheit des Durchschnittsmenschen vermehrt. Das machte ihn willfährig, sich neuen Autoritäten zu unterwerfen, die ihm Sicherheit und die Behebung seiner Zweifel anbieten. Das folgende Kapitel behandelt die besonderen Voraussetzungen, die notwendig waren, damit man in Deutschland dies Anerbieten akzeptierte, und zeigt, daß für den Kern der Nazibewegung, das Kleinbürgertum, der autoritäre Mechanismus das hervorstechendste Kennzeichen war. Im letzten Kapitel werden wir dann auf dem Schauplatz der großen Demokratien die Äußerungen und Auswirkungen des Automatismus weiter verfolgen.

sondern darauf, dass das Denken selbst das Original ist und nicht eine Anpassung an Gedanken, die man von der betr. Person erwartet. Freud legte auf die Verdrängung der «schlechten» Dinge grossen Wert. Doch mir scheint, er sah nicht genug das Ausmass, in dem auch die «guten» Dinge der Verdrängung unterworfen sind.

VI

PSYCHOLOGIE DES NAZISMUS

Auf zwei psychologische Typen war unser Augenmerk im letzten Kapitel gerichtet: auf den autoritären und auf den automatisierten Charakter. Beide Einzeluntersuchungen werden, wie ich hoffe, das Verständnis der in diesem und dem nächsten Kapitel behandelten Fragen erleichtern: die des Nazismus und die der neueren Demokratien. Zwecks Erörterung der Nazi-Psychologie müssen wir zunächst eine Vorfrage behandeln: die der Erheblichkeit psychologischer Faktoren für das Verständnis des Nazismus.

In wissenschaftlichen, mehr noch bei populären Diskussionen über den Nazismus stehen sich da zwei Ansichten schroff gegenüber: Die eine, daß die Psychologie eine ökonomisch-politische Erscheinung wie den Faschismus gar nicht erklären könne, die andere: Faschismus sei ein rein psychologisches Problem. Die erste betrachtet den Nazismus entweder als Ergebnis ausschließlich ökonomischer Dynamik (der Expansion des deutschen Wirtschaftsimperialismus) oder als eine im Wesentlichen politische Erscheinung (Eroberung der Staatsgewalt durch eine von der Schwerindustrie und den Junkern gestützte Partei), kurz: man betrachtet den Sieg des Nazismus als Folge eines, von einer Minorität an der Bevölkerungsmajorität verübten Betruges, als Ergebnis von Zwang, List und Erpressung.

Dahingegen behauptet die zweite Ansicht, der Nazismus ließe sich nur psychologisch oder vielmehr psychopathologisch erklären; Hitler sei ein Irrer oder ein Neurotiker, seine Anhänger ebenso wahnsinnig oder geistig gestört. Nach dieser Auffassung lägen die Ursprünge des Faschismus — wie L. Mumford *) es ausdrückt — «in der menschlichen Seele, nicht im Wirtschaftlichen». Er fährt fort: «In überschäumendem Hochmut, in einer Verzückung von Grausamkeit und in neurotischer Zerrüttung — darin und nicht im Versailler Vertrag oder dem Versagen der deutschen Republik liegt die Erklärung für den Faschismus.»

Nach unserer Ansicht ist keine dieser beiden entgegengesetzten Erklärungen richtig. Nazismus ist ein psychologisches Problem — allein die psychologischen Faktoren sind von sozial-ökonomischen Faktoren geformt. Und Nazismus ist ein ökonomisch-politisches Problem — aber der Griff, mit dem er ein ganzes Volk gepackt hält, muß auf psychologischer Grundlage verstanden werden. Mit dieser psychologischen Seite des Nazismus, seinen Grundlagen in den Menschen, beschäftigt sich dieses Kapitel und berührt damit zwei Probleme: die Charakterverfassung jener Kreise, die die Träger des Nazismus waren, und die psychologischen Eigentümlichkeiten seiner Ideologie, durch die er dort bei dem einen Volk sich als ein so wirksames Werkzeug erwies.

Bei Erwägung der psychologischen Untergründe des Nazismus und seiner Werbekraft müssen wir von vornherein folgende Unterscheidung vornehmen:

Ein Teil der Bevölkerung beugte sich dem Naziregime ohne starken Widerstand, aber auch ohne Bewunderung für Nazi-Ideologie und Nazi-Praktiken. Ein anderer Teil fühlte sich von der neuen Ideologie sehr stark angezogen und deren Verkündern fanatisch verbunden.

Die erste Gruppe kam im großen ganzen aus der Arbeiterklasse und der liberalen und katholischen Bourgeoisie. Trotz ihrer ausgezeichneten Organisationen, zumal der Arbeiterschaft, zeigten diese Gruppen — obwohl dem Nazismus seit der Machtergreifung 1933 ununterbrochen feind — nicht jenen inneren Widerstand, den man als Ergebnis ihrer

---

*) «Faith of Living», London 1941.

politischen Überzeugung von ihnen erwarten mußte. Ihr Widerstandswillen brach rasch zusammen; seitdem verursachten sie dem Regime nur geringe Schwierigkeiten — natürlich mit Ausnahme einer sehr kleinen Minorität, die während all dieser Jahre heroisch gegen das Nazitum kämpfte.

Psychologisch erscheint diese Bereitschaft, sich dem Naziregime zu unterwerfen, vor allem die Folge einer inneren Ermüdung und Resignation zu sein, eines Zustandes, der — wie wir im nächsten Kapitel zeigen werden — in unserer Zeit, selbst in den demokratischen Ländern für das Individuum sehr bezeichnend ist. In Deutschland trat, was die Arbeiterklasse betrifft, noch ein weiterer Umstand hinzu: die Niederlage, die sie nach anfänglichen Siegen in der Revolution von 1918 erlitt.

Die Arbeiterschaft trat in die Nachkriegszeit mit starken und kühnen Hoffnungen auf Verwirklichung des Sozialismus, zum mindesten auf eine entschiedene Hebung ihrer wirtschaftlichen, politischen und sozialen Lage. Und erlebte eine ununterbrochene Reihenfolge von Niederlagen, die all ihre Hoffnungen völlig zu Schanden machten. Anfang 1930 waren alle Früchte ihrer einstigen Siege fast völlig vernichtet (die Ursachen stehen hier nicht zur Debatte); das Ergebnis war ein Gefühl tiefster Resignation, schwindender Glaube an ihre politischen Führer, Zweifel am Wert jeder Art politischer Organisation und politischer Regsamkeit. Die Arbeiter blieben zwar noch Mitglieder ihrer verschiedenen Parteien, bewußt glaubten sie auch weiterhin an deren politische Lehren — aber im tiefsten Innern gaben viele die Hoffnungen auf, die sie bis dahin an politische Aktionen geknüpft hatten.

Eine weitere Veranlassung zur Loyalität gegenüber dem Naziregime machte sich nach Hitlers Machtergreifung noch geltend: Für viele Millionen, die Majorität der Bevölkerung, war die Regierung Hitlers gleichbedeutend mit «Deutschland». Sobald er an der Regierung war, hieß «ihn bekämpfen» nichts anderes als, sich aus der Gemeinschaft der Deutschen ausschließen. Da alle anderen Parteien abgeschafft waren und die Nazi-Partei Deutschland «war», so bedeutete Opposition gegen sie: Opposition gegen Deutschland.

Anscheinend ist für den Durchschnittsmenschen nichts schwerer zu ertragen als das Gefühl, nicht mit einer größeren Gruppe eins zu sein. Mochten deutsche Bürger auch noch so sehr gegen die Nazigrundsätze sein — sobald sie zwischen Alleinsein und ihrer Zugehörigkeit zu Deutschland zu wählen hatten, wählten die meisten das letztere. Man konnte häufig beobachten, daß Nichtnazis den Nazismus gegen ausländische Kritiker verteidigten, weil in ihnen von vornherein das Gefühl war, daß ein Angriff gegen den Nazismus ein Angriff auf Deutschland sei. Die Furcht vor dem Isoliertsein und eine relative Schwäche moralischer Grundsätze erleichtert es jeder Partei — sobald sie erst einmal die Staatsmacht errungen hat — die Untertanentreue eines großen Bevölkerungsteiles für sich zu gewinnen.

Es ergibt sich aus diesen Erwägungen ein für die politische Propaganda wichtiger Satz: Jeder Angriff auf Deutschland als solches, jede Schmähung, welche sich auf «die Deutschen» bezieht (wie «boches» oder «Hunnen» im vorigen Krieg) vermehrte nur die Nazi-Ergebenheit derer, die sich innerlich nicht mit dem Nazi-System identifizierten. Von Grund auf läßt dieses Problem sich auch durch die geschickteste Propaganda nicht lösen, sondern nur dadurch, daß in allen Ländern die eine grundlegende Wahrheit zum Siege gelangt: daß die sittlichen Grundsätze höher stehen als der Staat, und daß ein jeder, der für diese Grundsätze eintritt, zu der großen Gemeinschaft all derer gehört, die dieses Glaubens waren und sind und sein werden.

Im Gegensatz zu der negativen oder resignierenden Haltung der Arbeiter und des liberalen und katholischen Bürgertums wurde die Naziideologie begeistert begrüßt von den niederen Schichten des Mittelstandes, kleinen Ladenbesitzern, Handwerkern, Stehkragen- und Lumpenproletariern.*)

Die ältere Generation dieser Klasse bildete die mehr passive Massengrundlage, ihre Söhne und Töchter wurden zu aktiven Kämpfern. Für sie, für ihr ganzes Fühlen besaß die Nazi-Ideologie — der Geist blinden Gehorsams, die Anbetung eines Führers, der Haß auf politische, völkische und rassische Minderheiten, Eroberungsdrang, Herrschgier, die Verherrlichung des deutschen Volkes und der «nordischen Rasse» — einen erschreckenden Anreiz, der sie in glühend gläubige Vorkämpfer der Nazisache verwandelte. Die Frage, wieso die Nazi-Ideologie einen solchen Anreiz für das Kleinbürgertum darstellte, beantwortet sich aus dessen sozialer Lage und seinem Charakter. Er unterschied sich scharf von dem der Arbeiterklasse, des gehobenen Bürgertums und des Adels der Zeit vor 1914. Bestimmte Züge waren für diesen Teil des Mittelstandes zu allen Zeiten seit seinem Bestehen charakteristisch gewesen: seine Verehrung des Starken, sein Haß auf den Schwachen, Engherzigkeit, Kleinlichkeit, Feindseligkeit, Sparsamkeit bis zum Geiz (sowohl mit Gefühlen wie mit Geld) und besonders seine Kargheit, sein Asketismus. Des Kleinbürgers Blick ins Leben war eng, er beargwöhnte und haßte den Fremden, beneidete die eigenen Bekannten, spionierte sie aus und verdeckte (rationalisierte) seinen Neid in Gestalt von moralischer Entrüstung. Sein ganzes Dasein beruhte auf Dürftigkeit — seelisch und wirtschaftlich.

Damit daß der gesellschaftliche Charakter des Kleinbürgertums sich von dem der Arbeiterklasse unterschied, ist nicht gesagt, daß sich nicht auch dort die gleiche Charakteranlage vorfand. Typisch war sie jedoch für den niederen Mittelstand; nur eine Minorität der Arbeiterklasse zeigte die gleiche Charakterstruktur in ähnlich ausgeprägter Form;

---

*) Vgl. zu diesem ganzen Abschnitt, besonders zur Haltung des Mittelstandes, die aufschlussreiche Schrift von Harold D. Lasswell, «The Psychology of Hitlerism» in «Political Quarterly», Bd. IV, S. 374, London 1933; ferner: F. L. Schuman, «Hitler and the Nazi Dictatorship», London 1936.

doch fanden sich einzelne Züge, etwa Respekt vor der Autorität oder Spartrieb in gemilderter Form auch bei vielen Mitgliedern der Arbeiterklasse. Andererseits mochte wohl ein großer Teil der Angestellten sich in seiner Charakterstruktur der der Arbeiter, namentlich der in großen Fabriken, mehr annähern als der des «alten Mittelstandes», welcher am Aufstieg des Monopolkapitalismus nicht teilgenommen hatte, sondern vielmehr von ihm bedroht war.*)

Obwohl aber der gesellschaftliche Charakter des Kleinbürgertums schon lange vor 1914 unzweifelhaft der gleiche war, verstärkten — ebenso unzweifelhaft — die Nachkriegsereignisse speziell jene seit langem vorhandenen Charakterzüge, auf die die Nazi-Ideologie ihren mächtigen Anreiz ausübte, nämlich: die Sucht, sich zu unterwerfen, und die Begierde nach Macht.

Die Autorität der Monarchie war unbestritten gewesen, und dadurch, daß sich die Angehörigen des kleinen Mittelstandes an sie anlehnten und mit ihr eins fühlten, hatten sie ein Gefühl von Sicherheit und eines, sich selbst bewundernden, narzisstischen Stolzes. Auch die Autorität der Religion und herkömmlichen Moral war damals noch nicht entwurzelt, die Familie, noch unerschüttert, eine sichere Zuflucht inmitten feindlicher Welt. Das Individuum empfand seine Zugehörigkeit zu einem festen gesellschaftlichen, zivilisierten System, in dem es seinen bestimmten Platz hatte. Seine Unterwerfung und Untertänigkeit unter die vorhandenen Autoritäten genügte für seinen masochistischen Bedarf; noch war es nicht so weit, daß es sein Selbst preisgab; die Persönlichkeit galt

---

*) Die hier wiedergegebenen Anschauungen basieren auf unveröffentlichten Untersuchungen über den «Charakter of German Workers and Employers in 1929—30» von A. Hartoch, E. Herzog, H. Schachtel und mir (m. histor. Einleitung von F. Neumann) im International Institute of Social Research, Columbia-Universität. Die Analyse der Antworten von 600 Personen auf einen sehr detaillierten Fragebogen ergab, dass eine Minderheit der Beantworter den autoritären Charakter zeigte; ungefähr bei der gleichen Anzahl überwog das Verlangen nach Freiheit und Unabhängigkeit, während die überwiegende Mehrheit eine unklare, unentschiedene Mischung aus verschiedenen Charakterzügen aufwies.

noch etwas. Was es individuell an Sicherheit und Draufgängertum entbehrte, war durch die Stärke der Autoritäten, denen es sich unterwarf, kompensiert. Kurz, seine wirtschaftliche Lage war noch solid genug, ihm ein Gefühl persönlichen Stolzes und relativer Sicherheit zu geben, und die verehrten Autoritäten genügend stark, ihm die Sicherheit zu gewährleisten, deren seine individuelle Lage ermangelte.

Die Nachkriegszeit brachte beträchtliche Veränderungen. Der wirtschaftliche Niedergang des alten Mittelstandes wurde durch die Inflation, die 1923 ihren Höhepunkt erreichte, beschleunigt. Die Ersparnisse vieler arbeitsreicher Jahre wurden hinweggefegt. Zwar brachte die Zeit von 1924 bis 1928 eine wirtschaftliche Besserung und dem Mittelstand neue Hoffnungen und Gewinne, allein die Depression, die 1929 einsetzte, fraß sie hinweg. Wie in der Inflationszeit war der Mittelstand, eingequetscht zwischen der Oberschicht und dem Proletariat, die wehrloseste und daher am schwersten getroffene Gruppe.

Neben und mit den wirtschaftlichen drückten die seelischen Zustände. Da war der verlorene Krieg und der Sturz der Monarchien. Der Staat und die Fürsten waren sichere Felsen gewesen, auf die — psychologisch gedacht — der Kleinbürger sein Dasein aufgebaut hatte; ihr Sturz und die Niederlage erschütterten die Grundlage seines Seins. Wenn der Kaiser in aller Öffentlichkeit verhöhnt werden konnte und man Offiziere attackierte; wenn der Staat seine Gestalt verändern und «rote Agitatoren» als Staatsminister und einen Sattlermeister als Präsidenten sich gefallen lassen mußte, auf was konnte da der kleine Mann noch vertrauen? In seiner subalternen Art hatte er sich mit all den Institutionen, die jetzt dahin waren, eins gefühlt. Kleiner Mann, was nun? hieß es jetzt.

Die Inflation wirkte seelisch vielleicht noch tiefer als wirtschaftlich. Sie war der tödlichste Schlag gegen die Grundsätze der Sparsamkeit und der Staatsautorität. Wenn die Ersparnisse vieler Jahre, in denen man sich so manche Freude mißgönnt hatte, ohne eigenes Verschulden verloren gingen — was für einen Sinn hatte dann noch alles Sparen? Wenn der Staat all seine, auf Banknoten und Anleihen gedruckten Versprechungen brechen konnte, auf wessen Wort konnte man dann überhaupt noch vertrauen!

Nicht nur die wirtschaftliche Position des unteren Mittelstandes, auch sein gesellschaftliches Ansehen ging nach dem Krieg rasend bergab. Vor dem Krieg konnte man sich noch für etwas Besseres halten als einen Arbeiter. Nach dem Krieg hob sich das soziale Prestige der Arbeiterklasse, und dem entsprechend sank das des Kleinbürgertums. Da war niemand mehr, auf den man noch heruntersehen konnte, ein Vorrecht, das allezeit einer der stärksten Aktivposten im Leben des Spießers gewesen war.

Und dazu geriet noch der letzte, stärkste Rückhalt bürgerlicher Sicherheit ins Wanken: die Familie. Die Nachkriegsentwicklung erschütterte in Deutschland vielleicht noch mehr als in andern Ländern die väterliche Autorität und die alte Moral. Die junge Generation handelte nach eigenem Gutdünken und kümmerte sich nicht mehr darum, ob die Eltern mit ihrem Treiben einverstanden waren.

Die Ursachen dieser Entwicklung sind zu mannigfaltig und zu verwickelt, um sie hier im Einzelnen klarzulegen. Nur einige seien erwähnt. Der Sturz alter Symbole der Autorität wie Staatshoheit und Monarchen wirkte sich auch auf die Träger privater Autorität, die Eltern, aus. Wenn jene hohen Autoritäten, vor denen man einst der Jugend Respekt beigebracht hatte, sich als schwach und hinfällig erwiesen, war auch die Achtung vor den Eltern und ihr Ansehen dahin. Ein weiterer Faktor war der, daß die alte Generation durch die neuen Verhältnisse, besonders die Inflation verwirrt war, den Kopf verlor und sich den veränderten Umständen schlechter anpaßte als die gerissenen Jungen. Dadurch fühlte sich die junge Generation der alten überlegen und konnte weder sie noch ihre Lehren mehr ernst nehmen. Dazu beraubte der wirtschaftliche Niedergang des Mittelstandes die Eltern jeder Möglichkeit, so wie ehedem die Zukunft ihrer Kinder zu sichern.

So wurde die ältere Generation des Kleinbürgertums immer verbitterter und unzufriedener. Aber während sie selbst sich dabei passiv verhielt, fühlten sich die Jungen zu aktivem Handeln getrieben. Ihre Lage war dadurch erschwert, daß jede Grundlage für eine selbständige Existenz, wie ihre Eltern sie gehabt hatten, verloren war. Der Arbeitsmarkt war gesättigt, alle Berufe überfüllt, die Aussichten, Arzt oder Richter zu werden, fast gleich null. Die ehemaligen Kriegsteilnehmer glaubten ein besseres Leben zu verdienen als ihr gegenwärtiges. Vor allem die vielen jungen Offiziere, seit Jahren gewohnt zu kommandieren und Macht auszuüben, konnten sich nicht dazu verstehen, Handlungsreisende oder Schreiber zu werden.

Die zunehmende soziale Verelendung rief in den Gemütern eine «psychische Projektion» hervor, die von großer Bedeutung für die Ausbreitung des Nationalsozialismus wurde. Anstatt seine wirtschaftliche und soziale Lage klar ins Auge zu fassen, begann der Mittelstand sein Schicksal in dem der Nation zu spiegeln. Die nationale Niederlage und der Vertrag von Versailles wurden zu Symbolen der eigenen Verelendung.

Oft wird behauptet, die Behandlung Deutschlands durch die Siegermächte von 1918 sei ein Grund für den Aufstieg des Nazitums. Das bedarf einer Einschränkung! Zahlreiche Deutsche empfanden den Friedensvertrag als ungerecht. Aber während der Mittelstand mit tiefer Bitterkeit reagierte, war die Arbeiterschaft davon weniger berührt. Sie hatten das alte Regime bekämpft, und der verlorene Krieg bedeutete für sie die Niederlage der Monarchie. Sie wußten, sie hatten tapfer gekämpft und durchaus keinen Grund, den verlorenen Krieg als Schmach zu empfinden. Auch war ihre Revolution nur durch die Besiegung des Kaiserreichs ermöglicht worden und hatte ihnen wirtschaftliche und politische Erfolge gebracht. Der Groll auf Versailles stieg aus dem Kleinbürgertum auf; das nationalistische Eifern gegen Versailles aber war eine Rationalisation: Man projizierte die eigene soziale Inferiorität auf die Nation.

In Hitlers persönlicher Entwicklung wird diese Projektion sehr deutlich. Er war der typische Vertreter des Kleinbürgertums, ein Niemand ohne Zukunftsaussichten, der sich ganz ausgesprochen als Ausgestoßener fühlte. In «Mein Kampf» spricht er an mehreren Stellen von sich als dem «Niemand», dem «Unbekannten», der er in seiner Jugend war. Aber obwohl die Ursache davon vor allem seine eigene soziale Lage war, brachte er es fertig, sie in nationalen Symbolen zu rationalisieren. Außerhalb des Reiches geboren, fühlte er sich nicht nur sozial, sondern mehr noch national als ein Ausgeschlossener. Die deutsche Reichsgemeinschaft, zu der all ihre Söhne zurückkehren konnten, wurde für ihn das Symbol für soziales Ansehen und Sicherheit.*)

Des alten Mittelstandes Gefühl der Machtlosigkeit und des Abgetrenntseins vom sozialen Ganzen und die hieraus entspringenden Zerstörungstendenzen bildeten aber nicht die einzigen Quellen des Nazismus. Die Bauern waren über ihre städtischen Gläubiger empört, denen sie tief verschuldet waren; die Arbeiter fühlten Mutlosigkeit und tiefe Verstimmung über den ständigen politischen Rückzug nach den ersten Siegen und über eine Führung, der jede Initiative verloren gegangen war. Die Bevölkerung war in weitesten Kreisen von jenem Gefühl persönlicher Bedeutungslosigkeit und Ohnmacht erfaßt, das wir als generell und typisch für die Epoche des Monopolkapitalismus aufgezeigt haben.

Diese psychologischen Bedingungen waren nicht die «Ursache» des Nazismus. Sie schufen ihm die menschliche Basis, ohne die er sich nicht hätte entwickeln können. Jedoch

---

*) A. Hitler, «Mein Kampf», München 1933, S. 3.

muß jede Analyse des Gesamtphaenomens der siegreichen Erhebung des Nazismus auf die rein ökonomischen und politischen Bedingungen genau so eingehen wie auf die psychologischen. Doch brauchen wir uns hier, in Ansehung der reichhaltigen Literatur über die ökonomischen und politischen Fragen und den speziellen Zweck dieses Buches mit diesen nicht eingehender zu beschäftigen; der Leser sei lediglich an den Anteil erinnert, den die Vertreter der Schwerindustrie und die halbbankerotten Junker an der Errichtung der Naziherrschaft hatten. Ohne ihren Beistand hätte Hitler niemals gewonnen; ihre Hilfeleistung aber erfolgte weit mehr aus schlauem wirtschaftlichem Eigennutz denn aus psychologischen Ursachen.

Die deutschen Großagrarier sahen sich einem Parlament gegenüber, in dem 40 Prozent Kommunisten und Sozialdemokraten jene Schichten vertraten, die mit dem herrschenden System unzufrieden waren, und in dem eine, trotz gewisser Rückschläge ständig anwachsende Zahl von Nazi-Abgeordneten sich als Wortführer einer Klasse gebärdete, die in schroffem Gegensatz zum deutschen Industrie- und Agrarkapitalismus stand. Eine solche Volksvertretung schien diesem gefährlich; deshalb erklärten Schlotbarone und Fideikommißherren, die Demokratie arbeite nicht. In Wirklichkeit arbeitete für ihre Begriffe die Demokratie nur zu gut. Der Reichstag war eine, den verschiedenen Interessen der verschiedenen deutschen Bevölkerungsklassen ziemlich angemessene Vertretung, und eben darum vertrug sich das parlamentarische System nicht mit den Privilegien der Großindustrie und der Großgrundbesitzer, deren Oberherren in der Erwartung lebten, der Nationalsozialismus werde die ihnen bedrohliche Gegnerschaft in andere Kanäle leiten und zugleich die ganze Nation in den Dienst ihrer Interessen einspannen. Jedenfalls waren die Herren in keiner Weise dem Nazitum abhold. Gewiß, in Einzelheiten haben sie sich getäuscht. Hitler und sein Stab waren keine Rekruten, die sich von den Thyssen und Krupp herumkommandieren ließen; vielmehr mußten diese ihre Macht mit der Nazibürokratie teilen und sich ihnen oft unterwerfen. Immerhin förderten die Nazis, die sich den wirtschaftlichen Interessen aller andern Klassen als schädlich erwiesen, die Interessen der stärksten industriellen Machtgruppen. Denn das Nazisystem war die «Stromlinienform» des deutschen Vorkriegsimperialismus und fing dort an, wo die Monarchie aufgehört hatte. (Allerdings hat auch die Republik in Wahrheit nie die Entwicklung des deutschen Monopol-Kapitalismus unterbrochen, sie vielmehr mit den ihr zu Gebote stehenden Mitteln gefördert.)

Man könnte die Frage aufwerfen: wie verträgt sich die Feststellung, daß der alte Mittelstand die psychologische Grundlage für den Nazismus lieferte, mit der Tatsache, daß der Nationalsozialismus zugunsten des deutschen Imperialismus wirkte? Die Antwort hierauf ist im Wesen die gleiche wie die, welche sich hinsichtlich der Haltung des städtischen Bürgertums in der Zeit des aufsteigenden Kapitalismus ergab: Angst und Haß waren in ihr; sie war von Panik erfaßt, war erfüllt von einem Verlangen, sich untertänig zu unterwerfen und zugleich über Machtlose Macht auszuüben. Diese Gefühle wurden von einer völlig anders gearteten Klasse für ein Regime ausgenutzt, welches für deren eigenen Interessen zu arbeiten bestimmt war. In Hitler sah man ein brauchbares Werkzeug, denn er vereinigte alle Eigenschaften des haßgeladenen, nachträgerischen Kleinbürgers (mit dem sich das Kleinbürgertum gefühlmäßig und sozial eins fühlen konnte), mit denen des geborenen Opportunisten, der bereit war, Industriellen und Junkern zu dienen. Zu Beginn posierte er den Messias des alten Mittelstandes, versprach die Abschaffung der Warenhäuser und die Beseitigung des Bankkapitals («Brechung der Zinsknechtschaft») usw. Es ist klar, daß diese Verheißungen niemals erfüllt wurden, aber darauf kam es nicht an. Der Nazismus hatte ja nie echte politische oder ökonomische Grundsätze. Sein einziges Prinzip war radikaler Opportunismus. Es kam ihm nur darauf an, daß einige Hunderte oder Tausende von Kleinbürgern, die bei normaler Entwicklung wenig Aussicht auf Macht oder große Einnahmen gehabt hätten, jetzt als Mitglieder der Nazibürokratie eine gehörige Scheibe vom Reichtum und Ansehen der Oberklasse abschneiden konnten. Andere, auch Nichtmitglieder der Nazimaschinerie, bekamen die den Juden oder politischen Feinden entrissenen Geschäftsunternehmungen oder Stellungen; der Rest erhielt zwar kein größeres Stück Brot, aber dafür «Circenses»: den ganzen Nazizirkus. Die Befriedigung, die der sadistische Spektakel ihren oben analysierten Gefühlen gewährleistete, dazu eine Ideologie, die ihnen ein Überlegenheitsgefühl über den Rest der Menschheit einflößte, das wog für sie wenigstens eine Zeitlang die Tatsache auf, daß ihr Leben wirtschaftlich, geistig und kulturell verarmt war.

Die sozial-ökonomischen Veränderungen, vor allem der Abstieg des Mittelstandes und der Aufstieg des Monopolkapitals hatten, wie wir gesehen haben, tiefgehende psychologische Auswirkungen. Diese wurden — so wie es bei den religiösen Ideologien des 16. Jahrhunderts geschehen war — verstärkt, vermehrt und in ein System gebracht. Und die also erweckten psychischen Kräfte wirkten sich in einer Richtung aus, die den ursprünglichen Wirtschaftsinteressen der Klasse zuwider liefen. Seelisch ließ das Nazitum den Kleinbürgerstand aufleben und beförderte gleichzeitig seinen sozialökonomischen Ruin. Es mobilisierte seine gefühlsmäßig bedingten Energien, die eine wichtige Kraft im Kampf für die wirtschaftlichen und politischen Ziele des deutschen Imperialismus wurden.

Auf den folgenden Seiten sei dargelegt, daß Hitlers Persönlichkeit, seine Lehren und das ganze Nazisystem eine extreme Form jener Charakterstruktur darstellen, die wir als die «autoritäre» bezeichnen, und daß dieser Mann gerade dadurch einen gewaltigen Eindruck und Anreiz auf Bevölkerungsteile ausübte, die mehr oder weniger die gleiche Charakteranlage hatten.

Als Illustration des autoritären Charakters dient am besten wohl Hitlers Selbstbiographie, und da sie obendrein das repräsentativste Dokument der Naziliteratur darstellt, sei sie hier als Hauptquelle der Nazi-Psychologie benutzt.

Wir haben als Quintessenz des autoritären Charakters die gleichzeitige Anwesenheit sadistischer und masochistischer Triebe erkannt und verstanden dabei unter Sadismus das mit Zerstörungstrieben untermischte Streben nach Macht über andere, unter Masochismus das Verlangen nach Aufgehen des eigenen Selbst in einer überwältigenden Machtfülle und damit auch einer Teilhaberschaft an deren Stärke und Glorie. Sadistische wie masochistische Süchte stammen aus der Unfähigkeit des isolierten Individuums, das Alleinstehen auszuhalten, und aus seinem Bedürfnis nach einer symbolischen Verbindung, die diese Vereinsamung überwinden könnte.

In dieser Selbstbiographie, genannt «Mein Kampf»*), kommt das sadistische Machtverlangen in mannigfaltiger Weise zum Ausdruck. Das Buch ist für Hitlers Verhältnis zu den deutschen Massen — die er in typisch sadistischer Weise verachtet und «liebt» — ebenso kennzeichnend wie für sein Denken über politische Gegner, denen gegenüber er jene Vernichtungswut zeigt, die einen Hauptbestandteil seines Sadismus bildet. Er spricht von der Befriedigung, welche die Masse im Zustand der Unterwerfung empfindet. «Was sie wünscht, ist der Sieg des Stärkeren und die Vernichtung des Schwachen oder seine bedingungslose Unterwerfung», heißt es in seiner Selbstbiographie S. 372. Und S. 44:

> Gleich dem Weibe, ... das sich lieber dem Starken
> beugt, als den Schwächling beherrscht, liebt auch die

---

*) Bd. I, München 1925, Bd. II, 1927. Die folgenden Seitenangaben nach der ungekürzten Gesamtausgabe München 1933.

Masse mehr den Herrscher als den Bittenden, und fühlt sich im Innern mehr befriedigt durch eine Lehre, die keine andere neben sich duldet, als durch die Genehmigung liberaler Freiheit; sie weiß mit ihr auch meist nur wenig anzufangen und fühlt sich sogar leicht verlassen. Die Unverschämtheit ihrer geistigen Terrorisierung kommt ihr ebensowenig zum Bewußtsein, wie die empörende Mißhandlung ihrer menschlichen Freiheit, ahnt sie doch den inneren Irrsinn der ganzen Lehre in keiner Weise. So sieht sie nur die rücksichtslose Kraft und Brutalität ihrer zielbewußten Äußerungen, der sie sich endlich immer beugt.

Den Willen einer Zuhörerschaft durch die überlegene Kraft des Redners zu brechen, bezeichnet er als wesentlichen Faktor der Propaganda. Er scheut sich nicht einmal zuzugeben, daß körperliche Ermüdung der Hörer eine sehr willkommene Vorbedingung der Beeinflußbarkeit ist. S. 531 f. untersucht er die Frage, welche Tageszeit die geeignetste für politische Massenversammlungen sei:

> Morgens und selbst tagsüber scheinen die willensmäßigen Kräfte der Menschen sich noch in höchster Energie gegen den Versuch der Aufzwingung eines fremden Willens zu sträuben. Abends dagegen unterliegen sie leichter der beherrschenden Kraft eines stärkeren Wollens. Denn wahrlich stellt jede solche Versammlung einen Ringkampf zweier entgegengesetzter Kräfte dar. Der überragenden Redekunst einer beherrschenden Apostelnatur wird es nun leichter gelingen, Menschen dem neuen Wollen zu gewinnen, die selbst bereits eine Schwächung ihrer Widerstandskraft in natürlicher Weise erfahren haben, als solche, die noch im Vollbesitz ihrer geistigen und willensmäßigen Spannkraft sind.

Sehr genau kennt Hitler die Voraussetzungen, die dazu nötig sind, daß jemand sich nach Unterwerfung sehnt; man merkt es an seiner Beschreibung des Individuums, das einer Massenversammlung beiwohnt. S. 535:

> Die Massenversammlung ist auch schon deshalb notwendig, weil in ihr der einzelne, der sich zunächst als werdender Anhänger einer jungen Bewegung vereinsamt fühlt und leicht der Angst verfällt, allein zu sein, zum erstenmal das Bild einer größeren Gemeinschaft erhält, was bei den meisten Menschen kräftigend und ermutigend wirkt... Wenn er aus seiner kleinen Arbeitsstätte oder dem großen Betrieb, in dem er sich recht klein fühlt, zum erstenmal in die Massenversammlung hineintritt und nun Tausende und Tausende von Menschen gleicher Gesinnung um sich hat... unterliegt er dem zauberhaften Einfluß dessen, was wir mit dem Wort Massensuggestion bezeichnen.

Nicht anders sieht J. Goebbels die Masse. Das Volk wolle überhaupt nichts, als anständig beherrscht zu werden, meint er in seinem Roman «Michael».*) Ihm selbst sei die Masse nichts anderes als der Stein für den Bildhauer. Führer und Massen seien so wenig ein Problem wie Maler und Farben, heißt es dort S. 21. Sein Tagebuch «Vom Kaiserhof zur Reichskanzlei»**) gibt uns die genaue Darstellung der Abhängigkeit des Sadisten von seinen Objekten; wie schwach und leer er sich fühlt, solange er keine Macht über jemanden hat, und wie diese Macht ihm neue Kraft gibt. «Ich werde mit einem Beifallsorkan empfangen. Das reißt mich wieder etwas hoch und dann rede ich in beiden Sälen. Die Leute ahnen gar nicht, wie schlecht es um mich bestellt ist.»

Einen vielsagenden Bericht von jener besonderen Art Macht, welche die Nazi «Führertum» nennen, gibt Ley, der

---

*) München 1936.
**) München 1934.

Führer der «deutschen Arbeiterfront». Bei der Feststellung der von einem Naziführer verlangten Eigenschaften und den Zielen der Führererziehung schreibt er in «Der Weg zur Ordensburg»:*)

> Wir wollen wissen, ob diese Männer den Willen zum Führen in sich tragen, zum Herrsein, mit einem Wort zum Herrschen... Wir wollen herrschen, wir haben Freude am Herrschen... So werden diese Männer z. B. reiten lernen.. um das Gefühl zu haben, ein lebendes Wesen absolut beherrschen zu können.

Die gleiche Betonung der Macht finden wir in Hitlers Selbstbiographie, S. 456, wo er von «dem jungen Volksgenossen» sagt: «Seine gesamte Erziehung und Ausbildung muß darauf angelegt werden, ihm die Überzeugung zu geben, andern unbedingt überlegen zu sein.» Daß er dafür an einer andern Stelle (S. 459) erklärt, der Schüler solle auch lernen, Unrecht schweigend zu ertragen, wird den Leser nicht mehr befremden. Dieser Widerspruch ist typisch für die sado-masochistische Ambivalenz zwischen dem Verlangen nach Unterwerfung und dem nach Macht.

Die Gier nach der Macht über die Massen treibt die «Elite» der Nazi und enthüllt sich, wie aus den obigen Zitaten ersichtlich, mitunter mit einer erstaunlichen Offenheit. Manchmal verbirgt sie sich aber auch hinter weniger aggressiven Äußerungen, etwa der Behauptung, die Masse wünsche beherrscht zu werden. Oder es führt die Notwendigkeit, den Massen zu schmeicheln und daher die zynische Verachtung derselben zu vertuschen, zu Tricks wie dem folgenden: Dort wo Hitler auf den Instinkt der Selbsterhaltung zu sprechen kommt (der für ihn, wie wir noch sehen werden, das selbe bedeutet wie Machttrieb), erklärt er (S. 326), daß «der Selbsterhaltungstrieb bei ihm (dem Arier) die edel-

---

*) Zitiert bei Konrad Heiden, «Ein Mann gegen Europa», Zürich 1937, S. 177.

ste Form erreicht hat, indem er das eigene Ich dem Leben der Gesamtheit willig unterordnet und, wenn die Stunde es fodert, auch zum Opfer bringt».

Doch während die Führer sich der Macht an erster Stelle erfreuen, brauchen die Massen ihre sadistische Befriedigung keineswegs zu entbehren. Rassische und politische Minderheiten innerhalb Deutschlands und hierauf die andern Völker, die man nach Gefallen für schwach und degeneriert erklärt, werden den Massen zum sadistischen Fraß vorgeworfen. Während Hitler mit seinem Stab die Macht über das deutsche Volk und Regenten anderer Länder genießt, offeriert man den Massen die Macht über andere Völker und gaukelt ihren aufgestachelten Trieben die Weltherrschaft vor. Zu keiner Zeit hat Hitler gezögert, seine Gier nach Weltbeherrschung als sein und seiner Partei Endziel zu proklamieren. Schon 1925 machte er sich im ersten Band von «Mein Kampf» über die Pazifisten lustig und bemerkt (S. 315):

> Tatsächlich ist die pazifistisch-humane Idee vielleicht ganz gut dann, wenn der höchststehende Mensch sich vorher die Welt in einem Umfange erobert und unterworfen hat, der ihn zum alleinigen Herrn dieser Erde macht.

Und der zweite Band schließt mit dem Satz:

> Ein Staat, der im Zeitalter der Rassenvergiftung sich der Pflege seiner besten rassischen Elemente widmet, muß eines Tages zum Herrn der Erde werden.

Für gewöhnlich aber suchte Hitler seine Machtgier durch Rationalisationen zu rechtfertigen, vor allem so: Seine Herrschaft über andere Völker diene zu deren eigenem Besten, zum Nutzen der europäischen und der Welt-Kultur. Oder: Der Wunsch nach Macht entspreche den ewigen Naturgesetzen, die er erkannt habe und befolge. Er handle nach dem Gebot einer höheren Macht — Gott, Schicksal, Geschichte, Natur. Oder: Sein Herrschaftsstreben sei nur Verteidigung gegen die Anschläge der andern, ihn und das deutsche Volk zu unterjochen; er selbst wünsche nur Frieden und Freiheit.

Ein Beispiel für die erste Art Rationalisation findet sich auf S. 437 f:

> Würde das deutsche Volk in seiner geschichtlichen Entwicklung jene herdenmäßige Einheit besessen haben, wie sie andern Völkern zugute kam, dann würde das Deutsche Reich heute wohl Herr des Erdballs sein.

Und die Folge:

> Ein Friede, gestützt nicht durch die Palmwedel tränenreicher pazifistischer Klageweiber, sondern begründet durch das siegreiche Schwert eines die Welt in den Dienst einer höheren Kultur nehmenden Herrenvolkes.

Die zweite Rationalisation, sein Machtwunsch entspräche einem Naturgesetz, ist mehr als bloße Trieb-Beschönigung. Sie erwächst zugleich aus dem Wunsch, sich einer außerhalb seiner selbst befindlichen Macht zu unterwerfen, die er gern mit halbverstandenen Darwinschen Ausdrücken umschreibt. In dem «Trieb der Arterhaltung» (S. 165) sieht er «die erste Ursache zur Bildung menschlicher Gemeinschaften». Der «Selbsterhaltungstrieb» führe zum Kampf des Stärkeren um Beherrschung des Schwächeren und zur Auslese des Besten. Die Gleichsetzung von Selbsterhaltungstrieb und Macht findet einen besonders schlagenden Ausdruck in Hitlers Behauptung (323):

> Sicher fußte die erste Kultur der Menschheit weniger auf dem gezähmten Tier als vielmehr auf der Verwendung niederer Menschen.

Er projiziert seinen Sadismus auf die Natur, «diese grausame Königin aller Weisheit» (S. 144), und «die Erhaltung» der «Kultur» «ist gebunden an das eherne Gesetz der Notwendigkeit und des Rechtes des Sieges des Besten und Stärkeren» (316). Interessanterweise wird im Zusammenhang mit diesem verballhornten Darwinismus der sogenannte «Sozialist» Hitler zum Matador der liberalen Prinzipien des uneingeschränkten Wettbewerbs. In einer Polemik gegen Bildung einer Arbeitsgemeinschaft nationalistischer Verbände erklärt er (S. 577):

> Auch wird durch solchen Zusammenschluß das freie Spiel der Kräfte unterbunden, der Kampf zur Auslese des Besten abgestellt und der endgültige Sieg des Gesündern und Stärkeren für immer verhindert.

An anderer Stelle erklärt er das freie Spiel der Kräfte für eine Lebensweisheit.

Selbstverständlich hat Darwins Theorie nichts mit Sadismus zu tun. Im Gegenteil enthielt sie für die meisten seiner Anhänger die hoffnungsvolle Verheißung menschlicher Weiterentwicklung zu höheren Stufen. Nur für A. Hitler bildete sie Ausdruck und Rechtfertigung seines persönlichen Sadismus. Das enthüllt er auch ganz naiv. Aus seiner ersten Münchener Zeit erzählt er (S. 239):

> Da ich jeden Morgen früh schon vor fünf Uhr aufzuwachen pflegte, hatte ich mir die Spielerei angewöhnt, den Mäuslein, die in der kleinen Stube ihre Unterhaltung trieben, ein paar Stücklein harte Brotreste oder -rinden auf den Fußboden zu legen und nun zuzusehen, wie sich die possierlichen Tierchen um diese paar Leckerbissen herumjagten.

Diese «Spielerei» war für Hitler der Darwinsche Kampf ums Dasein in verkleinertem Maßstab, war der kleinbürgerliche Ersatz für die Zirkusspiele der Caesaren, ein idyllisches Vorspiel des Riesenzirkus, den er für die Welt vorbereitete.

Für die dritte Rationalisation — die Rechtfertigung seines Sadismus als Verteidigung gegen Angriffe anderer — bieten Hitlers Reden, diplomatische und politische Äußerungen und Taten bis in seine letzte Zeit zahlreiche Beispiele. Da sind Er und das deutsche Volk allemal die Unschuldigen und die Feinde «brutale Sadisten». Gewiß besteht ein großer Teil dieser Propaganda aus bewußten Lügen, zum Teil aber weisen sie auch die gleiche gefühlsmäßige «Aufrichtigkeit» auf, wie man sie bei paranoiden Beschuldigungen feststellt. Derartige Anklagen haben stets die Funktion, eine Entdeckung des eigenen Sadismus, des eigenen Zerstörungswahns zu verhüten. Und sie arbeiten nach dem Schema: ‚Du hast sadistische Absichten, also bin ich unschuldig.' Bei Hitler ist dieser Verteidigungs-Mechanismus extrem irrational, beschuldigt er doch seine Gegner der gleichen Dinge, die er ganz offen als seine eigenen Ziele bezeichnet. Das gilt von seinen Beschuldigungen der Kommunisten, der Juden und der Franzosen. Er macht sich nicht einmal die Mühe, die Widersprüche in diesen Rationalisationen zu verdecken. So beschuldigt er die Juden, sie hätten die schwarzen französischen Truppen an den Rhein gebracht, mit dem «klaren Ziele, durch die dadurch zwangsläufig eintretende Bastardisierung die ihnen verhaßte weiße Rasse zu zerstören, von ihrer kulturellen und politischen Höhe herabzustürzen und selber zu ihren Herren aufzusteigen» (S. 357). Oft weiß Hitler genau um den Widerspruch, der darin liegt, daß er andere um dessentwillen verdammt, was er als das edelste Ziel seiner Rasse verherrlicht. Darum schreibt er (S. 330):

> Wenn auch der Selbsterhaltungstrieb des jüdischen Volkes nicht kleiner, sondern eher noch größer ist als der anderer Völker, wenn auch seine geistigen Fähigkeiten den Eindruck zu erwecken vermögen, daß sie der intellektuellen Veranlagung der übrigen Rassen ebenbürtig wären, so fehlt doch vollständig die allerwesentlichste Voraussetzung für ein Kulturvolk, die idealistische Gesinnung.

Während er Frankreich als «Todfeind unseres Volkes» (S. 757) beschuldigt, daß es «uns unerbittlich würgt und die

Kraft raubt» und damit die Notwendigkeit «einer Vernichtung der französischen Hegemoniebestrebungen in Europa» begründet, gesteht er (S. 766): wenn er selber Franzose wäre, «so könnte und wollte auch ich nicht anders handeln, als es am Ende ein Clemenceau tut».

Genau so wirft er den Kommunisten Brutalität vor, erklärt den Erfolg des Marxismus aus seinem politischen Wollen und aktiver Brutalität und meint gleichzeitig (S. 596):

> Was das nationale Deutschland von jeder praktischen Gestaltung der deutschen Entwicklung ausschaltete, war das Fehlen einer geschlossenen Zusammenarbeit brutaler Macht mit genialem politischem Wollen.

Der Angriff auf die Tschechoslowakei 1938 und der ganze Krieg seit 1939 brachten eine Menge Beispiele ähnlicher Art. Da gab es keinen Überfall, keine Bedrückung, die nicht als «Gegenmaßnahme» gegen Anschläge oder Angriffe anderer hingestellt wurde. Selbst wenn man annimmt, daß diese Anklagen bloß Propagandalügen waren und nicht die paranoide «Aufrichtigkeit» wie die Beschuldigung gegen die Juden besaßen, so lag ihr Propagandawert darin, daß Teile der Bevölkerung, besonders das Kleinbürgertum, auf Grund ihrer besonderen Empfänglichkeit für paranoide Beschuldigungen gern diesen gefälschten paranoiden Anklagen Glauben schenkten.

Des Sadisten Verachtung für die Machtlosen fällt besonders auf, wenn er von seinen noch nicht arrivierten politischen Gesinnungsgenossen spricht. Nirgends wohl tritt die Verlogenheit von Hitlers nationalem Befreiungsgerede offenkundiger hervor als da, wo er ironisch verächtlich von machtlosen Nationalrevolutionären spricht, von der ersten nationalsozialistischen Zelle in München. Sein erster Eindruck war:

> Fürchterlich, fürchterlich. Das war ja eine Vereins-

meierei allerärgster Art und Weise. In diesen Klub also sollte ich eintreten? (S. 241.)

Er nennt sie eine «lächerliche kleine Schöpfung», die nur den Vorzug habe, «die Möglichkeit einer wirklichen persönlichen Tätigkeit dem einzelnen freizustellen». (S. 243.) Er bemerkt auch, er hätte nie einer der bestehenden großen Parteien beitreten wollen, was äußerst kennzeichnend für ihn ist. Der Sadist mußte in einer Gruppe beginnen, die er als schwach und sich unterlegen empfand. Innerhalb eines Parteigebildes, in dem er mit Gleichen oder Stärkeren hätte wetteifern müssen, hätte er sich nicht ermutigt, nicht angespornt gefühlt. Und dieselbe Verachtung zeigt er hinsichtlich der indischen Revolutionäre. Er, der für seine Zwecke immer das Schlagwort von der nationalen Freiheit im Munde führt, hat für die Tapferen, die waffenlos das mächtige britische Empire anzugreifen wagten, nur Geringschätzung übrig.

Irgendwelche asiatische Gaukler, vielleicht meinetwegen auch wirkliche indische ‚Freiheitskämpfer', die sich damals in Europa herumtrieben, hatten es fertig gebracht, selbst sonst ganz vernünftige Menschen mit der fixen Idee zu erfüllen, daß das britische Weltreich, das seinen Angelpunkt in Indien besitze, gerade dort vor dem Zusammenbruch stehe... Indischen Aufrührern wird dies aber nie gelingen... Es ist eben eine Unmöglichkeit, einen machtvollen Staat durch eine Koalition von Krüppeln zu berennen... Als völkischer Mann darf ich schon aus der Erkenntnis der rassischen Minderwertigkeit dieser sogenannten ‚unterdrückten Nationen' nicht das Schicksal des eigenen Volkes mit dem ihren verketten. (S. 746 f.)

Die für den sado-masochistischen Charakter so bezeichnende «Liebe» zum Mächtigen und sein Haß auf den Machtlosen erklärt vieles in Hitlers und seiner Anhänger Vorgehen.

Während die demokratischen oder republikanischen Regierungen, einschließlich der Weimarer, vermeinten, die Nazis durch sanftmütiges Entgegenkommen zu «befrieden», erregten sie, weit entfernt, damit ihr Ziel zu erreichen, auf diese Weise durch den Mangel an «Mark und Nachdruck» nur deren Haß. Hitler haßte die Weimarer Republik, w e i l sie schwach war, und bewunderte die Großindustriellen und Militärs, weil sie Macht besaßen. Nie hat er gegen Mächte gekämpft, die er als stark empfand; nur immer gegen die sich gewandt, von deren Schwäche er überzeugt war. Hitlers wie Mussolinis «Revolution» erfolgte unter dem Protektorat bestehender Mächte und richtete sich mit Vorliebe gegen solche, die sich nicht wehren konnten. Die Annahme erscheint daher durchaus gerechtfertigt, daß auch Hitlers Einstellung gegenüber Großbritannien von diesem psychischen Komplex bestimmt war. Solange er an Englands Macht glaubte, liebte und bewunderte er es; davon legt sein Buch Zeugnis. Sobald er — vor und nach München — die Schwäche der britischen Haltung erkannte, schlug die Liebe in Haß und Zerstörungswillen um. Von diesem Gesichtspunkt aus war die Politik des *appeasement* nur dazu angetan, Hitler zu Haß und Krieg, nicht zu Frieden und Freundschaft zu treiben.

Aber zu der bisher behandelten sadistischen Seite in Hitlers Ideologie gehört — gemäß unseren vorausgegangenen Untersuchungen des autoritären Charakters — die masochistische Kehrseite: der Wunsch, sich einer unüberwindlichen Macht auszuliefern, sein Selbst zu annullieren — und daneben doch Macht über hilflose Wesen zu haben. Diese Kehrseite nazistischer Theorie und Praxis tritt bei der Masse ganz deutlich hervor. Ihr wird immer gepredigt: Der Einzelne ist nichts, zählt überhaupt nicht, hat seine persönliche Bedeutungslosigkeit einzusehen, in einer höheren Macht aufzugehen und darauf stolz zu sein, daß er an ihrer Kraft und

Herrlichkeit teilnehmen darf. Oder wie es Hitler in seiner Definition des Idealismus (S. 328) ausdrückt:

> Er allein führt die Menschen zur freiwilligen Anerkennung des Vorrechtes der Kraft und der Stärke und läßt sie so zu einem Stäubchen jener Ordnung werden, die das ganze Universum formt und bildet.

So meint auch J. Goebbels in seinem Roman (S. 25), Sozialist sein heiße, das Ich dem Du unterwerfen, das Individuum dem Ganzen zum Opfer bringen. Die Opferung des Individuellen aber, die Auffassung des Einzelnen als Staubkorn, als ein Atom, bedeutet nach Hitler: Verzicht auf das Recht der eigenen Meinung, des eigenen Wohlbefindens und Glücks. Dieser Verzicht ist die Quintessenz einer politischen Organisation, in welcher «der einzelne auf die Vertretung seiner persönlichen Meinung sowohl als seiner Interessen verzichtet» (S. 326). So lobt er «die Selbstlosigkeit» und lehrt (S. 328): «Im Jagen nach dem eigenen Glück stürzen die Menschen aus dem Himmel erst recht in die Hölle.» Ziel der Nazierziehung ist daher, dem Einzelnen beizubringen, daß er sein Selbst nicht behaupten dürfe. Schon der Schuljunge soll «lernen zu schweigen, nicht nur, wenn er mit Recht getadelt wird, sondern soll auch lernen, wenn nötig, Unrecht schweigend zu ertragen» (S. 459). Endziel ist (S. 449):

> Der völkischen Weltanschauung muß es im völkischen Staat endlich gelingen, jenes edlere Zeitalter herbeizuführen, in dem die Menschen ihre Sorge nicht mehr in der Höherzüchtung von Hunden, Pferden und Katzen erblicken, sondern im Emporheben des Menschen selbst, ein Zeitalter, in dem der eine erkennend, schweigend verzichtet, der andere freudig opfert und gibt.

Der Satz endet, wie man sieht, etwas überraschend. Nach dem Typ, der ‚erkennend, schweigend verzichtet', erwartet man im Gegensatz dazu etwa einen, der führt, die Verantwortung trägt oder etwas dergleichen. Statt dessen gibt Hitler an, daß auch «der andere» opfert. Was der Unterschied ist zwischen ‚schweigend verzichten' und ‚freudig opfern' sein soll, ist nicht recht einzusehen. Man kann getrost annehmen, daß der Schreiber im Sinn hatte, zwischen der verzichtenden Masse und den herrschenden Gebietern zu differenzieren. Aber so oft er auch seinen und seiner «Elite» Machtwunsch eingesteht, ebenso oft stellt er ihn auch in Abrede. Augenscheinlich wollte er hier einmal nicht mit der Sprache heraus und ersetzte daher das Herrschaftsverlangen durch den bescheidenen Wunsch, freudig zu opfern. Er ist sich vollkommen darüber im Klaren, daß seine Philosophie der Selbstverneinung und Aufopferung für jene berechnet ist, deren wirtschaftliche Lage kein Glücklichsein zuläßt. Er will ja auch keine Gesellschaftsordnung, in der Wohlstand und Glück für jeden erreichbar wäre. Gerade die Armut der Masse will er dazu verwenden, sie an sein Evangelium der Selbstvernichtung glauben zu machen. Das bekennt er offen S. 449:

> Wir wenden uns an die große Armee derjenigen, die zu arm sind, als daß ihr persönliches Leben höchstes Glück der Welt bedeuten könnte.

Die ganze Predigt von Selbstaufopferung dient nur dem Zweck: Wenn sich das Machtgelüste des Führers und seiner «Elite» verwirklichen soll, hat die Masse zu verzichten und sich unterjochen zu lassen.

Aber auch bei ihm selbst finden wir das masochistische Verlangen. Die höhere Macht, der er sich unterwirft, nennt er Gott, Schicksal, Bestimmung, Notwendigkeit, Geschichte, Natur, und alle diese Bezeichnungen sind ihm Symbole einer unüberwindbaren Macht. Die Selbstbiographie beginnt damit, daß es ihm «als glückliche *Bestimmung* gilt, daß das *Schicksal* mir zum Geburtsort gerade Braunau am Inn zuwies» (S. 1), und fährt dann fort, das ganze deutsche Volk müsse in einem einzigen Staat vereinigt werden, weil erst dann, wenn «des Reiches Grenze noch den letzten Deutschen umschließt, ohne mehr die Sicherheit seiner Ernährung bieten zu können ... das moralische Recht zur Erwerbung fremden Grund und Bodens ersteht» (S. 1).

Die Niederlage nach dem Krieg 1914/18 ist für ihn «eine verdiente Züchtigung der *ewigen Vergeltung*» (S. 250), Völker, die sich mit andern vermischen, «sündigen gegen den Willen der ewigen *Vorsehung*» (359), oder wie er sich ein andermal ausdrückt, «wider den Willen des ewigen *Schöpfers* (314). Deutschlands Mission ist ihm «vom Schöpfer des Universums zugewiesen» (234). Der *Himmel* steht über den Menschen, und er rühmt das «Glück, daß man wohl Menschen betören, den Himmel aber nicht bestechen» kann (762).

Eine Macht, die Hitler anscheinend mehr als Gott, Vorsehung und Schicksal beeindruckt, ist die Natur. Obwohl die geschichtliche Entwicklung der letzten 400 Jahre die Herrschaft über Menschen mehr und mehr durch Herrschaft über die Natur ersetzte, besteht Hitler darauf, daß man über Menschen herrschen kann und soll, bloß nicht über die Natur. Ich erwähnte bereits seine Behauptung, wonach die erste Menschheitskultur weniger auf dem gezähmten Tier als auf der Verwendung «niederer Menschen» beruhte. Er verspottet den Glauben, der Mensch könne die Natur beherrschen, wo ihm doch «als Waffe nichts weiter als eine Idee zur Verfügung steht» (314) und fügt hinzu,

«daß er nicht die Natur beherrscht, sondern nur auf Grund der Kenntnis einzelner Naturgesetze und Geheimnisse zum Herrn derjenigen anderen Lebewesen aufgestiegen ist, denen dieses Wissen eben fehlt».

Wieder der gleiche Gedanke: Natur ist die große Macht,

der wir uns zu unterwerfen haben, aber «andere Lebewesen» — die soll man beherrschen.

Wir haben nun in Hitlers Äußerungen die beiden Züge aufgezeigt, die wir als grundlegende des autoritären Charakters erkannten: Das Verlangen nach Macht über Menschen und das Sehnen nach Unterwerfung unter eine überstarke Außenmacht. Hitlers Ideen stimmen im ganzen genommen mit der Ideologie der Nazipartei überein; was er in seinem Buch aussprach, hat er in zahllosen Reden wiederholt und damit Massen für seine Partei gewonnen. Diese Ideologie ist der Ausfluß seiner Persönlichkeit, die mit ihrem Minderwertigkeitsgefühl, ihrem Haß auf das Leben, ihrem Asketentum und ihrem Neid auf alle, die ihr eigenes Leben genießen, den Nährboden sado-masochistischer Triebe bildet. Und diese Ideologie wandte sich an Leute, die infolge ähnlicher Veranlagung durch diese Lehren angezogen, angeregt und begeisterte Anhänger des Mannes wurden, der ihren Gefühlen Ausdruck verlieh.

Doch es war nicht allein die Nazi-Ideologie, die dem niederen Mittelstand Befriedigung gab — die politische Praxis verwirklichte (auf diesem Gebiet), was die Theorie versprach. Eine Hierarchie wurde aufgebaut, in der jedermann jemand über sich hatte, dem er sich unterwerfen mußte, und jemand unter sich, den er seine Macht fühlen lassen konnte. Der Mann aber an der Spitze, der Führer, hatte über sich als die Macht, der er sich unterwarf: Schicksal, Geschichte, Natur. Auf diese Weise befriedigten Nazi-Theorie und -Praxis die aus der Charakterstruktur eines Teils der Bevölkerung emporsteigenden Wünsche. Dem andern Bevölkerungsteil aber, der am Beherrschen und Beherrschtwerden keine Freude empfand und dem Glauben an das Leben, an Selbstbestimmung, an alles entsagte, wies sie die Richtung. —

Geben nun diese Betrachtungen heute, 1942, da ich sie niederschrieb, einen Anhaltspunkt, einen Schlüssel, auf

Grund dessen man die Frage nach der Ausdauer, dem Beharrungsvermögen, der Widerstandskraft des Nazismus auch nach der Niederlage voraussagen könnte? — Ich fühle mich nicht zum Propheten berufen. Nur einige Punkte, die sich aus unsern bisherigen Betrachtungen ergeben, mögen wert sein, daß wir sie hier hervorheben. Erfüllt der Nazismus nicht, unter gleichbleibenden psychologischen Bedingungen, ein Bedürfnis, das vom Gefühl des Volkes getragen ist? Und ist diese seine psychologische Funktion nicht mit ein Grund besonderer Haltbarkeit, «ewiger Dauer»?

Aus allem bisher Gesagten geht hervor, daß die Antwort nur ein Nein sein kann. Die Tatsache der menschlichen Individuation, der Auflösung aller primären Bindungen läßt sich nicht aus der Welt schaffen. Die Zerstörung der mittelalterlichen Welt währte vierhundert Jahre und hat sich in unserer Zeit vollendet. Wenn nicht das ganze industrielle System, die gesamte Produktionsweise zerschlagen und alles wieder auf die prä-industrielle Stufe zurückversetzt wird, bleibt der Mensch ein Individuum, das aus der ihn umgebenden Welt völlig emporgetaucht ist. Wir sahen, daß der Mensch diese negative Freiheit nicht aushält; daß er ihr in neue Bindungen zu entrinnen sucht, die einen Ersatz für die von ihm aufgegebenen primären Bindungen sein sollen. Doch diese neuen Bindungen begründen keine echte Vereinigung mit der Welt. Der Mensch bezahlte die neue Sicherung durch Preisgabe seiner Selbstbehauptung. Aber der Zwiespalt, der trennende Schnitt zwischen ihm und den Autoritäten ist darum nicht verschwunden. Sie beeinträchtigen und verkümmern sein Eigenleben, mag er sich ihnen auch, bewußt, freiwillig unterwerfen. Gleichzeitig lebt er in einer Welt, die ihn nicht lediglich zu einem Atom werden ließ, sondern ihn auch mit jeder Möglichkeit ausstattete, eine Individualität zu werden. Die Entwicklung der Industrie ist so weit gediehen, ihre Produktionsmöglichkeiten so vielfältig und reich, daß sie nicht allein jedermann ökonomische

Sicherheit bieten, sondern darüber hinaus zur freien Entfaltung aller menschlichen Möglichkeiten des Geistes, des Gefühls und Sinnenlebens die Grundlage schaffen und zugleich die Arbeitszeit wesentlich herabsetzen könnte.

Die Funktion einer autoritären Ideologie und Praxis kann mit der Funktion neurotischer Symptome verglichen werden. Diese erwachsen aus untragbaren psychologischen Bedingungen und bieten zugleich eine Lösung, die das Weiterleben ermöglicht. Aber das ist keine Lösung, die zum Glücklichsein, zum Gedeihen der Persönlichkeit beiträgt. Sie läßt die Bedingungen unverändert, die die Neurose hervorriefen.

Allein der Dynamismus der menschlichen Natur ist eine wichtige Triebkraft; sie sucht und strebt nach weiteren und zufriedenstellenden Lösungen, solange und sobald eine Möglichkeit dazu besteht. Die Einsamkeit und Machtlosigkeit des Individuums, seine Suche nach Verwirklichung der in ihm und um ihn harrenden Möglichkeiten, die gesteigerten Produktionsmöglichkeiten der Industrie und des Bodens sind Triebkräfte, die die Grundlage eines ständig ansteigenden Verlangens nach Glück und Freiheit bilden.

Flucht in Symbiosis kann ein gegenwärtiges Leiden eine Zeitlang wohl lindern, aber nicht aufheben. Die Geschichte der Menschheit ist die Geschichte der wachsenden Individuation und ist zugleich eine Geschichte vom Wachsen der Freiheit.

Das Streben nach Freiheit ist keine metaphysische Kraft und braucht nicht durch Naturgesetze erklärt zu werden. Es ist das notwendige Ergebnis der Individuation und des Anwachsens der Kultur und Zivilisation.

Autoritäre Systeme können die Grundbedingungen nicht aufheben, die das Drängen nach Freiheit immer wieder von neuem erzeugen; noch vermögen sie es, den Freiheitsdrang auszurotten, der diesem Urgrund stets neu entspringt.

VII

FREIHEIT UND DEMOKRATIE

1

Individualität als Illusion

Ich versuchte bisher nachzuweisen, daß der Industrialismus im allgemeinen und der Monopolismus im besondern eine Entwicklung gefördert haben, in der sich die Persönlichkeit in zunehmendem Maß machtlos, vereinsamt, unsicher («nervös») fühlen mußte; ich habe die besonderen Umstände Deutschlands behandelt, die einen Teil seiner Bevölkerung zum fruchtbaren Nährboden einer Ideologie und Praxis machten, die dem entsprach und zusagte, was ich als autoritären Charakter beschrieb. Wie aber steht es mit uns, unsern großen Demokratien, mit der Demokratie als Wert und Ziel?

Sind wir einzig allein «von drüben», von dem Faschismus jenseits des Atlantik und hierzulande vielleicht noch durch eine «Fünfte Kolonne» bedroht? Wenn nur das der Fall wäre, so wäre die Situation zwar ernst, aber nicht kritisch. Aber obwohl heute, 1942, die faschistische Gefahr von außen und innen sehr ernst zu nehmen ist, wäre es doch noch gefährlicher und der größte Irrtum, wollte man davor die Augen schließen, daß wir in unserer eigenen Gesellschaft das gleiche Phaenomen vor uns haben, das anderwärts dem Faschismus einen so fruchtbaren Nährboden bereitet hat: das der völligen Bedeutungs- und Machtlosigkeit des Individuums und der Individualität.

Die öffentliche Meinung, wonach die neuzeitliche Demokratie dank der Befreiung des Individuums von äußerem Zwang den wahren Individualismus erlangt und verwirklicht habe, diese «unumstrittene Anschauung» wird über meine Behauptung vermutlich empört sein. Wir sind ja so stolz darauf, keine Untertanen und keiner Autorität unterworfen zu sein, unsere Gedanken und Gefühle frei aussprechen zu dürfen, und nehmen es als selbstverständlich, daß diese Freiheit, sozusagen automatisch, unsere Individualität garantiert.

Aber Gedankenfreiheit bedeutet nur dann etwas, wenn wir dazu imstand sind, unsere eigenen Gedanken zu haben! Freiheit von äußeren Autoritäten ist nur dann ein Gewinn, wenn die inneren psychologischen Umstände so sind, daß sie es ermöglichen, unsere Individualität zu behaupten. Ist dieses Ziel auch nur annähernd erreicht?

Da sich dies Buch mit dem menschlichen Faktor beschäftigt, gehört eine kritische Untersuchung dieser Frage in seinen Aufgabenbereich, wobei wir dort anknüpfen müssen, wo wir im letzten Abschnitt halt gemacht haben: bei dem Verlust des Selbst und der Automatisierung des Individuums, das trotzdem sich frei wähnt, sein Denken, sein Wollen und Handeln allein zu bestimmen. Vor allem müssen wir überlegen und dafür Beispiele geben, auf welche Weise unsere Kultur diesen Wahn fortgesetzt nährt.

Schon sehr früh, schon beim Kleinkind setzt die Unterdrückung ureigenen Fühlens und damit die Verkümmerung echter Individualität ein.*) Damit ist nicht gesagt, daß Erziehung unweigerlich zur Unterdrückung der Spontanität führen müsse; nur muß die Erziehung aufrichtig bestrebt

---

*) Rorschach-Tests bei 3—5jährigen Kindern bewiesen, dass schon bei ihnen der Versuch, Selbstbestimmung und eigenes Wesen zu bewahren, zum Konflikt mit den über sie bestimmenden Erwachsenen führt. Ich verdanke diese Mitteilung Anna Hartoch und ihrem demnächst erscheinenden Buch, das ihre sowie M. Gay's und L. B. Murphy's Beobachtungen an Kindern der Sarah Lawrence Nursery School enthält.

sein, die innere Unabhängigkeit und die unversehrte Persönlichkeit des Kindes, sein seelisches Wachstum, zu fördern. Einschränkungen, die eine so beschaffene Erziehung dem Kind auferlegt, sind nur vorübergehende Maßnahmen, die zur geistigen Entfaltung des heranwachsenden Kindes beitragen. Leider aber zielt in unserer Kultur die Erziehung nur allzu oft auf Eliminierung der Selbstbestimmung und den Ersatz der originalen psychischen Akte durch aufgenötigte Gefühle, Gedanken und Wünsche. (Unter originalen Gedanken verstehe ich — dies sei ausdrücklich wiederholt — nicht solche, die noch niemand zuvor gedacht hat, sondern nur solche, die tatsächlich in dem Kind entstanden, d. h. das Ergebnis eigener Denktätigkeit und in diesem Sinn s e i n e Gedanken sind.) So richtet sich beispielsweise eine der ersten erzieherischen Unterdrückungsmaßnahmen gegen Gefühle der Abneigung oder Gegnerschaft. Infolge von Konflikten mit ihrer Umgebung, die ihre Mitteilsamkeit und Entfaltung blockieren, wobei sie als die Schwächeren meist nachgeben müssen, zeigen die meisten Kinder ein gewisses Maß von Auflehnung und Trotz. Da meint man nun, es sei eine der Hauptaufgaben des Erziehers, diese Opposition zu brechen, durch Drohungen oder Strafen das Kind einzuschüchtern, oder durch die feineren Methoden der Bestechung oder «Erklärungen» das Kind zu verwirren und so zur Aufgabe seiner Gegnerschaft zu veranlassen, daß es erst den Ausdruck seines Gefühls und dann das Gefühl selbst verliert. Gleichzeitig lehrt man es, Feindseligkeit und Unaufrichtigkeit bei andern nicht zu bemerken und seine Wahrnehmung solcher Dinge zu unterdrücken. Manchmal ist das nicht ganz einfach, denn Kinder haben eine besondere Fähigkeit, derartige negative Eigenschaften zu bemerken, ohne sich so leicht wie Erwachsene durch schöne Worte täuschen zu lassen; sie «mögen jemanden nicht, ohne triftige Gründe...» — mit Ausnahme des sehr triftigen, daß sie Verlogenheit oder Feindseligkeit spüren, die von dem

Jemand ausstrahlt. Sehr bald ist diese natürliche Reaktion erledigt; das Kind hat «die Reife» des Durchschnitts-Erwachsenen erlangt, jedoch das Unterscheidungsvermögen zwischen einem anständigen, natürlichen Menschen und einem maskierten Schuft verloren.

Und andererseits erzieht man das Kind schon sehr früh dazu, Gefühle zu haben, die nicht die s e i n e n sind, vor allem: unterschiedlos liebenswürdig zu den «besseren Leuten» zu sein, sie zu mögen und anzulächeln. Was hier die Erziehung vielleicht nicht erreicht, bewirkt später im Leben gewöhnlich der Druck der Verhältnisse. Wer da nicht lächelt, von dem heißt es, er sei ein unangenehmer Mensch — und um seine Dienste als Kellnerin, Verkäufer oder Arzt verkaufen zu können, muß man unbedingt eine angenehme, liebenswürdige Persönlichkeit darstellen. Nur die an der Basis der Gesellschaftspyramide, die nichts als ihre Körperkraft verkaufen, sowie jene an der obersten Spitze brauchen nicht besonders angenehm zu sein. Liebenswürdigkeit, Heiterkeit, kurz alles, was ein Lächeln ausdrücken mag, wird damit zur Automatenware. Man knipst es an und schaltet es wieder ab wie elektrisches Licht.*)

Gewiß weiß in vielen Fällen der Mensch, daß er da bloß eine Grimasse schneidet — «es sind Gebärden, die man spielen könnte» — doch in den meisten dieser Fälle verliert sich auch dieses Bewußtsein und damit die Unterscheidungsfähigkeit zwischen ursprünglicher Herzlichkeit und dem Pseudo-Gefühl. Denn das Pseudo-Gefühl wirkt dann am echtesten und macht sich daher am besten bezahlt, wenn

---

*) Eine sprechende Illustration der Kommerzialisierung der Freundlichkeit bietet ein Bericht in «Fortune» vom September 1940, S. 96 über die «Howard Johnson Restaurants». Johnsons beschäftigen eine Anzahl «shoppers», die zur Kontrolle von einem zum andern Johnson-Restaurant gehen. Da in jedem derselben alle Gerichte nach Standard-Rezepten und Anweisungen der Zentrale zubereitet werden, weiss der Kontrolleur genau, wie gross das Steak sein muss, das er bestellt, und wie die Gemüsebeilage schmecken muss. Er weiss auch, wie lang es braucht, bis er bedient wird und kennt genau den Grad der Freundlichkeit, den er von der Bedienung zu beanspruchen hat.

sein Schausteller und ‚Verkäufer' es selber für prima Ware und unbedingt echt hält.

Nicht allein Gegnerschaft, nicht allein Herzlichkeit werden so unter ihrem eigenen Konterfei wie unter einem Kissen erstickt. Eine große Reihe von Gefühlen wurden in gleicher Weise verdrängt und durch Pseudo-Gefühle ersetzt. Eine dieser Verdrängungen hat Freud in den Mittelpunkt seines Systems gestellt: die des Sexus. Obschon meiner Ansicht nach die Beeinträchtigung des Sexuallebens nicht die einzige wichtige Unterdrückung spontaner Reaktionen darstellt, sondern nur eine von vielen, so ist ihre Bedeutung doch keinesfalls zu unterschätzen. Ihre Folgen zeigen sich deutlich in allen Fällen sexueller Hemmung und Verhinderung und ebenso dort, wo das Geschlechtliche Zwangscharakter annimmt, konsumiert wird wie Alkohol oder ein Rauschgift — ein Ding, das keinen besondern Geschmack hat, über dem man jedoch sich selber vergißt. Von allen andern Auswirkungen abgesehen, beeinflußt die Unterdrückung des Sexus infolge der Intensität der sexuellen Wünsche nicht allein die Sexualsphäre, sondern schwächt auch den persönlichen Mut zu spontanem Ausdruck in allen andern Sphären.

In unserer Gesellschaft werden Gefühle wenig geschätzt und weniger noch ermutigt. Obwohl kein Zweifel darüber besteht, daß jedes schöpferische Denken — wie jede schöpferische Leistung — untrennbar mit Gefühlen verbunden ist, hält man es nun schon für ein erstrebenswertes Ideal, «unbeeinflußt und frei von Gefühlen» zu denken und zu leben. «Gefühlvoll sein» ist etwa gleichbedeutend geworden mit kranksein und unausgeglichen. Dadurch, daß das Individuum dieser Standardisierung innerlich zustimmte, wurde der Kern seines Wesens geschwächt; sein Denken verarmte, verflachte. Da aber Gefühle sich schließlich nicht völlig ausrotten lassen, mußten sie ihr Dasein fernab dem intellektuellen Umkreis des Menschen fristen. Resultat: billige verlogene Sentimentalität, womit in Films, Songs und «Schlagern» Millionen Gefühlshungriger abgespeist werden. —

Ein Gefühl, das als tabu gilt, sei besonders erwähnt, weil seine Verdrängung tief an das Wesen der Persönlichkeit rührt: das Gefühl für den Tod. Des Todes gewahr zu sein, dumpf oder klar seine Nähe zu fühlen, ist ein Grundzug des Menschentums, und jede Zivilisation hat sich auf ihre Art mit diesem Problem auseinandergesetzt. Für jene, bei denen der Prozeß der Individuation noch nicht weit gediehen war, bedeutete das Ende individuellen Seins noch kaum ein Problem; denn das Erlebnis des Daseins als etwas Individuellem war noch nicht recht entwickelt, das Sterben, das Totsein noch nicht als ein vom Leben tief Abgetrenntes, als tragischer Lebensausblick empfunden. Die frühen alten Hellenen bejahten mit Macht das Leben; den Tod stellten sie als schattenhafte, trostlose Fortsetzung ihres Erdendaseins hin. Die alten Ägypter gründeten ihre Hoffnungen auf den Glauben an eine Unzerstörbarkeit des Leibes wenigstens jener Menschen, deren Macht zu Lebzeiten unzerstörbar schien. Für die alten Hebräer war der Tod eine gegebene Tatsache; mit der Zerstörung des Einzelwesens versöhnte sie der visionäre Gedanke des irdischen Friedensreiches am Ende der Tage. Das Christentum machte den Tod unwirklich und tröstete die Betrübten durch die Verheißung eines persönlichen Weiterlebens nach dem Tod. Unsere Zeit verneint einfach den Tod und damit den weltanschaulichen Urgrund des Daseins. Statt daß man die Menschen Tod, Leid und Schmerz als stärkste Antriebe zum Leben wahrnehmen läßt, als Grundlage menschlicher Solidarität, als das Erlebnis, ohne das Lust, Freude, Begeisterung ohne Tiefe und marklos sind, ist das Individuum angeleitet oder gezwungen, das Todesgefühl als einen «Unfug» zu verdrängen. Doch wie bei allen Verdrängungen ist es auch hier: das Unterdrückte ist unsichtbar immer zugegen. Illegal weilt die Todesfurcht unter uns. Sie bleibt. Doch sie bleibt unfruchtbar, weil unterdrückt. Hier liegt die Ursache für die Verflachung fast allen andern Erlebens, für die Unrast, die heute das ganze Dasein durchdringt, und so erklärt es sich auch, wie ich vermute, daß man bei uns in Amerika und auch anderwärts für Bestattungen solche Riesenbeträge aufwendet.

Zu dem Prozeß, Gefühlserregungen als tabu erscheinen zu lassen, hat auch die moderne Psychiatrie ihren Beitrag geliefert. Einerseits hat ihr bedeutendster Vertreter Freud der Fiktion von der rationalen, zweckvollen Beschaffenheit des Menschengeistes ein Ende gemacht und einen Weg gewiesen, der uns einen Blick in die Abgründe der Leidenschaften erlaubt. Andererseits hat die Psychiatrie, durch Freuds schöpferische Leistung befruchtet, sich in ein Instrument der allseits beliebten Menschenbeeinflussung verkehrt. Viele Psychiater und Psychoanalytiker malen das Bild einer «normalen» Persönlichkeit, die niemals zu betrübt ist, nie zu zornig, nie zu aufgeregt, und mißbrauchen Worte wie «infantil», «neurotisch» oder gar «schizophren», um damit Charakterzüge und Eigenschaften einer Persönlichkeit, die sich nicht in die konventionelle Schablone einfügen läßt, als «anormal» zu denunzieren. Diese Art Behandlung und seelischer Beeinflussung ist in gewisser Hinsicht gefährlicher, als einen Menschen unverblümt zu beleidigen und zu beschimpfen. Da weiß dieser wenigstens, daß eine Person oder Theorie ihn angreift und kritisiert und kann sich wehren. Wer aber kann gegen «die Wissenschaft» losschlagen?

Die gleiche verdrehende Beeinträchtigung wie Fühlen und Empfinden erfährt auch das ursprüngliche Denken. Vom Beginn der Erziehung an wird originales Denken entmutigt; fix und fertige Gedanken werden in die zarten Gehirne gepfropft. Die jungen Köpfe sind von Wißbegierde erfüllt, wollen die Welt körperlich wie auch geistig begreifen. Sie wollen die Wahrheit wissen, denn das ist der sicherste Weg, sich allein in einer fremden, gewaltsamen Welt zurechtzufinden. Aber statt daß man sie darin unterstützt, nimmt man sie nicht ernst, wobei es keinen Unterschied macht, ob diese Einstellung sich in offener Mißachtung zeigt oder zartfühlender in Form jener Herablassung, die man so gern gegenüber Kraftlosen — Kindern, Kranken, Alten — zur Schau trägt. Obwohl eine solche Behandlung schon an sich sehr zur Entmutigung selbständigen Denkens beiträgt, verbindet sich mit ihr oft auch eine noch schlimmere Verblödungsmethode: für das Verhalten des Durchschnitts-Erwachsenen zum Kind ist eine gewohnheitsmäßige, infolgedessen meist gar nicht beabsichtigte Unaufrichtigkeit typisch. Man reicht dem Kind ein völlig unwahres Weltbild, mit dem es genau so viel anfangen kann wie ein Afrikareisender mit einer Nordpolausrüstung. Und daneben gibt es noch eine Menge von Lebenslügen, mit denen man aus vielerlei persönlichen Gründen Tatsachen verbergen möchte, von denen die Erwachsenen nicht wünschen, daß die Kinder sie wissen. Von Launenhaftigkeit, die als Unzufriedenheit mit «dem ungezogenen Kind» rationalisiert wird, bis zum Vertuschen der Meinungsverschiedenheiten der Eltern und der Tatsache des Geschlechtsverkehrs gibt es unendlich vieles, was «Kinder nicht zu wissen brauchen». Fragt es danach, so wird es in feindlicher oder höflicher Weise entmutigt.

So vorbereitet kommt das Kind zur Schule, zur höheren und vielleicht auch zur Hochschule. Einige der dort beliebten Erziehungsmethoden, die die Entmutigung ursprünglichen Denkens weitertreiben, seien hier kurz erwähnt. Da ist einmal die übertriebene Wertschätzung des Wissens um Tatsachen, besser gesagt: Daten und «Lehrstoff». Denn es herrscht der merkwürdige Aberglaube, man gelange durch Einprägung von immer mehr Dingen zu einer Erkenntnis der Wirklichkeit. Tausende von beziehungslosen Einzelheiten werden in die Köpfe der Schüler gestopft, so daß möglichst wenig Kraft und Zeit zum eigenen Denken verbleibt. Gewiß bleibt Denken ohne ein Wissen um Tatsachen unklar und inhaltslos, doch kann eine Anhäufung von Informationen ebenso zum Denkhindernis werden wie Unwissenheit.

Ein anderer Weg, originales Denken zu entmutigen, ist der: alle Wahrheit für relativ zu erklären.*) Wahrheit wird damit in einen metaphysischen Begriff verwandelt, und wenn jemand nun erklärt, er wolle die Wahrheit entdecken, wird er von den «fortschrittlichen» Denkern unserer Zeit für rückschrittlich erklärt. Aus der Wahrheit machen sie eine rein subjektive Angelegenheit, fast eine Geschmacksache. Nach ihrer Ansicht müßte die wissenschaftliche Forschung von allem Subjektiven vollständig gereinigt und abgesondert werden; ihr Ziel sei, die Welt leidenschaftslos zu betrachten. Der Wissenschafter habe sich den Tatsachen wie ein Chirurg seinem Patient mit sterilisierten Händen zu nähern. Die Folge dieses Relativismus (der sich auch als Empirismus oder Positivismus vorstellt und sich dabei seines korrekten Wortgebrauchs rühmt), ist einzig die, daß das Denken seinen Hauptansporn verliert — die Wünsche, die innere Anteilnahme, das Interesse des Denkenden. Es wird zur Registriermaschine für Tatsachen und nähere Umstände. Dabei vergesse man nie: So wie das menschliche Denken sich aus der Notwendigkeit entwickelte, die Materie und das Leben zu meistern, so wächst das Suchen nach Wahrheit aus den Bedürfnissen und Interessen von Individuen und sozialen Gruppen hervor. Ohne solches Interesse fehlte der Stimulus, die Wahrheit zu erforschen. Stets gab es Gruppen, deren Interessen durch Wahrheit gefördert wurden. Ihre Vertreter wurden zu Pionieren menschlichen Denkens. Und es gab andere Gruppen, in deren Interesse es lag, die Wahrheit geheim zu halten. Das aber sind auch die einzigen Fälle, in denen sich Anteilnahme und Interesse als schädlich für die Sache der Wahrheit erwiesen. Es geht daher nicht um die

---

*) Vgl. zu diesem ganzen Problem: Robert S. Lynd, «Knowledge for What?», London 1939, und zur philosophischen Bedeutung desselben: M. Horkheimer, «Zum Rationalismusstreit in der gegenwärtigen Philosophie», Zeitschrift für Sozialforschung, Bd. 3, Paris 1934.

Frage, ob überhaupt Interesse im Spiele ist, sondern einzig darum: w e l c h e Interessen stehen dahinter?! —

Man kann wohl sagen: In jedem menschlichen Wesen lebt ein Verlangen nach Wahrheit, weil jedes menschliche Wesen ihrer bedarf, und zwar in erster Linie zu seiner Orientierung in der es umgebenden Welt. Das bewahrheitet sich ganz besonders beim Kind.

Als Kind geht jeder Mensch durch ein Stadium des Unvermögens. Wahrheit aber ist eine der stärksten Waffen derer, die keine Macht haben.

Allein die Wahrheit liegt im Interesse des Individuums nicht bloß deshalb, damit es sich in der äußeren Welt besser zurechtfindet: Seine eigene Kraft hängt in höchstem Maß davon ab, daß es die Wahrheit über sich selber erfährt. Illusionen können wohl brauchbare Krücken für jene sein, die nicht im Stand sind, allein zu gehen; doch vermehren sie nur ihre Schwäche. Des Menschen allerhöchste Kraft aber beruht auf größtmöglichster Wahrung seiner Persönlichkeit, und das bedeutet: auf unbedingter Ehrlichkeit gegen sich selbst. «Erkenne dich selbst!» ist eine Urweisung, die das höchste Glück und die Stärke der Erdenkinder bezweckt. — —

Außer den schon erwähnten Faktoren gibt es noch andere, die ständig bestrebt sind, im Durchschnitts-Erwachsenen alles, was ihm noch an Fähigkeit zum ursprünglichen Denken geblieben ist, zu verdunkeln. Ein großer Teil unseres ganzen Bildungswesens hat bezüglich der Grundfragen sozialen und individuellen Lebens und im Hinblick auf seelische, ethische, wirtschaftliche und politische Probleme nur die eine Aufgabe, den Kernpunkt zu umgehen und den ganzen Fragenkomplex zu vernebeln. Eine recht gute Nebelwand liefert dabei die Behauptung, die Fragen seien zu kompliziert, als daß ein einfacher Mensch sie begreifen könne — während es in Wirklichkeit so bestellt ist, daß viele persönliche und soziale Grundfragen so einfach sind, daß jedermann sie verstehen kann. Damit daß man sie als so maßlos verwickelt hinstellt, daß nur der «Spezialist» sie versteht, und auch er bloß auf seinem Spezialgebiet, sucht man dem Menschen nur das Vertrauen in seine Denkfähigkeit zu nehmen und damit den Mut, die für ihn entscheidenden Fragen selbständig zu lösen. Hilflos sieht er sich in einen Wust von Worten gehüllt und wartet mit rührender Geduld, bis ihm die Herren Spezialisten mitteilen, was er zu tun hat und wohin er sich wenden soll.

Diese Art von Beeinflussung hat eine doppelte Folge: Einmal einen kindlichen Autoritätsglauben, zum andern einen Skeptizismus gegenüber allem Geredeten und Gedruckten. Diese Verbindung von Zynismus und Naivität ist kennzeichnend für den Mensch unserer Zeit; sie hält ihn von eigenem Denken, eigener Meinungsbildung und freier Entscheidung ab; sie entmutigt ihn.

Wieder ein Weg zur Lähmung kritischen Denkvermögens ist die Zerstörung jeglichen organischen Weltbildes. Die Tatsachen verlieren so ihre besonderen Eigenschaften, die sie allein als Bestandteile eines organischen Ganzen besitzen, und haben nur noch abstrakte Bedeutung; jede Tatsache ist dann weiter nichts als «eine Tatsache mehr», und es kommt bloß darauf an, ob du mehr oder weniger Tatsachen kennst. Radio, Film und Presse üben in dieser Beziehung eine verheerende Wirkung aus. Auf die Mitteilung vom Bombardement einer Stadt, dem Tod von Tausenden folgt ohne die mindeste Scham eine Wein- oder Seifenreklame; manchmal steht sie auch mittendrin. Der gleiche Newyorker Ansager schildert den Radiohörern mit der selben suggestiv einschmeichelnden und gewichtigen Stimme, die ihm eben erst dazu diente, den Ernst der politischen Lage zu Gemüt zu führen, die Wunder eines Bouillonwürfels, dessen Hersteller die Nachrichtensendung bezahlt hat. In der Wochenschau folgt den Aufnahmen von torpedierten Schiffen eine Modeschau. Zeitungen übermitteln uns die läppischen Ansichten oder die häuslichen Gewohnheiten der jüngsten Dame der ‚besten

Gesellschaft' mit dem gleichen Ernst und in mindestens ebensoviel Zeilen wie Mitteilungen über bedeutsame künstlerische oder wissenschaftliche Ereignisse. Damit wird jede natürliche, echte Beziehung zu dem Gehörten, Gesehenen oder Gelesenen abgeschnitten. Wir sind nicht mehr erregt, unsere Gefühle und kritischen Fähigkeiten erschlaffen; allem was in der Welt geschieht, stehen wir gleichmütig und stumpf gegenüber.

So wird dem Leben unter dem Namen «Freiheit» jeder organische Aufbau genommen; es besteht nur noch aus vielen kleinen Stücken, jedes vom andern getrennt und ohne Beziehung zum Ganzen. Das Individuum sitzt davor wie ein Kind vor seinem Puzzle-Spiel — aber das Kind weiß wenigstens, wie ein Haus aussieht und kann daher in den winzigen Pappstückchen die Teile des Hauses erkennen. Der Erwachsene aber hat keine Ahnung von jenem Ganzen, dessen Teile man ihm in die Hand gab. Beunruhigt starrt er auf die farbigen Ausschnitte und sieht keinen Sinn...

Alles vom Mangel an Ursprünglichkeit in Fühlen und Denken Gesagte gilt auch für den Willensakt. Man erkennt das nicht ohne weiteres, denn wenn der Mensch von Heut gar nichts hat — Wünsche hat er bestimmt, zu viele Wünsche! Es scheint sein einziges Problem, daß er das, was er will, nicht bekommen kann. All seine Kraft verwendet er darauf, das was er will, zu erlangen. Doch kaum einer stellt sich je die Frage nach der Vorbedingung all dieses Treibens: ob er denn weiß, was er in Wahrheit will?...

Man hält sich nicht dabei auf, einmal darüber nachzudenken, ob die Ziele, die man verfolgt, etwas sind, was man will und braucht. In der Schulzeit, ja da «will» man schöne und seltene Marken, und dann «will» man immer mehr Erfolg, will mehr Geld verdienen, will mehr Ansehen, will einen besseren Wagen, will reisen, will... Wenn sie doch nur einmal einhalten w o l l t e n , mitten in ihrer besessenen Aktivität innehalten und nachdenken w o l l t e n ! Vielleicht tauchte dann in ihnen die Frage auf: ‚Wenn ich die neue Stellung, den neuen Wagen bekomme, wenn ich die Reise nun machen kann — was dann? Was frommt mir das alles? Bin wirklich Ich es, der all das braucht? Renne und hetze ich nicht immer wieder nach irgendeinem angeblichen Glück, das mich verhöhnt, sobald ich es habe!'

Solche Fragen, sobald sie sich erst einmal ernsthaft erheben, wirken erschreckend; denn sie stellen recht eigentlich die Grundlagen in Frage, auf denen sich fast die gesamte Aktivität unserer Zeitgenossen aufbaut: ihr Nichtwissen um ihr wirkliches Wollen. Und daher suchen die meisten, solche beunruhigenden Gedanken möglichst schnell wieder los zu werden. Und sie «fühlen» prompt: die Frage hat sie nur deshalb gequält, weil sie ermüdet waren; es war eine «Depression». Und wieder gehen sie auf die Jagd nach Zielen, von denen sie wähnen, es seien die ihren.

Aber durch all diese Unrast weht ein ferner, kaum wahrnehmbarer Anhauch der Wahrheit; die lautet: der Mensch von heute lebt in der Illusion, er wisse, was er wolle — während er tatsächlich das will, was e r w a r t e t wird, daß er es wolle.

Um diesen Anhauch zu fassen, zu klären und zur vollen Wahrheit zu verdichten, muß man sich vergegenwärtigen: es ist verhältnismäßig nicht leicht zu wissen, was man wirklich will. Die meisten sind zwar überzeugt, es gäbe nichts einfacheres, aber es ist eines der allerschwierigsten Probleme, die der Mensch zu lösen hat. Es ist eine Aufgabe, um die wir uns krampfhaft zu drücken suchen, indem wir konfektionsmäßig hergestellte Lebensziele als eigene adoptieren. Der Mensch ist heutzutage bereit, die größten Gefahren auf sich zu nehmen, um ein Ziel zu erreichen, von dem man annimmt, es sei das seine: ein ihm untergeschobenes, blind von ihm übernommenes Ziel. Hingegen schaudert er ängstlich davor zurück, sich eigene Ziele zu stecken und dafür die Gefahr und Verantwortung auf sich zu nehmen.

Angespannte Tätigkeit nimmt man oft irrtümlicherweise als Beweis für Selbstbestimmung und eigenen Antrieb. Und doch kann, wie wir sahen, ein solches Tun genau so wenig spontan oder selbstbestimmt sein wie das eines Hypnotisierten oder auch das eines Komödianten, der seine Rolle aus fremder Hand empfangen, gelernt, nach fremden Ideen unter fremder Aufsicht probiert hat und nun nachdrücklich darstellt, wobei er getrost eine Menge von Einzelheiten und eine Fülle Gefühl von sich aus hergeben mag — er spielt doch nur eine Rolle, die man ihm übertragen hat.

Die besondere Schwierigkeit zu erkennen, in welch weitem Umfang unsere Wünsche — genau wie unser Denken und Fühlen — nicht wirklich die unsern, vielmehr von außen uns eingepflanzt sind, steht in enger Verbindung mit dem Problem: Autorität und Freiheit.

In der Geschichte der Neuzeit wurde die Autorität der Kirche ersetzt durch die des Staates, die des Staates durch die des Gewissens, und letztere fand dann in unserer Ära Ersatz durch die namenlose Autorität der öffentlichen Meinung und des «common sense», des «gesunden Menschenverstandes», diesen Instrumenten gleichförmiger Anpassung. Weil wir uns von den alten offenen Formen der Autorität befreit haben, sehen wir nicht, daß wir einer neuen Art Autorität zur Beute geworden sind. Wir sind Automaten geworden und leben unter der Illusion, Individualitäten eigenen Willens zu sein.

Diese Illusion hilft dem Individuum, die eigene Unsicherheit nicht zu sehen, aber das ist auch die ganze Hilfe, die so eine Illusion bringen kann. Von seinen Grundfesten her ist das individuelle Selbst erschüttert, geschwächt, fühlt keine Sicherheit. Der Mensch bewegt sich in einer Welt, zu der er keine natürlichen Beziehungen mehr hat, weil in ihr alles und jedermann und er selbst instrumentalisiert, maschinisiert, motorisiert und zum Bestandteilchen der Riesenmaschine geworden ist, die Menschenhände erbauten. Er denkt und fühlt und will alles, was man seiner Annahme nach von seinem Denken, Fühlen, Wollen erwartet. Dabei verliert er das ganze Selbst, auf dem allein sich jede natürliche Sicherheit einer freien Individualität aufbauen kann.

Dieser Selbst-Verlust hat das Bedürfnis, sich anzupassen, mit allen andern «konform zu gehen», noch erhöht. Denn es regte sich nun in den Tiefen ein Zweifel an der eigenen Identität. ‚Wenn ich nichts bin als etwas, das man meiner Ansicht nach von mir erwartet — wer bin dann ICH?' — Wir sahen, wie der Zweifel an dem eigenen Selbst anhob mit dem Zusammenbruch der mittelalterlichen Ordnung, in welcher jeder Einzelne noch seinen festbestimmten Platz inne hatte. Seit Descartes war die Frage nach der Identität des Ich ein Hauptproblem der Philosophie. Heute nimmt man es für gewiß, daß wir «wir» sind. Allein der Zweifel an dem eigenen Ich lebt noch; er ist sogar mächtig gewachsen. Luigi Pirandello gab diesem Zeitgefühl in seinen Bühnendichtungen Ausdruck. Er beginnt mit der Frage: «Wer bin ich? Habe ich für meine Identität einen andern Beweis als meinen Körper, solange er da ist?» — Seine Antwort enthält nicht wie Descartes' «Ich denke, also bin ich» eine Bestätigung des individuellen Selbst, sondern seine Verneinung: «Ich habe keine Identität außer der einen, die nur der Reflex, das Spiegelbild dessen ist, was die andern erwarten, daß ich es sei. Ich bin wie du mich wünschest.»

Die Identität ist dahin und damit die Anpassung nur um so dringender geboten; kann einer doch nur noch dann seiner sicher sein, wenn er den Erwartungen der andern gemäß lebt. Entspricht sein Leben nicht diesem Bild, so riskiert er nicht allein Tadel und Ausschluß, sondern auch den Verlust der Identität seiner eigenen Persönlichkeit und das heißt: Geisteskrankheit.

Wenn man mit den Erwartungen der andern konform geht, nicht «anders» ist, verstummen die Zweifel an der eigenen Identität; eine gewisse Sicherheit ist gewonnen. Doch die Preisgabe selbstbestimmender Spontanität macht einen Strich durch das Leben. Das Automaton in Menschengestalt, das biologisch noch lebt, ist in Geist und Gefühl etwas Totes. Es wandelt durch ein reges bewegtes Getriebe, und sein Leben rinnt ihm wie Sand durch die Finger. Hinter einer Fassade von Selbstzufriedenheit und Optimismus ist der moderne Mensch im Tiefsten unglücklich. In bodenloser Verzweiflung klammert er sich an die Worte «Individualismus» und «Individualität». Ja, er will «anders» sein; es gibt für ihn fast keine größere Empfehlung, als wenn irgendein Ding «etwas anderes» ist. Man fragt nach dem Namen des Schalterbeamten, bei dem man sein Monatsabonnement zu kaufen pflegt. Handtaschen, Spielkarten, Radiokoffer sucht man mit seinen eigenen Initialen zu verpersönlichen; wandelnde Mädchenschablonen tragen ihre Anfangsbuchstaben oder ihr «Tierkreiszeichen» am Busen zur Schau — alles aus Hunger nach «Anderssein», aber das alles sind nur noch letzte Spuren, die von der Individualität übrig blieben. Der heutige Mensch dürstet nach Leben; aber der Automat, zu dem er geworden, kann kein Dasein im Sinne freiwilliger, natürlicher Selbstbestimmung spontan erleben, und so nimmt er als Surrogat jede Art Aufregung und Nervenkitzel: Drinks, Sportsensationen und nebenher im Kino immer wieder das Reizmittel gedrehter Schicksale erfundener Personen, deren spontane Gefühle er in Vertretung nachlebt. —

Worin liegt dann für heutige Menschen die Bedeutung der Freiheit?

Sie sind frei von äußeren Bindungen, welche sie davon abhalten könnten, zu denken, zu handeln, wie sie es für richtig halten. Sie wollten frei sein, um nach eigenem Wollen zu handeln. Wenn sie nur wüßten, was sie wollen, denken und fühlen! Sie wissen es nicht. Sie fügen sich anonymen Autoritäten, adoptieren ein fremdes Selbst, und je mehr sie sich dessen befleißigen, um so größer der Zwang zur Anpassung. Trotz dem äußeren, dick aufgetragenen Anstrich von Optimismus und Initiative sitzt dem Menschen das Ohnmachtsgefühl schon so an der Kehle, daß er wie gelähmt nahenden Katastrophen entgegenstarrt.

Oberflächlich betrachtet funktionieren die Menschen wirtschaftlich und sozial noch zufriedenstellend, aber es wäre gefährlich zu übersehen, was sich hinter diesem erfreulichen Anschein verbirgt.

Wenn das Leben den Sinn verliert, weil es nicht gelebt wird, verzweifelt der Mensch. Menschen sterben nicht einfach den physischen Hungertod. Sie sterben auch nicht einfach den psychischen Hungertod. Wenn wir nur die ökonomischen Bedürfnisse des einfachen Bürgers betrachten; wenn wir nicht das unbewußte Leiden aller automatisierten kleinen und mittleren und großartigen Existenzen genau in Betracht ziehen, übersehen wir die Gefahr, die unserer Kultur von ihrem menschlichen Unterbau her droht.

Diese Gefahr aber besteht in der Bereitwilligkeit, jede Ideologie und jeden Führer anzuerkennen, sofern sie nur antreibende Erregung verheißen und eine politische Neuordnung und Symbolik aufbringen, die angeblich einem individuellen Sein Sinn, Bedeutung, Inhalt und Ordnung verleiht. Die Verzweiflung im Automaton Mensch bildet den trefflichsten Nährboden für alle faschistischen Zwecke.

2

Freiheit und Selbstbestimmung

Wir sahen, wie Hilflosigkeit und Zweifel das Dasein lähmten und der Mensch, um weiter leben zu können, der «Freiheit von», der negativen Freiheit zu entrinnen versuchte. Sie trieb ihn in neue Bindungen. Er zog es vor, sein Selbst zu verlieren, weil er das Alleinsein nicht aushielt. So führte die Freiheit in Unfreiheit.

Ist das der Schluß unserer Untersuchung? Daß da ein unvermeidlicher Kreislauf besteht: von primären Bindungen in die Freiheit und von der Freiheit in neue Abhängigkeiten? Macht das Freisein von allen primären Bindungen das Individuum so hilflos einsam und ungesellig, daß es unvermeidlich in neue Bindungen fliehen muß? Ist Unabhängigkeit gleichbedeutend mit Vereinsamung? Oder gibt es einen Zustand positiver Freiheit, in dem das Individuum als unabhängiges Subjekt existiert und dennoch nicht isoliert ist, sondern geeint mit der Welt, den Menschen und der Natur?

Wir glauben, diese Frage ist zu bejahen. Denn wir glauben, der Prozeß zunehmender Freiheit vollzieht sich nicht in einem Circulus vitiosus. Wir glauben, der Mensch kann frei sein und doch nicht allein, kritisch und doch nicht von Zweifeln zersetzt, unabhängig und dennoch der ganzen Menschheit verbunden. Und wir wissen: Der Mensch kann diese Freiheit erreichen, indem er sein Selbst erkennt und verwirklicht, das Wort «Sei Du!» nicht als klingende Phrase, sondern als wichtigste Lebensregel in sich aufnimmt und wahr macht. — —

Was ist die Verwirklichung des Selbst? Was ist Selbsterkenntnis? Idealistische Philosophen waren der Meinung, Selbsterkenntnis und Selbstverwirklichung ließe sich rein auf intellektuellem Wege durch Einsicht erreichen. Sie spalteten die Persönlichkeit so, daß die Natur des Menschen von seiner Vernunft überwacht und unterdrückt wurde. Die Folge dieser Spaltung war, daß sowohl des Menschen Gefühlsleben, wie auch seine geistigen Fähigkeiten verkrüppelten. Die Vernunft wurde zum Gefangenenwärter; ihr Gefangener war die Menschennatur. So wurden beide Hälften der menschlichen Persönlichkeit gelähmt. Wir aber sind davon überzeugt, daß die Erkenntnis und Verwirklichung des Selbst zugleich durch den Denkakt und durch Entfaltung und Erfüllung der ganzen Persönlichkeit, durch tätigen Ausdruck seiner geistigen und Gefühls-Möglichkeiten vollzogen und glücklich erreicht wird. Solche Möglichkeiten wohnen in jedem Menschen; Tatsache werden sie nur in dem Ausmaß, in dem der Mensch sie zum Ausdruck bringt. Mit andern Worten: Die positive Freiheit besteht in der ureigenen, ursprünglichen, selbstbestimmten, selbst entwickelten, natürlichen, das heißt: der spontanen Aktivität einer ganzen, reinen, unbeeinträchtigten Persönlichkeit.

Damit sind wir bei einem der schwierigsten psychologischen Probleme: dem der Spontanität. Die Behandlung der Frage von Grund auf würde einen zweiten Band in Anspruch nehmen. Doch ist es nach dem bisher Gesagten wohl möglich durch Kontrastierung das Wesen spontaner Aktivität zu erfassen. — Spontane Aktivität ist kein zwangshaftes Tun, zu dem ein Individuum durch seine Isolierung und Machtlosigkeit getrieben würde. Und ist auch nicht die Betriebsamkeit des Automaton, die aus der unkritischen Adoption fremder, von außen her suggerierter Muster hervorgeht. Spontane Aktivität ist die freie Aktivität des Selbst und enthält als Voraussetzung, was der lateinische Ursprung des Wortes «sua sponte» besagt, nämlich ein Tun «auf eigene Faust», «aus freien Stücken», «aus eigenem Antrieb».

Und unter Aktivität verstehen wir nicht «irgendwas» tun, sondern vielmehr eine Art schöpferischen Wirkens, das sowohl in der Erlebnissphäre unseres Verstandes, unseres Gefühls, unserer Sinne wie auch in unserem Willen erfolgen kann.

Voraussetzung für diese Spontanität ist die Anerkennung der Gesamtpersönlichkeit und die Ablehnung der Trennung in «Vernunft» und «Natur». Denn nur wenn der Mensch keinen Wesensteil seines Selbst unterdrückt, und nur wenn er sich selbst transparent wurde — nur wenn die verschiedenen Sphären des Lebens von Grund auf klar und unangetastet sind, ist spontane Aktivität möglich.

Wenn auch Spontanität in unserm Kulturbereich eine verhältnismäßig seltene Erscheinung ist, sind wir ihrer doch nicht ganz bar, und ich möchte, um besser verstanden zu werden, den Leser auf einige Gelegenheiten aufmerksam machen, in denen er einen Blick in das Wirken der Spontanität zu werfen vermag.

Wir wissen alle von vielen Einzelnen, die spontan sind oder es waren; deren Denken, Fühlen und Handeln Ausdruck ihres Selbst und nicht eines Automaten war. Solche Individuen waren zum Beispiel die echten Künstler und sind es zum großen Teil noch. Ja, wir können den wahren Künstler sehr wohl als das Individuum definieren, das sich selbst spontan ausdrückt. Ist dies die Definition des Künstlers — und Balzac hat ihn so definiert — so dürfen wir auch bestimmte Philosophen und Männer der Wissenschaft als Künstler bezeichnen, während andere ihnen in dieser Hinsicht so unähnlich sind wie ein Photograph alten Stils einem schöpferischen Maler. Auch gibt es Menschen, denen zwar die Begabung fehlt, in Farben, Stein, Worten, Tönen ihr Selbst auszudrücken, und die doch die gleiche Spontanität besitzen.

Die Stellung des Künstlers ist verwundbar. Nur die Individualität und Spontanität des erfolgreichen Künstlers wird geachtet. Gelingt es ihm nicht, seine Kunst zu verkaufen, dann bleibt er für seine Zeitgenossen ein bloßer Phantast, ein Narr, ein «Neurotiker». In dieser Beziehung geht es ihm ähnlich wie jedem Revolutionär; der erfolgreiche ist ein Staatsmann, der erfolglose ein Verbrecher.

Auch kleine Kinder bieten Beispiele von Spontanität. Sie haben die Fähigkeit, das zu fühlen, zu denken, zu äußern, was ihnen ureigen ist. In ihren Gesichtern drückt es sich aus. Fragt man, worin die Anziehungskraft kleiner Kinder auf viele Große besteht, so liegt die Antwort — abgesehen von sentimentalen und konventionellen Ursachen — in der kindlichen Spontanität. Sie spricht zu jedermann, dessen Herz und Sinn nicht tot sind. Unstreitig gibt es nichts Anziehenderes und Überzeugenderes als Spontanität — sei es bei einem Kind, einem Künstler oder einfachen Menschen, die nach Alter oder Beruf zu keiner der beiden Gruppen gehören und doch wohl spontan sind.

Und auch in unser aller Leben gibt es zum mindesten Momente spontanen Empfindens, Denkens und Handelns; sie sind zugleich die seltenen Augenblicke unseres wahren Glücks. Mag es der frische, ursprüngliche Anblick einer beglückenden Landschaft oder das Aufdämmern einer Wahrheit aus eigenen Gedanken sein oder ein Sinnengenuß, dem nichts stereotypes anhaftet oder aus tiefem Gefühl aufquellende Liebe — in einem jeden derartigen Augenblick erleben wir in uns spontanes Geschehen. Manchem Leser mag hieraus vielleicht eine Ahnung aufdämmern, was das menschliche Leben sein könnte, wenn solche Erlebnisse nicht so selten wären und nicht so mißachtet und vernachlässigt würden.

•

Warum aber ist die spontane Aktivität die Lösung des Problems der Freiheit?

Wir haben festgestellt, daß die negative Freiheit allein und an sich das Individuum zu einem isolierten Ding voll Bangen und Mißtrauen macht, das zu Welt und Menschheit nur noch in entfernter Beziehung steht und dessen Selbst schwach und immer bedroht ist. Spontane Aktivität ist der einzige Weg, auf welchem der Mensch den Terror der Einsamkeit ohne Opferung seines reinen Selbst überwinden kann; denn in der spontanen Verwirklichung seines Selbst vereinigt der Mensch sich aufs Neue mit der Welt — mit Mensch, Natur und sich selbst.

Die Liebe ist die wichtigste Komponente solcher Spontanität, nicht «Liebe», welche das Selbst in einer andern Person auflöst und so zum Untergange verdammt, nicht «Liebe», die von dem «geliebten» Wesen Besitz ergreift, sondern Liebe als spontane Bestätigung und Bejahung Anderer, als Vereinigung des Individuums mit andern auf Grund unversehrter Bewahrung des Selbst, jedes Selbst! In dieser Polarität liegt die bewegende Macht der Liebe: sie entspringt dem Verlangen nach Überwindung des Getrenntseins und führt zum Eins-Sein, ohne die Individualität zu verletzen oder gar auszuschalten.

Die zweite Komponente ist Arbeit. Nicht Arbeit als Zwangshandlung, um der Einsamkeit zu entrinnen, nicht Arbeit als ein Betäubungsmittel, nicht Arbeit, die so zur Natur steht, daß sie sie einerseits zwar beherrscht, andererseits aber ihr Götzendiener ist und sich den Produkten von Menschenhand sklavisch unterwirft, — sondern Arbeit als Schöpfung, bei welcher der Mensch im Schöpfungsakt eins wird mit der Natur.

Was für Liebe und Arbeit zutrifft, gilt auch für jede Spontanhandlung, sei es in Sinnenfreude, in Kunstgenuß, Naturgenuß oder in der Beteiligung am politischen Gemeinschaftsleben. Es bestärkt und bestätigt das individuelle Selbst und eint es zugleich der Menschheit und der Natur. Und also löst sich der Ur-Zwiespalt der Freiheit — Geburt der Individualität und Leid der Einsamkeit — auf einer höheren Ebene durch das spontane Mensch-Sein.

In jeder spontanen Aktivität umarmt das Individuum die Welt. Sein Selbst bleibt nicht nur unversehrt; es wird auch stärker, gefestigter.

Denn das Selbst ist genau so stark, wie es spontan aktiv ist.

Im Besitz als solchem liegt keine echte, natürliche Kraft, weder im materiellen Eigentum, noch in geistigen Qualitäten wie Gefühlen, Gedanken, auch nicht im Gebrauch und der Handhabung von Gegenständen. Was wir gebrauchen und ausnutzen, ist darum noch lange nicht unser. Unser ist einzig allein das, womit wir durch unser schöpferisches Schaffen wahrhaft verbunden sind, sei es ein lebendes Wesen, sei es ein Gegenstand. Nur die Eigenschaften, die aus unserer spontanen Aktivität hervorgehen, senken Kraft in das Selbst und bilden dadurch die Grundlage seiner Integrität. Die Unfähigkeit zu spontanem Akt, zum Ausdruck natürlichen Denkens und Fühlens und die sich daraus ergebende Notwendigkeit, sich und andern ein Pseudo-Selbst vorzuspiegeln, ist der Ursprung aller Minderwertigkeitsgefühle, der Selbstverachtung und Schwäche. Ob er es merkt oder nicht — was einen Menschen am tiefsten beschämt, ist: nicht er selber zu sein. Und nichts erfüllt uns mit höherem Stolz und Glück, als zu denken, zu fühlen, zu äußern, was unser ist.

Darin liegt: Worauf es bei der Aktivität ankommt, ist der Vorgang als solcher, nicht das Ergebnis. Heute ist die Wertung gerade umgekehrt. Wir produzieren nicht zur konkreten Befriedigung, sondern zu dem abstrakten Zweck des Verkaufs unserer Ware. Wir vermeinen, alles Materielle und Immaterielle ließe sich erwerben, indem man es kauft; und damit würden die Dinge unser, unabhängig von irgendeinem schöpferischen Bemühen um sie, das von uns selbst ausgehen müßte. Und ebenso betrachten wir unsere persönlichen Eigenschaften und das Ergebnis unserer Arbeit als Ware, die für Geld, Ansehen oder Macht zu kaufen ist. Damit verschiebt sich die Wertschätzung von der leibhaftigen Befriedigung, das das erzeugende Tun gewährt, auf den Verkaufswert des fertigen Erzeugnisses. Dadurch entbehrt der Mensch der einzigen Genugtuung, die ihn wirklich beglückt — des Erlebnisses seiner Tätigkeit im Schaffensprozeß — und jagt statt dessen hinter einem Trugbilde her, das ihn enttäuscht zurückläßt, sobald er glaubt, seiner teilhaftig zu sein: des trügerischen Glückes, genannt Erfolg.

Wenn das Individuum sein Selbst in spontaner Aktivität verwirklicht und so sich der Welt verbindet, hört es auf, ein isoliertes Atom zu sein und wird Teil eines gegliederten Ganzen. Es hat seinen rechtmäßigen Platz, und damit verschwinden all seine Zweifel an sich und dem Sinn des Lebens. Dieser Zweifel entsprang seiner Losgelöstheit und der Durchkreuzung und Verkrümmung seines Lebens. Sobald das Individuum weder zwangsmäßig noch automatisch, sondern spontan zu leben imstande ist, schwinden die Zweifel darin. Es wird einer selbst als einer tätigen, schöpferischen Persönlichkeit gewahr und erkennt: *Es gibt nur einen Sinn des Lebens: das Wirken des Lebenden selbst.*

Wenn das Individuum den Grundzweifel — den an sich selbst und an seiner Stellung im Leben — überwindet; wenn es sich der Welt in spontanem, lebendigem Wirken vermählt, gewinnt es die Kraft der Persönlichkeit; es gewinnt Selbst-Sicherheit.

Diese Sicherheit unterscheidet sich von der Sicherheit des prae-individualistischen Zustandes in gleicher Weise wie sich die neue Weltverbundenheit von jener der primären Bindungen unterscheidet. Die neue Sicherheit ruht weder im Schutz einer höheren Außenmacht, noch sind ihr die tragischen Werte des Daseins entzogen. Die neue Sicherheit ist «dynamisch», sie beruht nicht auf Protektoren, sondern auf menschlich tätiger Selbstbestimmung. Es ist die Sicherheit, die durch des Menschen spontane Aktivität täglich, stündlich erobert wird. Es ist die Sicherheit, die nur die Freiheit zu geben vermag, die keiner Illusionen bedarf, weil sie all jene Voraussetzungen abgeschafft hat, die Illusionen notwendig machten.

Positive Freiheit enthält in der Verwirklichung des Selbst die volle Bejahung der Einzigartigkeit des Individuums. Die Menschen sind gleich und sind auch verschieden geboren. Ihre Verschiedenheit liegt in der körperlichen und seelischen Ausrüstung, mit der sie ins Leben eintreten, und all den besonderen Umständen, Erlebnissen und Erfahrungen, die ihnen dort begegnen. Die individuelle Basis einer Persönlichkeit ist der jeder andern so wenig ähnlich wie irgendein

Organismus dem andern; selbst am Baum gleicht kein Blatt dem andern. Und das natürliche Wachstum des Selbst und seine Entfaltung vollzieht sich immer auf dieser individuellen Grundlage; es ist das Aufkeimen und Sprießen seines ureigenen Kerns — das gerade Gegenteil zur Entwicklung eines Automatons, die niemals organisch erfolgte. Da war das Wachstum des eigenen Selbst blockiert; ein Pseudo-Selbst war darübergestülpt, das, wie wir gesehen haben, aus fremden Denk- und Gefühlsformen zusammengebacken war.

Organisches Wachstum ist nur möglich, wenn wir die Besonderheit des Selbst anderer Menschen genau so achten wie die unseres eigenen. Diese höchste Achtung, Beachtung und Pflege der Einzigartigkeit jedes Selbst ist die wertvollste Errungenschaft menschlicher Kultur. Und eben diese Errungenschaft ist heute in höchster Gefahr.

Die Einzigartigkeit des Selbst widerspricht in keiner Weise dem Grundsatz der Gleichheit. Der Satz: Die Menschen sind gleich geboren, besagt, daß jeder die Eigenschaften, die den Menschen zum Menschen machen, und damit den gleichen unveräußerlichen Anspruch auf Freiheit und Glück besitzt. Er besagt ferner: ihre gegenseitige Beziehung ist nicht die von Beherrschten zu Unterwerfern und umgekehrt, sondern die der Solidarität. Der Begriff Gleichheit bedeutet nicht, daß ein Mensch wie der andere ist. Dieser Gleichheitsbegriff ist vielmehr von der heutigen wirtschaftlichen Rolle des Individuums abgespult; denn in den Beziehungen zwischen Käufer und Verkäufer sind die greifbaren Unterschiede der Persönlichkeit ausgeschaltet. Da kommt es nur darauf an, daß der eine etwas zu verkaufen und der andere Geld hat, es abzukaufen. Im Wirtschaftsleben ist einer wie der andere. Als wirkliche Menschen sind alle verschieden. Und die Pflege, die Achtung, die Kultur ihrer Einzigartigkeit ist Hauptaufgabe der Individualität.

Positive Freiheit enthält auch den Grundsatz, daß es keine höhere Macht gibt als das einzigartige individuelle Selbst;

daß der Mensch Ziel und Mittelpunkt seines Daseins ist; daß das Gedeihen und die Verwirklichung der menschlichen Individualität nie Zwecken unterzuordnen ist, die sich für würdiger ausgeben als die Zwecke des Selbst.

Diese Auslegung dürfte wohl ernsthafte Einwände hervorrufen. Postuliert sie nicht ungezügelten Egoismus? Negiert sie nicht die Idee jedes Opfers für ein höheres Ideal? Führt sie nicht in der Durchführung zur Anarchie? — All diese Fragen sind in der bisherigen Betrachtung teils ausgesprochen, teils unausgesprochen bereits beantwortet. Trotzdem sind sie zu wichtig, als daß man nicht zur Vermeidung von Mißverständnissen nochmals und mit äußerster Klarheit auf sie eingehen müßte.

Daß der Mensch nichts Höherem als er selbst unterworfen sein dürfe, stellt Würde und Erhabenheit von Idealen niemals in Abrede. Vielmehr ist diese Forderung die stärkste Bejahung von Idealen. Doch veranlaßt sie uns zu der kritischen Analyse: Was ist ein Ideal?

Man neigt heutzutage zu der Annahme, ein Ideal sei jedes Ziel, das keinen materiellen Gewinn bringe und für welches ein Mensch bereit sei, auf persönlichen Vorteil zu verzichten und egoistischen Zielen zu entsagen. Dies ist eine pur psychologische — und in diesem Betracht relativistische — Auffassung vom Ideal. Von diesem subjektivistischen Standpunkt aus gesehen hätte ein Faschist, den der Wunsch treibt, sich einer oberen Macht unterzuordnen und gleichzeitig andere zu unterjochen, genau so gut ein Ideal wie der Kämpfer für menschliche Freiheit und Gleichheit. Auf dieser Grundlage ist das Problem der Ideale nie zu lösen.

Wir müssen zwischen wahren und falschen Idealen unterscheiden; der Unterschied ist genau so tief wie zwischen Wahrheit und Falschheit.

Alle echten Ideale haben eines gemeinsam: sie drücken das Verlangen nach etwas aus, was noch nicht erreicht, jedoch für das glückliche Blühen und Fruchten des Individuums wünschenswert ist.*) — Zwar weiß man nicht immer, was diesem Ziel dienlich ist; auch mögen die Meinungen hinsichtlich der Auswirkung eines verwirklichten Ideals auf die Menschheitsentwicklung auseinandergehen, doch ist dies kein Grund für einen Relativismus, der da behaupten möchte, man könne nicht wissen, was dem Leben förderlich sei und was es schädige. Wir wissen ja auch nicht immer genau, ob die oder jene Nahrung gesund ist; trotzdem folgern wir daraus nicht die Unmöglichkeit, Gift festzustellen. Genau so wissen wir, wenn es darauf ankommt, was für die Menschheit Gift ist. Wir wissen, daß Armut, Vereinsamung, Einschüchterung, Isolierung Gift ist, weil sie gegen das Leben gerichtet sind; und wissen, daß alles, was deiner Freiheit dient, und deinen Mut, deine Kraft, Du selbst zu sein fördert, f ü r das Leben wirkt. Was für den Menschen gut oder schlecht ist, ist keine metaphysische Frage, sondern eine empirische, die auf Grund einer Untersuchung der Menschennatur und der Wirkungen, die bestimmte Dinge auf sie ausüben, zu beantworten ist.

Wie steht es nun aber mit «Idealen», die wie das faschistische gegen das Leben gerichtet sind? Wie ist es zu verstehen, daß Menschen diesen falschen Idealen mit gleicher Inbrunst folgen wie andere einem wahren Ideal? Die Antwort bedingt einige psychologische Erwägungen.

Die Betrachtung des Masochismus zeigte uns, daß sich Menschen zum Leiden, zur Unterwerfung hingezogen fühlen können. Zweifellos sind Schmerz, Unterwerfung, Selbstmord den positiven Lebenszielen diametral entgegengesetzt. Dennoch können solche Ziele rein subjektiv als angenehm, anziehend, oder erlösend empfunden werden. Wenn irgend etwas, so verdient dies Hingezogensein zu etwas Lebensschädigendem die Bezeichnung pathologische Perversion. Viele Psychologen nahmen an, nur Lust-Erleben und Ver-

---

*) Vgl. Max Otto, «The Human Enterprise», New York 1940, Kap. IV und V.

meiden von Schmerz seien von rechtswegen für menschliches Tun bestimmend, während die dynamische Psychologie bewies, daß subjektives Lust-Erleben kein ausreichendes Kennzeichen für den Wert eines bestimmenden Verhaltens im Hinblick auf menschliches Glück sei. Der Masochismus ist dafür ein Schulbeispiel. Seine Analyse zeigt, daß Lustgefühle die Folge von pathologischer Perversion sein können und so wenig über die objektive Bedeutung des Erlebnisses aussagen wie der süße Geschmack eines Giftes über dessen Wirkung im Organismus.*) Und damit sind wir dazu gelangt, das echte Ideal als jenes Ziel zu definieren, welches das Wachstum, die Freiheit und das Glück des Selbst fördert, und das nachgemachte, das fiktive Ideal als ein irrationales und zwangsmäßiges Ziel, das zwar subjektiv ein anziehendes Erlebnis bedeutet, tatsächlich jedoch auf das Leben schädigend einwirkt. Akzeptieren wir diese Definition, so folgt daraus, daß das echte Ideal nie irgendeine, für das Individuum lockend verschleierte höhere Macht, sondern stets ein deutlicher Ausdruck höchster Bekräftigung und Bejahung des Selbst ist. Jedes Ideal, das sich im Gegensatz zu solcher Bejahung befindet, beweist schon allein dadurch, daß es kein Ideal sondern ein pathologisches Ziel ist.

Wir kommen nun zu der Frage des Opfers. Schließt unsere Definition der Freiheit als Nicht-Unterwerfung unter irgendeine h ö h e r e Macht die Opfertat, einschließlich der Aufopferung eigenen Lebens aus?

---

*) Die hier erörterte Frage führt zu einem Punkt, der sehr bedeutungsvoll ist und den ich daher wenigstens erwähnen will: dass ethische Fragen durch die dynamische Psychologie geklärt werden können. Der Psychologe kann dabei aber nur dann von Nutzen sein, wenn er die Erheblichkeit ethischer Fragen für das Verständnis der Persönlichkeit einsieht. Jede Psychologie, einschliesslich der Freudschen, die solche Probleme nur in Ansehung des Lustempfindens behandelt, versagt damit beim Verständnis eines wichtigen Persönlichkeits-Sektors und überlässt das Feld dogmatischen, unempirischen Moral-Doktrinen. Die in diesem Buch vorgenommenen Analysen von Selbstliebe, masochistischem Opfer, Idealen gab für dies psychologisch-ethische Gebiet Anregungen, die hoffentlich weiterwirken.

Dies ist in einer Zeit, da der Faschismus die Selbstaufopferung als höchste Tugend ausruft und durch diese idealistische Geste so manchen beeindruckt, eine besonders wichtige Frage. Die Antwort erfolgt logisch aus dem bisher Gesagten.

Es gibt zwei völlig verschiedene Arten von Opfer, und es ist eine der tragischen Fakta des Lebens, daß die Ziele unseres geistigen Selbst den Anforderungen unseres physischen Selbst oft widerstreiten; daß wir tatsächlich oft zur Wahrung der Integrität unseres geistigen Selbst unser physisches Selbst aufopfern müßten. Ein solches Opfer bleibt immer ein tragisches. Der Tod ist nie süß, auch nicht wenn man ihn für das erhabenste Ideal erleidet. Er bleibt unaussprechlich bitter und kann dennoch die höchste Lebensbehauptung und Selbst-Verteidigung sein. Solches Opfer unterscheidet sich grundlegend von dem «Opfer», das der Faschismus predigt. Dort ist es nicht der höchste Preis, den der Mensch für seine Selbst-Behauptung entrichtet; dort ist es Selbstzweck. Das masochistische Opfer sieht die Erfüllung des Lebens in der Verneinung desselben, in der Vernichtung des Selbst. Es ist weiter nichts als der äußerste Ausdruck dessen, was der Faschismus in all seinen Verästelungen anstrebt: Vernichtung des individuellen Selbst und seine Unterwerfung unter eine höhere Macht. Es ist die Perversion des wahren Opfers so wie der Selbstmord die äußerste Perversion des Lebens ist. Das wahre Opfer setzt das kompromißlose Verlangen nach geistiger Sauberkeit, Reinheit und Unversehrtheit voraus. Das «Opfer» der Sado-Nazisten aber, die alle Sauberkeit und seelische Unbescholtenheit längst verloren haben, überdeckt nur ihren moralischen Bankrott.

Der letzte Einwand: Wenn alle Individuen frei, d. h. spontan ihren eigenen Gefühlen folgen, ihre eigenen Gedanken verwirklichen können und keine Autorität über sich anerkennen, führt das nicht unausbleiblich zur Anarchie?

Es kommt hier natürlich nur darauf an, was man unter

Anarchie und was unter Autorität versteht. Steht das Wort Anarchie für unbekümmerten Egoismus und Zerstörung, dann hat man weder mich noch die Menschennatur verstanden. Ich kann nur auf das in dem Kapitel über Fluchtmechanismen Nachgewiesene verweisen: daß der Mensch weder gut noch schlecht ist; daß allem Leben die Neigung innewohnt zu wachsen, zu blühen, sich fruchtbar zu entfalten; daß wenn das Leben durchkreuzt, gehemmt und das Individuum isoliert, von Zweifeln zernagt und von den Gefühlen der Einsamkeit und des Unvermögens übermannt ist, es dann zur Zerstörung getrieben wird, nach Macht giert und nach Selbstunterwerfung.

Ersteht die Freiheit jedoch als «Freiheit zu» und verwirklicht der Mensch sein Selbst kompromißlos, dann entfällt die Grundlage der asozialen Gefühle und Triebe und nur noch ein krankes, abnormales Geschöpf wird der Gesellschaft gefährlich sein.

Diese Freiheit wurde noch nie in der Geschichte der Menschheit verwirklicht und war doch immer ein Ideal, dem die Menschheit treu blieb, selbst wenn es, wie so oft, verworren und irrational ausgedrückt wurde. Man braucht sich nicht darüber zu verwundern, daß die Weltgeschichte uns von so viel Zerstörung und Grausamkeiten zu berichten hat. Eher könnte es uns überraschen — und zugleich ermutigen —, daß trotz allem, was Menschen widerfuhr, sich das Menschengeschlecht noch ein solches Maß Mut, Würde, Anstand und Güte bewahrt hat, wie sie uns im Verlauf der Geschichte entgegentritt und wie sie uns selbst heute noch in zahllosen einfachen Menschen begegnet.

Versteht man jedoch unter Anarchie, daß das Individuum keine Autorität anerkennt, so liegt die Antwort in dem obenerwähnten Unterschied zwischen irrationaler und rationaler Autorität. Wie jedes echte Ideal vertritt die rationale Autorität die Ziele des Wachstums und der Entfaltung des Individuums. Daher befindet sie sich grundsätzlich nie in Konflikt mit dem Individuum und seinen realen, nicht pathologischen Zielen. —

In unsern Tagen erreichte die Freiheit den kritischen Punkt, an welchem sie, von ihren eigenen Dynamismen getrieben, in ihr Gegenteil umzuschlagen droht. Die Zukunft der Demokratie hängt ab von der Verwirklichung des Individualismus, der seit den Zeiten der Renaissance das ideologische Ziel im Denken der Neuzeit war. Die kulturelle und politische Krise von heute rührt nicht davon her, daß in unserer Welt zu viel Individualismus ist, sondern kommt daher, daß das, was wir für Individualismus gehalten haben und vielfach noch halten, zur leeren Hülse geworden ist. Der Sieg der Freiheit ist nur dann möglich, wenn sich die Demokratie dahin entwickelt, daß in ihr das Ziel und der Zweck der Kultur und Zivilisation das Individuum ist, sein Glück, sein Gedeihen; daß das Dasein keine Rechtfertigung im Erfolg oder in sonst etwas suchen muß und das Individuum keiner Außenmacht untergeordnet ist, die mit ihm nach ihrem Gutdünken verfährt und umspringt — sei diese Macht der Staat oder die Wirtschaft — sondern daß die Demokratie eine Gesellschaft errichtet, in welcher das Gewissen und die Ideale des Menschen keine Verinnerlichungen äußerer Einflüsse, sondern in Wahrheit *sein* sind: Ausdruck der Ziele, die aus den Besonderheiten und Anlagen seines Ichs hervorgehen.

In keiner früheren Geschichtsepoche ließen diese Ziele sich voll verwirklichen. Sie mußten sich damit begnügen, ideologische Ziele zu sein; denn noch fehlte die materielle Grundlage für die Entwicklung des wahren Individualismus. Erst die kapitalistische Epoche schuf hierzu die Voraussetzung. Das Problem der Produktion ist wenigstens im Prinzip gelöst. Wir könnten einer Zukunft der Fülle, des Überflusses entgegensehen, in der kein Mangel mehr Kämpfe um wirtschaftliche Vorrechte notwendig macht.

Das Problem, dem wir heute gegenüberstehen, heißt:

Organisation der gesellschaftlichen und wirtschaftlichen Kräfte, auf daß der Mensch als Glied einer organisierten Gesellschaft der Herr dieser Kräfte werde und nicht mehr ihr Sklave sei —

Ich habe in unserer Untersuchung das Schwergewicht auf die psychologische Seite der Freiheit gelegt, wies aber auch darauf hin und wies nach, daß sich das psychologische Problem nicht von der ökonomischen, sozialen und wirtschaftlichen Struktur der Gesellschaft trennen läßt. Hieraus folgt, daß die Verwirklichung der positiven Freiheit an wirtschaftliche und soziale Veränderungen gebunden ist; diese erst werden es dem Individuum ermöglichen, daß es zur Verwirklichung seines Selbst die Hände frei hat. Die sich hieraus ergebenden Wirtschaftsprobleme und das Bild ökonomischer Zukunftspläne gehören zwar nicht mehr in den Rahmen dieses Buches, doch möchte ich keinen Zweifel darüber lassen, in welcher Richtung nach meiner Ansicht die Lösung liegt.

Zunächst: Wir können es uns nicht leisten, irgendeine der grundlegenden Errungenschaften der Demokratie preiszugeben, weder die Wahl einer dem Volke verantwortlichen Regierung durch dieses Volk, noch irgendeines der Rechte, welche unsere Verfassung jedem Bürger verbürgt. Ebensowenig gibt es ein Kompromiß bezüglich des neuen demokratischen Grundsatzes, daß keiner genötigt sein darf, zu hungern; daß die Gesellschaft für jedes ihrer Mitglieder die Verantwortung trägt: daß niemand aus Furcht vor Arbeitslosigkeit unter Preisgabe seines menschlichen Stolzes sich in unwürdige Abhängigkeit begeben muß. Diese Grund-Errungenschaften sind nicht nur zu wahren, sie sind zu festigen und auszubauen.

Allein die Verwirklichung dieser demokratischen Maßnahmen genügt nicht. Der demokratische Fortschritt liegt in der Steigerung und Erweiterung von Freiheit, Spontanität und Initiative des Individuums — nicht bloß in seinen privaten und rein geistigen Angelegenheiten, sondern vor allem in dem, für das Sein jedes Menschen entscheidenden Tun: seiner Arbeit.

Was müßte hierzu im großen ganzen geschehen? — An Stelle des Irrationalen, Planlosen unserer Gesellschaft muß eine geplante Wirtschaft treten, die den planmäßigen Anstrengungen der Gesamtheit und ihrer Willensmeinung entspricht. Voraussetzung hiefür ist die Abschaffung all jener heimlichen Herrscher, die gering zwar an Zahl und ohne jede Verantwortung gegenüber denen, deren Schicksal von ihren Entschließungen abhängt, heute noch immer die größte Wirtschaftsmacht darstellen und ausüben.

Man kann diese neue Gesellschafts- und Wirtschaftsordnung als demokratischen Sozialismus bezeichnen, aber der Name, das Wort tut nichts zur Sache. Nie wurden Worte derart zur Verschleierung der Wahrheit mißbraucht wie in unseren Tagen. Hinterlistige Preisgabe einer rechtmäßigen und wahren Volksregierung hieß «Nichteinmischung», militärische Überfälle wurden als Verteidigung gegen beabsichtigten Angriff getarnt, Eroberung und Unterdrückung kleinerer Staaten segelten unter den Fahnen von Nichtangriffs- und Freundschaftspakten und die brutalste Ausrottung ganzer Völker erfolgte unter der Marke des «Nationalen Sozialismus». So werden auch die Worte Freiheit, Demokratie, Spontanität, Dynamik und Individualismus mißbraucht. Doch es gibt ein untrügliches Verfahren, jederzeit festzustellen, was Demokratie, was Faschismus ist. Wahre Demokratie schafft die wirtschaftlichen, politischen und kulturellen Bedingungen für die volle Entwicklung des Individuums. Faschismus hingegen ist jedes System, jede Einrichtung — ganz gleich, welchen harmlosen oder vertraueneinflößenden Namen sie sich zulegen —, welche den Menschen fremden Zwecken unterordnet und die Entwicklung echter Individualität schwächt. —

Daher kommt es vor allem darauf an, ein rationales Wirtschaftssystem zu errichten, das den Zwecken des Volkes dient und seinem Willen entspricht. Heute hat eine ungeheuerliche Mehrheit des Volkes weder Einblick und Überblick, noch Anteil und Einfluß auf das Ganze der Wirtschaftsmaschinerie, und für den Einzelnen besteht nur eine verschwindend geringe Möglichkeit, in seiner Arbeit echte Initiative und Spontanität zu entwickeln; man erwartet ja nichts anderes von ihm, als daß er nur tut, was er geheißen wird. Nur in einer Planwirtschaft, in welcher die gesamte Nation nach den Grundsätzen der Vernunft, d. h. rational, die ökonomischen und sozialen Kräfte bemeistert, kann der Einzelne an der Verantwortung teilnehmen und schöpferische Intelligenz auf seine Arbeit verwenden.

Alles, worauf es ankommt, ist, daß dem Individuum die Möglichkeit zu echter Aktivität wiedergegeben wird; daß die Zwecke der Gesellschaft mit seinen eigenen identisch werden — nicht ideologisch, sondern in Wirklichkeit — und daß er endlich tätig und frei seine körperlichen und geistigen Kräfte auf seine Arbeit verwenden und sie als etwas Persönliches, als eine Leistung betrachten kann, mit der er sich verbunden und für die er sich verantwortlich fühlt, weil sie bedeutungs- und zweckvoll seinen menschlichen Zielen entspricht. Das bisherige Manipulieren mit Menschen müssen wir durch aktive, verständige Cooperation ersetzen und den Grundsatz der «Regierung durch das Volk für das Volk» von dem formal politischen auf das wirtschaftliche Gebiet ausdehnen.

Die Frage, ob ein politisches und wirtschaftliches System dazu imstande ist, die Sache der menschlichen Freiheit zu fördern, läßt sich nicht rein politisch und ökonomisch beantworten. Das einzige Kriterium für die Verwirklichung der Freiheit besteht darin, daß der Einzelne an der Bestimmung seines Lebens und des der Gesellschaft tätigen Anteil hat, und zwar nicht bloß durch den formalen Akt einer Stimmabgabe, sondern in täglichem Wirken, in seinem

Werk und seinen Beziehungen zu den andern. Würde die neue Demokratie sich auf das rein Politische beschränken, so wäre sie nicht in der Lage, den Folgen der ökonomischen Bedeutungslosigkeit des Durchschnitt-Individuums wirksam entgegenzutreten. —

Eine der größten Schwierigkeiten bei der Festsetzung der Bedingungen zur Verwirklichung der Demokratie liegt offensichtlich in dem Widerspruch, der zwischen Planwirtschaft und dem tätigen, lebendigen Zusammenwirken der einzelnen Individuen zu bestehen scheint. Planwirtschaft eines großen durchindustrialisierten Gebietes erfordert zweifellos ein Großteil an Zentralisation und demzufolge eine Bürokratie zur Verwaltung des ganzen zentralisierten Apparats, während andererseits die Möglichkeit der Einblicknahme und Cooperation jedes Einzelnen und der aktiven Kontrolle der kleinsten Einheiten des ganzen Systems die Dezentralisation in weitestem Ausmaß verlangt. Wenn nicht das Planen von oben, von der Spitze her, verbunden ist mit tätiger Anteilnahme von unten; wenn der Strom sozialen Lebens nicht ununterbrochen von unten nach oben flutet, führt Planwirtschaft unweigerlich wieder zum alten System von Beeinflussungen und Manipulationen. Die Lösung dieses Problems wechselseitiger Durchdringung und Dezentralisation wird eine der Hauptaufgaben der künftigen Gesellschaft sein. Doch ist sie bestimmt nicht schwieriger, als es die Lösung all jener technischen Fragen war, die uns einer fast völligen Beherrschung der Natur und ihrer Kräfte nahegebracht haben. Aber nur dann wird sie gelöst werden, wenn wir bis ins Innerste von der Notwendigkeit einer klaren Lösung durchdrungen sind und voll Vertrauen auf die Menschen und ihre Fähigkeit, ihre eignen Interessen menschlich zu wahren.

Es ist zum Teil wieder das Problem individueller Initiative, dem wir uns hier gegenübersehen.

Persönliche Initiative war eine der stärksten Triebkräfte

sowohl der persönlichen wie der wirtschaftlichen Entwicklung im liberalistisch-kapitalistischen System. Mit zwei Einschränkungen: Nur mit Auswahl wurden die Qualitäten des Menschen entwickelt; die Auswahl war auf Willen und Schläue beschränkt, im übrigen blieb er Untertan ökonomischer Zwecke. In der weitgehend individualisierten Wettbewerbsphase des Kapitalismus, die noch zahllosen Einzelpersonen wirtschaftliche Selbständigkeit ließ, funktionierte dieses Prinzip vortrefflich. Heut ist der Spielraum wesentlich eingeengt; nur eine kleine Anzahl von Leuten kann da noch Initiative entwickeln. Wenn wir heut das Prinzip individueller Initiative verwirklichen und in einer Weise erweitern wollen, daß dadurch alle menschlichen Qualitäten freiwerden, so kann dies nur auf Grundlage der rationalen und vereinten Bemühungen unserer gesamten Gesellschaft geschehen und nur bei einer so weitgehenden Dezentralisation, daß damit echte, aktive, reale Zusammenarbeit und Kontrolle auch durch die kleinste Einheit des ganzen Systems gesichert ist.

Nur wenn der Mensch die Gesellschaft zu meistern und den Wirtschaftsapparat den Zwecken menschlichen Glücks unterzuordnen versteht und nur wenn er aktiv am Gesellschaftsprozeß beteiligt ist, vermag er alles zu überwinden, was ihn jetzt in Verzweiflung treibt: Vereinsamung, Unsicherheit und Selbst-Bewußtlosigkeit. Denn der Mensch leidet nicht einmal so sehr unter der Armut wie unter der Tatsache, daß er zum Radzahn in einer Riesenmaschinerie wurde, zum Automaten, dessen Dasein leer und sinnlos geworden ist.

Der Sieg über alle Spielarten autoritärer Systeme wird nur dann möglich sein, wenn sich die Demokratie nicht in sich selbst zurückzieht, verkriecht, sondern die Offensive ergreift und vorangeht, um das zu verwirklichen, was als Ziel im Geiste all derer lebte, die in den letzten Jahrhunderten für die Freiheit gekämpft haben. Denn nur dann wird die Demokratie die Kräfte des Nihilismus besiegen, wenn sie die Menschen mit dem Glauben erfüllt, dem stärksten, dessen der Menschengeist fähig ist: dem Glauben an das Leben und an die Wahrheit und an die Freiheit als tätige und spontane Verwirklichung der Persönlichkeit.

CHARAKTER UND GESELLSCHAFTSPROZESS

Anhang

Für Leser, die mir in unserer Analyse bis hierher gefolgt sind und die sich für theoretische Fragen interessieren, möchte ich noch kurz die allgemeinen theoretischen Grundlagen der vorliegenden Analyse behandeln.

Beim Studium der seelischen Reaktionen einer Gesellschaftsgruppe geht es, wie schon erklärt, um die Charaktere der Gruppenangehörigen. Trotzdem beschäftigen uns dabei nicht die Besonderheiten, in denen sich diese Gruppenmitglieder voneinander unterscheiden; unser Augenmerk gilt vielmehr dem Teil ihrer Charakteranlage, der den meisten von ihnen gemeinsam ist. Nennen wir diesen Charakter «Gesellschaftscharakter»! Dieser Gesellschaftscharakter ist notwendigerweise weniger mannigfaltig als der individuelle Charakter. Bei letzterem sehen wir ein Gesamtbild all jener Einzelzüge, die in ihrer einmaligen Gruppierung Schwäche und Stärke die Persönlichkeitsstruktur dieses oder jenes Individuums ausmachen. Der Gesellschaftscharakter hingegen umfaßt nur eine Auswahl von Zügen: den Wesenskern der Charakterstruktur der meisten Gruppenmitglieder, welcher sich als Ergebnis der dieser Gruppe gemeinsamen Lebensweise und Grunderlebnisse entwickelte. Obschon es auch da immer «Abweichende», Außenseiter mit gänzlich anderer Charakterstruktur geben mag, stellt doch die Charakterstruktur der meisten Gruppenmitglieder nur Variationen dieses Wesenskerns dar, hervorgebracht durch die mehr zufälligen Faktoren der Geburt, der Umgebung, der Lebenshaltung usw. Handelt es sich nun darum, ein bestimmtes Individuum möglichst genau zu verstehen, so sind diese Unterscheidungsmerkmale von äußerster Wichtigkeit. Wenn wir hingegen feststellen wollen, wie innerhalb einer bestimmten Gesellschaftsordnung menschliche Energien geleitet und als fortzeugende Kraft wirksam werden, so beansprucht der Gesellschaftscharakter unser vornehmlichstes Augenmerk.

Der Gesellschaftscharakter ist der Schlüssel zum Verständnis des Gesellschaftsprozesses. Charakter (im dynamistischen Sinn der analytischen Psychologie) ist die spezifische Form, welche menschliche Energien durch dynamische Anpassung menschlicher Bedürfnisse an den besonderen Daseinsmodus einer bestimmten Gesellschaft annehmen. Dieser Charakter hinwiederum bestimmt das Denken, das Fühlen und Handeln der Individuen. Hinsichtlich des Denkens, also unserer Gedanken, ist das nicht ganz leicht einzusehen, da wir wohl alle der üblichen Ansicht zuneigen, es sei unser Denken ein rein verstandesgemäßer Vorgang. Doch ist dem nicht so! Und zwar um so weniger, je mehr sich unsere Gedanken auf ethische, philosophische, politische, psychologische oder soziale Probleme und nicht auf rein empirische Beschäftigung mit konkreten Gegenständen beziehen. Solche Gedanken sind — neben den rein logischen im Denkakt vorhandenen Elementen — in hohem Maß durch die Persönlichkeitsstruktur dessen, der denkt, bestimmt. Dies gilt sowohl für das ganze Lehrgebäude einer Doktrin oder eines theoretischen Systems wie für jeden einzelnen Begriff wie Liebe, Recht, Gerechtigkeit, Gleichheit, Opfer. Jeder derartige Einzelbegriff und jedes Lehrsystem wächst aus einem gefühlsmäßigen Mutterboden, der mit dem Charaktergefüge des Individuums verwurzelt ist.

Die vorausgegangenen Kapitel lieferten uns hierzu zahlreiche Illustrationen. Für Doktrinen und Systeme gaben wir die Beispiele des Früh-Protestantismus und des autoritären

Systems. Bezüglich der Einzelbegriffe konnten wir demonstrieren, daß für den sado-masochistischen Charakter z. B. Liebe symbiotische Abhängigkeit bedeutet (nicht gegenseitige Bejahung, Vereinigung auf Grundlage der Gleichheit); Opfer bedeutet ihm äußerste Unterordnung des individuellen Selbst unter etwas Höheres (nicht tatkräftig heldenhafte Hingabe des physischen Ich zur Aufrechterhaltung des eigenen sittlichen und geistigen Selbst); Unterschied ist für ihn nur Unterschied an Macht (nicht Unterschied der Individualitäten und ihrer Möglichkeiten auf Basis der Gleichheit); Recht bedeutete: was dem «Volke» (d. h. den Machthabern) «nützt» (d. h. bedingungslos dient); Gerechtigkeit bestenfalls, was jemandem «zusteht» (d. h. ihm gnädigst ‚von Oben' gewährt wird, und nicht etwa, daß jeder Einzelne den unbedingten Anspruch auf die Verwirklichung mit ihm geborener, unveräußerlicher Rechte besitzt). Mut ist dem Sado-Masochisten ein Bereitsein, sich Leiden und Sterben zu unterwerfen (nicht äußerste Behauptung der Individualität gegen die Macht). Obwohl also das Wort, das zwei Menschen abweichender Persönlichkeit gebrauchen, wenn sie von Liebe sprechen, genau das gleiche ist, ist seine Bedeutung je nach ihrer Charakterstruktur völlig verschieden. Viel Verwirrung der Geister wäre bei einer korrekten psychologischen Analyse dieser und anderer Begriffe vermeidbar; jeder Versuch einer rein logischen Einordnung muß da notwendig versagen.

Die Tatsache, daß Ideen aus gefühlsmäßigem Mutterboden erwachsen, ist von höchster Bedeutung, erschließt das Verständnis jeder Kultur und Unkultur. Jede Gesellschaft und jede Klasse innerhalb einer Gesellschaft besitzt einen besonderen Gesellschaftscharakter, auf dessen Boden seine besonderen Ideen sich entwickeln und mächtig werden. So konnte z. B. die Idee des fleißigen Arbeitens und des Erfolges als Hauptlebensziel für den Menschen der Neuzeit nur auf Grundlage seiner Vereinsamung und Zweifel mächtig und zugkräftig werden, während etwa bei den Pueblo-Indianern oder mexikanischen Bauern eine Propaganda für die Idee unablässigen Strebens und Mühens um Erfolg entschieden ein Schlag ins Wasser wäre. Völker mit einer anders gearteten Charakterstruktur würden es kaum verstehen, wovon ein Mensch, der ihnen derartige Ziele vor Augen stellt, überhaupt redet. Ein Hitler und alle, die in Deutschland und anderswo eine ähnliche Charakterveranlagung aufweisen, wären fest davon überzeugt, daß jeder, der da behauptet, man könne den Krieg aus der Welt schaffen, entweder ein Narr oder ein Lügner sei. Denn ihrem Gesellschaftscharakter nach können sie ein Leben ohne Zerstörung genau so wenig verstehen wie Freiheit und Gleichheit.

Es ereignet sich aber auch oft, daß einzelne Gruppen Ideen annehmen, ohne infolge der Eigentümlichkeiten ihres Gesellschaftscharakters von ihnen tiefer berührt zu sein. Dann bilden die Ideen zwar einen Vorrat bewußter Überzeugungen, aber in kritischen Zeiten, wenn es gilt, nach diesen Ideen zu handeln, versagen die Gruppenmitglieder. Den Beweis dafür lieferte die deutsche Arbeiterbewegung beim Sieg des Nazismus. Die überwältigende Mehrheit der deutschen Arbeiter stimmte vor Hitlers «Machtergreifung» sozialdemokratisch oder kommunistisch und glaubte an die von ihren Parteien vertretenen Ideen und diese Ideen waren unter der Arbeiterschaft sehr verbreitet. Jedoch das Gewicht der Ideen stand nicht im Verhältnis zu ihrer Ausbreitung. Der Überfall des Nazismus stieß auf keine Majorität, die bereit gewesen wäre, für ihre Ideen mit allen Mitteln zu kämpfen. Viele Anhänger der Linksparteien glaubten nur solange an ihr Parteiprogramm, als ihre Partei in Kraft war; als die Krise kam, waren sie bereit, «der Gewalt zu weichen». Eine genauere Analyse der Charakterstruktur des deutschen Arbeiters könnte einen (wenn auch nicht den alleinigen) Grund für diese Erscheinung aufzeigen. Viele deutsche Arbeiter waren von einem Persönlichkeitstyp, der viel mit dem autoritären Charakter gemein hatte. Sie hatten einen tiefsitzenden Respekt vor der Autorität, vor Gesetz, Heer, Flotte, Beamtenschaft und eine Sehnsucht nach Versorgung und dauernder Stellung. Die Forderung des Sozialismus nach individueller Unabhängigkeit contra Autorität und zugleich seine Betonung der Solidarität contra individuelle Zurückgezogenheit war nicht das, was sich viele dieser Arbeiter auf Grund ihrer Persönlichkeitsstruktur wünschten, und es war ein Irrtum der radikalen Parteileitungen, daß sie die Kraft ihrer Partei nur auf Grund der Ausbreitung dieser Ideen werteten und darüber das Gewicht übersahen, das dieselben bei ihrer Anhängerschaft (und in ihrem eigenen Herzen) hätten besitzen sollen und nicht besaßen.

Dem gegenüber zeigte unsere Analyse der protestantischen und calvinistischen Doktrinen, daß diese Ideen unter den Anhängern der neuen Religion deshalb durchgreifend und mächtig waren, weil sie wirklich den Nöten und Ängsten entsprachen, die in der Charakterstruktur der Menschen, an die sie sich wandten, vorhanden waren. Das bedeutet: Ideen können machtvolle Kräfte werden, doch nur in dem Ausmaß, in dem sie den besonderen menschlichen Bedürfnissen entsprechen, die in dem gegebenen Gesellschaftscharakter als ausschlaggebend hervortreten.

Wie Denken und Fühlen ist auch das menschliche Tun durch die Charakterstruktur bestimmt. Bei den Neurotikern liegt das auf der Hand. Der Zwang, die Fenster eines Hauses oder Pflastersteine zu zählen, entspringt, wie jeder leicht einsieht, Trieben von Zwangscharakter. Bei den normalen Menschen jedoch scheint jegliches Tun auf realen Notwendigkeiten oder vernünftigen Überlegungen zu beruhen. Erst dank der neuen Werkzeuge psychoanalytischer Beobachtung kam man eindeutig dahinter, daß auch das sogenannte vernünftige Verhalten weitgehend durch die Charakterstruktur bestimmt ist. Die Bedeutung des Arbeitsfleißes, des modernen Menschen angespanntes Verlangen nach unablässiger

Tätigkeit, das seiner Vereinsamung, Sorgen und Ängsten entspringt, gab uns hiezu ein Beispiel. Da aber sozusagen allen normalen Menschen dieser Arbeitsdrang heutzutage innewohnt und außerdem angestrengte Arbeit tatsächlich zum Leben notwendig ist, wird die irrationale Wurzel dieser Eigenschaft leicht übersehen.

Fragen wir uns nun, wozu der Charakter dem Individuum und wozu er der Gesellschaft dient, so ist die Antwort nach allem Vorausgegangenen nicht mehr schwierig. Deckt sich der Individualcharakter einigermaßen mit dem Gesellschaftscharakter, so wird der Betreffende durch die in seiner Persönlichkeit überwiegenden Triebe dazu veranlaßt, das zu tun, was unter den besonderen Bedingungen seines Kulturkreises nötig und erwünscht ist. Hat er zum Beispiel einen leidenschaftlichen Spartrieb und einen Abscheu davor, Geld für sein persönliches Behagen auszugeben, so wird ihm dieser Trieb — angenommen er ist ein kleiner Ladeninhaber — außerordentlich zu statten kommen. Neben dieser ökonomischen haben jedoch die Charaktereigenschaften auch eine ebenso wichtige psychologische Funktion. Jener Mann, dessen Spartrieb innerem Drang entspricht, zieht aus dem Umstand, daß er imstande ist, diesem Drang Genüge zu leisten, tiefe seelische Befriedigung. Er ist also, wenn er spart, nicht allein praktisch im Vorteil, sondern fühlt sich auch psychisch befriedigt. Eine Kleinbürgerin, der es auf dem Markt gelingt, bei einem Einkauf zehn Prozent herunterzuhandeln, empfindet dabei — man kann das täglich erleben — etwa die gleiche Freude und Befriedigung wie eine Frau andern Charakters bei einem Sinnengenuß. Und nicht allein, wenn jemand dem seiner Charakterstruktur entspringenden Verlangen gemäß handelt, stellt sich diese entzückte Genugtuung ein, sondern auch wenn er bloß von Ideen liest oder hört, die ihm aus gleichen Gründen verlockend und reizvoll sind. Daher übt denn auch eine Ideologie, für die einerseits die Natur eine Allmacht darstellt, der man sich unterwerfen müsse, und für die anderseits die Politik eine Art sadistischer Orgie bedeutet, auf autoritäre Charaktere mächtige Anziehungskraft aus; schon beim bloßen Lesen oder Hören fühlen sie sich mächtig angezogen und befriedigt. Dies bedeutet: es ist die subjektive Funktion des Charakters eines normalen Menschen, ihn dazu zu bringen, daß er so handelt wie es vom praktischen Standpunkt für ihn notwendig ist, und zugleich ihm für diese Tätigkeit psychische Befriedigung zu gewähren.

Für die Funktion des Gesellschaftscharakters gilt zunächst einmal das gleiche wie für die des Individualcharakters: Anpassung entwickelt wünschenswerte Eigenschaften und Antriebe. Bleiben wir beim Beispiel der bis zum Arbeitsfanatismus gesteigerten Arbeitsamkeit! Das Industriesystem der kapitalistischen Staaten braucht diesen Fleiß. Denn würde nur unter dem Druck äußerer Notwendigkeiten gearbeitet, dann würde die Kluft zwischen dem, was man tun möchte, und dem, was man sollte, so groß, daß die Leistungsfähigkeit darunter leiden müßte. Statt dessen jedoch werden durch die dynamische Anpassung des Charakters an die Erfordernisse der Gesellschaft die menschlichen Energien so umgeformt, daß weder die Leistungsfähigkeit leidet, noch der Mensch zur Arbeit gezwungen zu werden braucht, sondern daß er vielmehr von innerem Zwang zur Arbeit getrieben wird, daß er nach Arbeit schreit! Da braucht es keine Gebote von außen; der Mensch erschafft sich innere Götter, vor denen er sich verneigt — Gewissen, Pflicht, Fleiß — und diese beherrschen und kontrollieren ihn besser als jede äußere Macht. Mit andern Worten: Der Gesellschaftscharakter verinnerlicht äußere Notwendigkeiten und wappnet auf diese Weise die menschliche Energie für die ihr in einem Gesellschaftssystem gestellten Aufgaben.

Wir sahen: sobald sich bestimmte Bedürfnisse in einer Charakterstruktur ausprägen, gewährt jedes Verhalten, das mit diesen Bedürfnissen konform geht, zugleich seelische wie wirtschaftlich praktische Befriedigung. Solange nun eine Gesellschaft den Individuen diese doppelte Befriedigung gewährt, solange wird auch ihr Bau von den psychologischen Kräften gut untermauert und betoniert. Mit der Zeit aber bekommt der Beton Risse. Wohl existiert noch der hergebrachte Gesellschaftscharakter, aber die ökonomischen Bedingungen sind andere geworden; sie sind so, daß die guten alten Charaktereigenschaften für sie wertlos geworden sind. Die Menschen versuchen zwar immer noch entsprechend ihrer Charakteranlage zu handeln, doch zeigt es sich bald: entweder ist dieses Handeln für ihre wirtschaftlichen Zwecke von Nachteil, oder sie finden immer seltener eine Möglichkeit, so zu handeln, wie es ihrer «Natur» entspricht. Wir sahen das beim alten Mittelstand besonders deutlich in Ländern mit starrer Klassenteilung wie in Deutschland. Die alten Bürgertugenden: Mäßigkeit, Sparsamkeit, Vorsicht, Bedächtigkeit, Mißtrauen, wurden im modernen Geschäftsleben weniger wichtig als ‚zeitgemäße' Tugenden, wie Initiative, Wagemut, Draufgängertum. Dort aber, wo die alten Eigenschaften noch ein Plus bedeuteten, beim Detailhändler etwa, waren die Möglichkeiten der Branche so eingeengt, daß von den Kindern des Mittelstandes nur der kleinste Teil die überlieferten Charaktereigenschaften nutzbringend ‚einsetzen' konnte. Die frühere Erziehung hatte Eigenschaften in ihnen entwickelt, die ehedem ihrer Klassenlage angepaßt waren, aber die wirtschaftliche Entwicklung war rascher gegangen als die Charakterentwicklung. Dieser neue Zwiespalt zwischen wirtschaftlicher und psychologischer Entwicklung ergab eine Situation, in der die psychischen Bedürfnisse und Nöte sich nicht mehr durch die gewohnten wirtschaftlichen Tätigkeiten befriedigen ließen. Aber die Bedürfnisse und Nöte waren da und mußten auf irgend welche Art Befriedigung suchen. Das enge selbstsüchtige Streben nach Vorteilen, das für das Kleinbürgertum bezeichnend war, wurde so von der individuellen Ebene auf die nationale verschoben und intensiviert. Ein gleiches geschah mit den sadistischen Impulsen; aus persönlichen und Geschäfts-Intrigen wurden politische und suchten, entfesselt, ihre Befriedigung in Denunziationen, Pogromen, Überfällen und Krieg. Nicht mehr dienten die psychologischen Kräfte als Beton der Untermauerung der bestehenden Gesellschaft — sie waren zu Dynamit geworden, und dieses Dynamit wurde von Gruppen benutzt, die den, von politischen und ökonomischen Traditionen getragenen Bau einer demokratischen und erst recht den benachbarten Neubau einer sozialistischen Gesellschaft in die Luft sprengen wollten.

Wir sprachen noch nicht vom Anteil der Erziehung an der Ausprägung des Gesellschaftscharakters. Da jedoch vielen Psychologen die im zartesten Kindesalter und später bei der heranwachsenden Jugend angewandten Erziehungsmethoden als Ursachen der Charakterentwicklung gelten, scheinen hier einige Bemerkungen am Platz. Fragen wir zunächst: was verstehen wir unter Erziehung? Es sind da vielerlei Definitionen möglich; im Hinblick auf den Gesellschaftsprozeß müßte die Definition etwa so sein:

Es ist die Gesellschaftsfunktion der Erziehung, das Individuum zu der Rolle zu befähigen, die es später in der betreffenden Gesellschaft zu spielen hat, das heißt, seinen Charakter so umzuschmelzen, daß er sich dem Gesellschaftscharakter nach Möglichkeit annähert und seine Wünsche mit den Erfordernissen seiner gesellschaftlichen Aufgabe in Einklang bringt. Das Erziehungssystem einer jeden Gesellschaft ist durch diese Funktion bestimmt. Deshalb geht es nicht an, den Gesellschaftsbau selbst oder die Persönlichkeit seiner Mitglieder aus dem Erziehungsverfahren zu erklären. Vielmehr haben wir das Erziehungssystem aus den Notwendigkeiten zu erklären, die aus der sozialen und ökonomischen Struktur einer bestimmten Gesellschaft resultieren. Dabei sind die Erziehungsmethoden von äußerster Wichtigkeit, denn sie stellen die Mechanismen dar, durch die das Individuum zu dem gewünschten Wesen geformt wird. Sie sind gewissermaßen die Apparate, mittels deren die Anforderungen der Gesellschaft in persönliche Eigenschaften verwandelt werden. Die Techniken der Erziehung sind mithin nicht die Ursachen einer besondern Art Gesellschaftscharakter, sie erzeugen vielmehr einen der Mechanismen, durch die der Charakter geformt wird. In diesem Sinn bilden Kenntnis und Verständnis der Erziehungsmethoden einen wichtigen Teil in der Gesamtanalyse der Gesellschaft.

Dies gilt auch von einem besonderen Ausschnitt in dem Erziehungsprozeß: dem der Familie. Wie Freud nachwies, haben die frühesten Kindheitserlebnisse entscheidenden Einfluß auf die Charakterbildung. Wie aber läßt es sich dann verstehen, daß das Kind — das am Leben der Gemeinschaft noch keinerlei Anteil hat und mit ihr kaum in Berührung kommt — doch von derselben geformt wird? Die Antwort ist: die Eltern wenden nicht nur — von Ausnahmen abgesehen — das Erziehungsschema der Gesellschaft an, in der sie leben, sondern vertreten auch in eigener Person den Charakter ihrer Gesellschaft und Klasse. Sie vermitteln dem Kinde die Atmosphäre, den Geist der Gesellschaft rein dadurch, daß sie sind, was sie sind — Vertreter eben dieses Geistes. Die Familie ist der psychologische Vertreter der Gesellschaft beim Kind.

Ich muß nun auf das im ersten Kapitel behandelte Problem dynamischer (bewegender, treibender, antreibender, produzierender) Anpassung zurückkommen.

Obwohl der Mensch von den Notwendigkeiten der wirtschaftlichen und sozialen Gesellschaftsstruktur geformt wird, ist er doch nicht unbegrenzt anpassungsfähig. Abgesehen von den erwähnten Bedürfnissen der baren Notdurft, wohnen dem Menschen auch seelische Eigenschaften inne, deren Nichtbeachtung oder Vereitelung bestimmte Reaktionen hervorrufen. Die wichtigste: der Drang, sich zu entwickeln, zu wachsen und die Fähigkeiten anzuwenden, die er im Lauf der Menschheitsgeschichte erwarb, z. B. die Fähigkeit schöpferischen und kritischen Denkens, die Fähigkeit zu differenzierten Gefühls- und Sinneswahrnehmungen, Fähigkeiten, von denen jede einzelne ihren ganz besonderen Dynamismus besitzt, von denen jede, sobald sie erst im Entwicklungsprozeß in Erscheinung trat, nach Betätigung strebt. Dies Bestreben kann unterdrückt und vereitelt werden, gewiß, aber jede Unterdrückung hat neue Reaktionen zur Folge, die sich vornehmlich in der Bildung zerstörerischer und symbiotischer Impulse äußern. Es ist, als ergäben sich aus dem allgemein menschlichen Drang zu Entwicklung und geistigem Wachstum — das sein Gegenstück im biologischen Wachstum, im Blühen und Fruchten hat — eben jene besonderen Geistesregungen wie das Verlangen nach Freiheit und der Haß gegen Unterdrückung.

Denn Freiheit ist die Grundvorbedingung jeglichen Wachstums.

Ich wiederhole: der Wunsch nach Freiheit läßt sich unterdrücken; er kann dem Bewußtsein des Einzelnen völlig entschwinden. Aber selbst dann hört dieser Wunsch nicht auf, als wirkende Macht da zu sein. Er verrät seine Anwesenheit durch jenen bewußten oder unbewußten Haß, der stets im Gefolge der Unterdrückung auftritt.

Wir haben auch allen Grund zu der Annahme, daß das Streben nach Recht und Wahrheit ein Grundzug der Menschennatur ist, obwohl es wie das Freiheitsverlangen unterdrückt und pervertiert werden kann.

Es wäre leicht, zur Rechtfertigung dieser Annahme auf religiöse und philosophische Vorstellungen zurückzugreifen, die das Vorhandensein solcher Triebe mit dem Glauben, der Mensch sei nach Gottes Ebenbilde geschaffen, oder unter Berufung auf Naturgesetze erklären. Den einzigen Weg, diesem Streben nach Recht und Wahrheit auf den Grund zu kommen, bietet nach unserer Ansicht die Analyse der Menschengeschichte, sozial und individuell. Sie zeigt uns, daß für jeden Machtlosen Gerechtigkeit, Recht und Wahrheit die wichtigsten Waffen im Kampf um Freiheit, Gedeihen und Wachstum sind. Das war so im ganzen Verlauf der Geschichte, wo sich die Menschen immer wieder gegen mächtige Gruppen verteidigen mußten, die sie unterdrückten und ausbeuteten. Das ist nicht anders im Leben jedes Einzelnen, wenn er als Kind das Stadium der Machtlosigkeit durchschreitet. In solcher Machtlosigkeit entwickeln sich Eigenschaften wie unser Sinn für Wahrheit, Recht und Gerechtigkeit und werden allen Menschen gemeinsam. Und damit kommen wir zu der Feststellung: Obwohl der Charakter in seiner Entwicklung durch die grundlegenden Lebensbedingungen geformt wird und keine biologisch fixierte Menschennatur existiert, so besitzt doch die menschliche Natur einen eigenen Dynamismus, der einen aktiven Faktor im Entwicklungsprozeß der Gesellschaft darstellt. Selbst wenn wir noch nicht imstande sind, die Natur dieses menschlichen Dynamismus in psychologischen Terminis eindeutig festzustellen, müssen wir doch sein Vorhandensein anerkennen. Unser Bestreben, biologische und metaphysische Irrwege zu vermeiden, soll uns nicht dem ebenso schweren Irrtum eines soziologischen Relativismus in die Arme treiben, demzufolge der Mensch nichts wäre als eine, von den Drähten des Milieus und der gesellschaftlichen Gegebenheiten gelenkte Marionette. Des Menschen unverrückbare Rechte auf Freiheit und Glück beruhen auf untrennbar menschlichen Eigenschaften: dem Drang zu leben, sich zu entfalten und die im Lauf der historischen Evolution in ihm entwickelten Fähigkeiten auszuwirken.

*

An diesem Punkt angelangt, möchte ich die wichtigsten Unterschiede zwischen der psychologischen Erkenntnissuche dieses Buches und der Freuds darlegen. Der erste Unterschied wurde in unserm ersten Kapitel behandelt. Ich gehe zum zweiten über: Freud betrachtet den Menschen grundsätzlich als Einheit, ein in sich geschlossenes System, von Natur ausgestattet mit bestimmten, physiologisch bedingten Trieben, und interpretiert die Entwicklung seines Charakters als eine Reaktion auf Befriedigungen bzw. Verhinderung dieser Triebe. Nach meiner Meinung hingegen kommen wir dem Urgrund der menschlichen Persönlichkeit nur dann näher, wenn wir sie in ihrer Beziehung zur Welt, zu andern, zur Natur und dem eigenen Selbst erfassen. Ich glaube: der Mensch ist primär, d. h. in erster Linie ein soziales Wesen und nicht, wie Freud annimmt, primär sich selbst genügend und erst sekundär zur Befriedigung seiner instinktiven Bedürfnisse auf andere Menschen begierig und angewiesen. Ich glaube daher, daß Individualpsychologie im Grunde Sozialpsychologie, oder wie es Sullivan ausdrückt, eine Psychologie zwischenpersönlicher Beziehungen ist; und das Grundproblem, das Schlüsselproblem der Psychologie, das Problem der besonderen Art der Bezogenheit des Individuums zur Welt ist — und nicht etwa das der Befriedigung oder Vereitelung einzelner Instinktwünsche. Das Problem der Instinkte und instinktiven Triebe und Wünsche des Menschen ist für uns nur ein Teil des Gesamtproblems seiner Beziehung zur Welt, nicht das Problem der menschlichen Persönlichkeit schlechthin. Infolgedessen sind in unserm Versuch, den Grundfragen näher zu kommen, alle Bedürfnisse, Nöte, Wünsche, Verlangen, die um die Beziehungen des Individuums zu andern gelagert sind und Liebe, Haß, Zärtlichkeit, Symbiose genannt werden, die grundlegenden psychologischen Phaenomene, während sie bei Freud nur als sekundäre Ergebnisse aus Verhinderung oder Befriedigung instinktiver Bedürfnisse erscheinen.

Der Unterschied zwischen Freuds biologischer und meiner soziologischen Orientierung gewinnt im Hinblick auf die Probleme der Charakterologie besondere Bedeutung. Nach Freuds[*]) Annahme hat das Kind in Verbindung mit dem Vorgang des Gefüttertwerdens und sich Entleerens an den

---

[*]) und auf Grund seiner Feststellungen Jones, Abraham u. a.

sog. erogenen Zonen (Mund und anus) Lustempfindungen, und diese erogenen Zonen behalten in späteren Jahren infolge von Überreizung, Lustverweigerung oder besonderer konstitutioneller Sensitivität ihren libidinösen Charakter, obwohl nach normaler Entwicklung die Genitalzone primäre Bedeutung gewinnen müßte. Dies Stehenbleiben auf einer prae-genitalen Stufe führe zu Sublimierungen und Reaktionsbildungen, die zu Charaktereigenschaften wurden. So sei z. B. der Spartrieb die Sublimation des unbewußten Stuhlverhaltungs-Wunsches. Und eine Person, die ohne eigenes Mühen alles von andern zu erhalten hoffe, sei unbewußt von dem Wunsche, gestillt zu werden, getrieben, welcher sich in dem Verlangen nach Beistand, nach Wissen etc. sublimiert habe.

Freuds Beobachtungen waren von höchster Bedeutung, jedoch seine Deutungen irrig. Richtig gesehen war die leidenschaftliche und irrationale Natur dieser «oralen» und «analen» Charakterzüge sowie die Tatsache, daß derartige Wünsche alle Bereiche der Persönlichkeit durchdringen, des Menschen Sexual-, Gefühls- und Geistesleben, und auf sein ganzes Tun abfärben. Falsch gesehen hingegen war die Beziehung zwischen erogenen Zonen und den Charaktereigenschaften. Der Wunsch, alles Gewünschte — Liebe, Schutz, Wissen, Besitz — ohne eigenes Zutun von außen her zu empfangen, entwickelt sich im Charakter eines Kindes als Reaktion auf seine Erfahrungen mit andern. Wird infolge seiner Erlebnisse das Gefühl der eigenen Kraft durch Furcht geschwächt, seine Initiative, sein Selbstvertrauen gelähmt, entsteht in ihm Feindseligkeit, die unterdrückt wird — und bieten ihm gleichzeitig die Eltern oder ein Elternteil unter der Voraussetzung bedingungsloser Übergabe («aufs Wort folgen!») alle Liebe, Zärtlichkeit und Sorge, so führt eine solche Konstellation dazu, daß das Kind jedes eigene selbstherrliche Tun aufgibt und sich all seine Energien und Erwartungen nach außen richten, auf eine Quelle der Wunscherfüllung. Diese Einstellung und Erwartung nimmt aus dem Grund einen so leidenschaftlichen Charakter an, weil sie für das betreffende Wesen die einzige Möglichkeit ist, all seine Wünsche zu erfüllen. Daß solche Menschen oft davon träumen oder phantasieren, gestillt oder gefüttert zu werden, kommt daher, daß der Mund mehr als jedes andere Organ Ausdruck des Insichaufnehmens, der Rezeptivität ist. Die Oral-Empfindung ist also nicht die Ursache jener Einstellung, sondern Ausdruck der darin liegenden Haltung zur Umwelt und zwar in der Sprache des Körpers.

Gleiches gilt für «anale» Personen, die auf Grund ihrer besonderen Erlebnisse von andern zurückgezogener leben als «orale» und darin Sicherung suchen, daß sie sich ein autarkes System zurechtmachen und Liebe und andere, den engen Ichkreis überschreitende Gefühle als Gefährdung ihrer Sicherheit empfinden. Überreizung oder Verhinderung in bezug auf die erogenen Zonen bewirken an und für sich noch kein Stehenbleiben, keine Fixation im Charakter eines Menschen. Obwohl das Kind beim Gefüttertwerden und beim sich Entleeren gewisse Lustempfindungen erlebt, sind diese von keiner Bedeutung für die Charakterentwicklung — außer wenn sie der physische Ausdruck für eine mit der gesamten Charakterbildung verwurzelte Einstellung sind. Für ein Kleinkind, das auf die unbedingte Liebe seiner Mutter bauen kann und sie fühlt, hat die Entwöhnung keine besondern charakterologischen Folgen, während das Kind, für welches die Zuverläßigkeit der Mutterliebe ins Wanken geriet, auch dann «orale» Eigenschaften annehmen kann, wenn es ohne fernere Störungen weiterhin an die Brust gelegt wird. «Orale» oder «anale» Phantasien in späteren Jahren sind weder wegen der damit verbundenen Lustgefühle noch infolge irgendwelcher mysteriöser Sublimierungen derselben bedeutungsvoll, sondern nur in bezug auf die ihnen zugrunde liegende und in ihnen sich ausprägende eigentümliche Art der Beziehung zur Welt.

Nur von diesem Gesichtspunkt aus können Freuds charakterologische Funde für die Sozialpsychologie fruchtbar werden. Solange wir zum Beispiel annehmen, der für das europäische Kleinbürgertum typische Anal-Charakter sei durch früheste, mit der Entleerung zusammenhängende Erlebnisse verursacht, so gibt uns das schwerlich auch nur den geringsten Anhaltspunkt einzusehen, wieso eine bestimmte Klasse einen analen Sozialcharakter haben muß. Verstehen wir ihn jedoch als eine in der Charakterbildung verwurzelte und aus den Erfahrungen mit der Außenwelt hervorgegangene Form der Beziehung zu andern, so haben wir einen Schlüssel zum Verständnis des Kleinbürgertums, seiner ganzen Lebensweise, seiner Enge, Isoliertheit, Feindseligkeit.

Der dritte Hauptunterschied steht in enger Verbindung mit den beiden ersten. Auf Grund seiner instinktivistischen Orientierung und seiner tiefen Überzeugung vom Bösesein der menschlichen Natur neigt Freud dazu, alle «idealen» Motive als Resultate von etwas «Gemeinem» auszulegen. Schulbeispiel: seine Auslegung des Gerechtigkeitsempfindens aus Ausfluß des ursprünglichen kindlichen Neides auf jeden, der mehr als er selber hat. Ich hingegen glaube und habe es oben dargelegt, daß Ideale wie Wahrheit, Recht, Freiheit — mögen sie auch oft als bloße Phrasen oder Rationalisationen gebraucht werden — Ausdruck eines echten, aufrichtigen Strebens sein können und daß jede Analyse, die nicht mit dem Freiheitstrieb, nicht mit dem Wahrheits- und Gerechtigkeitssinn als dynamischen Faktoren rechnet, trügerisch ist. Es haben diese Ideale durchaus keinen metaphysischen Charakter, sie wachsen aus den Bedingungen des menschlichen Lebens hervor und lassen sich hieraus analysieren. Die Furcht vor einem Rückfall in metaphysische oder idealistische Vorstellungen darf einer solchen Analyse nicht hindernd im Wege stehen. Es ist vielmehr die Aufgabe der Psychologie als empirischer Wissenschaft, die bewegenden, treibenden Kräfte von Idealen ebenso wie die mit ihnen verbundenen ethischen und moralischen Fragen zu studieren und damit unser Denken über diese Materie von allen nichtempirischen, metaphysischen, es in üblicher Weise vernebelnden Elementen zu befreien.

Der letzte Hauptunterschied betrifft die Differenzierung zwischen den psychologischen Phänomenen des Mangels und denen des Überflusses. Die primitive Stufe menschlichen Daseins ist die der baren Notdurft, d. h. jener Bedürfnisse, die vor allem andern unbedingt befriedigt werden müssen. Erst wenn dem Menschen nach Befriedigung dieser Bedürfnisse noch Zeit und Kräfte verbleiben, kann sich eine Kultur entwickeln und mit ihr jene Triebe, die die Phänomene des Überflusses begleiten. Freuds Psychologie ist eine Psychologie des Mangels. Lust definiert er als die aus der Beseitigung einer schmerzlichen Spannung resultierende Befriedigung. Überfluß-Phänomene wie Liebe oder Zärtlichkeit spielen in seinem System tatsächlich keine Rolle. Er übergeht nicht nur solche Phänomene, er beeinträchtigt dadurch auch das Verständnis jener Erscheinung, der er seine Hauptaufmerksamkeit zuwendet: des Sexus. Gemäß seiner Definition von Lust erblickt Freud im Sexus ausschließlich den physiologischen Zwang und in der sexuellen Befriedigung die Befreiung von schmerzlicher Spannung. Der Sexualtrieb als Überfluß-Phänomen, sexuale Lust als spontane Freude (deren Wesen nicht die negative Befreiung von einer Spannung ist) haben in seiner Psychologie keinen Raum.

Welches Deutungsprinzip ist nun in diesem Buch zur Erklärung der Untergründe eines Kultur- oder Unkulturkreises angewandt? — Betrachten wir zunächst die von dem unsern abweichenden Deutungsprinzipien:

1. Die psychologische Deutung, wie sie das Freudsche Denken uns darbietet. Danach wurzeln kulturelle Erscheinungen in psychologischen Faktoren. Diese resultieren aus instinkthaften Trieben, die an sich von der Gesellschaft allein durch Unterdrückungsmaßnahmen beeinflußt sind. Gemäß

dieser Deutungsmethode haben Freudianer den Kapitalismus als Folgeerscheinung von Anal-Erotik und die Entstehung des Frühchristentums als Folge einer Ambivalenz zum Vaterimago erklärt.*)

2. Die «ökonomische» Deutung, die aus einer falschen Anwendung der Marxschen Geschichtsauffassung hervorgegangen ist. Danach wären subjektive Wirtschaftsinteressen die Ursache kultureller Erscheinungen wie Religion und politischer Ideen. Von solchem pseudo-marxistischen Standpunkt aus **) wäre der Protestantismus weiter nichts als die Antwort der Bourgeoisie auf bestimmte ökonomische Bedürfnisse.

3. Die «idealistische» Einstellung, wie sie sich in Max Webers Analyse***) findet. Danach sind neue religiöse Ideen sowohl an einer neuen Art wirtschaftlichen Verhaltens wie an dem neuen Geist einer Kultur schuld, wobei er allerdings versichert, daß dafür nicht ausschließlich religiöse Doktrinen maßgebend sind.

Im Gegensatz zu diesen Erklärungen nehme ich an, daß Kulturen und Ideologien im allgemeinen im Gesellschaftscharakter wurzeln; daß der Gesellschaftscharakter durch den Existenzmodus der betreffenden Gesellschaft geformt ist; daß seine dominierenden Charakterzüge zu produzierenden Kräften werden und formend auf den Gesellschaftsprozeß einwirken. So erklärten wir das Werden von

---

*) Ausführlich diskutiert in: E. Fromm, «Zur Entstehung des Christusdogmas». Wien 1931.

**) Ich nenne diesen Standpunkt pseudomarxistisch, weil er Marx dahin interpretiert, als sei die Geschichte von ökonomischen Motiven im Sinne von Streben nach materiellem Gewinn bestimmt und nicht, wie Marx in Wahrheit meint: von objektiven ökonomischen Bedingungen, die verschiedenartige psychologisch-ökonomische Folgen haben können, von denen die Sucht nach Erringung materiellen Reichtums nicht die alleinige ist. Näheres hierüber in E. Fromm, «Über Methode und Aufgabe einer analytischen Sozialpsychologie» in Zeitschr. für Sozialforschung, Bd. I, 1932, S. 28 ff, sowie Robert S. Lynd, «Knowledge for What?», London 1939, Kap. II.

***) «The Protestant Ethic and the Spirit of Capitalism», London 1930.

Protestantismus und Kapitalismus: der Zusammenbruch der mittelalterlichen Welt bedrohte den Mittelstand; aus dieser Bedrohung ergaben sich die Gefühle machtloser Isoliertheit und Zweifel. Diese psychologische Veränderung machte die Seelen für Luthers und Calvins Lehren aufnahmewillig; diese Lehren gaben der charakterologischen Veränderung Nachdruck und Dauer, und diese also entwickelten Charaktereigenschaften wurden in der Entwicklung des Kapitalismus produktiv, der seinerseits das Ergebnis ökonomischer und politischer Veränderungen war.

So erklärten wir auch den Faschismus: auf ökonomische Wandlungen wie das Anwachsen des Monopolkapitals und die Nachkriegsinflation reagierte das Kleinbürgertum mit einer Intensivierung seiner sadistischen und masochistischen Charakterzüge; die Nazi-Ideologie reizte, stachelte und verstärkte diese Züge, die dann in der Folge wirksame Hilfskräfte bei der Ausbreitung des großdeutschen Imperialismus wurden.

Es zeigt sich in beiden Fällen, daß durch neue ökonomische Tendenzen bedrohte Klassen auf diese Bedrohung psychologisch und ideologisch reagieren; daß ferner der durch diese Reaktion hervorgebrachte psychologische Wechsel die Entwicklung von Wirtschaftsströmungen selbst dann beschleunigt und fördert, wenn diese Strömungen den Interessen der betr. Klasse zuwiderlaufen. Und wir erkannten: auf Veränderungen der äußeren Lage reagiert der Mensch mittels innerer seelischer Wandlungen, und diese wirken dann umformend auf den Gesellschafts- und Wirtschaftsprozeß ein. Ökonomische Kräfte sind stark und wirksam, doch müssen wir sie als objektive Voraussetzungen, nicht als psychologische Begründungen betrachten. Psychologische Kräfte sind stark und wirksam, aber wir müssen sie in ihrer historischen Bedingtheit erkennen. Ideen sind stark und wirksam, doch muß man sehen, wie sie im gesamten Charakter der Gruppenmitglieder wurzeln. Trotz der wechselseitigen Abhängigkeit wirtschaftlicher, psychologischer und ideologischer Kräfte besitzt doch jede derselben auch eine gewisse Unabhängigkeit. Dies gilt vor allem von der wirtschaftlichen Entwicklung, die von objektiven Faktoren wie Technik, Rohstoffen, geographischer Lage abhängig, sich in weitem Umfang nach eigenen Gesetzen vollzieht. Die psychologischen Kräfte werden zwar von den äußeren Lebensbedingungen geformt, aber auch sie haben einen, nur ihnen eigenen Dynamismus; das heißt: sie sind Ausdruck menschlicher Bedürfnisse, die zwar umzuformen, aber nicht auszutreiben sind. In der ideologischen Sphäre finden wir eine ähnliche Autonomie; sie beruht auf den Gesetzen der Logik und dem im Verlauf der Menschheitsgeschichte erworbenen Wissen.

Wir können das Prinzip auch im Hinblick auf seinen Gesellschaftscharakter formulieren: Der Gesellschaftscharakter resultiert aus der dynamistischen Anpassung der Menschennatur an die betreffende Gesellschaftsordnung. Veränderungen der Gesellschaftslage haben Veränderungen im Gesellschaftscharakter zur Folge, d. h. neue Bedürfnisse, neue Besorgnisse. Die neuen Bedürfnisse lassen neue Ideen erstehen und machen die Menschen für diese empfänglich. Und diese suchen nun ihrerseits den neuen Gesellschaftscharakter zu festigen, zu verstärken und die menschlichen Handlungen zu bestimmen. Mit andern Worten: Gesellschaftliche Bedingungen beeinflussen ideologische Erscheinungen vermittels des Charakters. Charakter andererseits ist nicht das Ergebnis passiver Anpassung an gesellschaftliche Bedingungen, sondern einer dynamischen Anpassung auf Grund von Elementen, die entweder der menschlichen Natur eingeboren sind oder als Resultat historischer Entwicklung ihr inhärent werden.

NAMEN- UND SACHREGISTER

Ablass, 78
Adler, Alfred, 150
Ägypter, 238
Amerika, 11, 124f, 131, 239 (s. a. unter «Demokratie»!)
Anarchie, 258, 261f
Anpassung, 22f, 139f, 182f, 201, 248, 279f
Antifaschismus, 13 (s. a. unter «Faschismus»)
Antonius, hl., 61
Arbeitgeber und -nehmer, 19, 53, 115, 120, 125, 165, 205, 273f
Arbeitslosigkeit, 132
Augustinus, 76
Autoritärer Charakter, 72f, 163ff, 215ff, 274
Autoritäres System, 12, 169, 232, 268, 271f
Autorität, 41, 163ff, 174, 189, 208ff, 246, 262, 274

Balzac, Honoré de, 27, 159, 252
Bartmann, B., 75, 78
Benedict, R., 21
Bernhard, L., 39
Bibel, 41, 105
Biel, 77f
Borkenau, F., 92
Burckhardt, Jacob, 21f, 51ff
Butzer, Martin, 66

Calvin, Johannes, 58f, 70ff, 100ff, 113f, 288
Clemens VI., 79
Cassirer, E., 54

Dante, 54
Darwin, Charles, 222
Demokratie, 13, 46, 130ff, 135, 184, 202ff, 226, 233ff, 263ff, 267ff
Descartes, 247

Deutschland, 12f, 74, 124, 193, 202, 204, 208ff, 211ff, 273, 277
Dewey, John, 13
Dialektik, 38, 43, 108
Dilthey, Wilhelm, 54f, 57
Dollard, J., 21
Dostojewsky, Fjodor Michajlowitsch, 151
Duns Scotus, s. Scotus

Ellwein, 81
Empirismus, 241
England, 91, 111, 124, 225f (s. a. Demokratie)
Erasmus von Rotterdam, 81
Erziehung, 33f, 115, 219, 227, 234ff, 239f, 278f

Faschismus, 13, 16, 29, 135, 137, 172, 233, 249, 261, 288
Feudalismus, 25, 68
Feuerbach, Ludwig, 124
Fluchtmechanismen, 39, 135, 137ff, 182f, 262
Frank, L. K., 68
Frankreich, 91, 111, 124, 223
Freud, Siegmund, 16f, 22ff, 102f, 116, 118, 148ff, 179f, 201, 237, 239, 279, 281ff, 284ff
Friedrich II., 53
Fromm-Reichmann, Frieda, 183
Fünfte Kolonne, 233

Gay, M., 234
Gratian, 62
Geistige Störungen, 26, 141f (s. a. Neurosen!)
Genf, 91
Gewerkschaften, 115, 128, 130
Goebbels, J., 218, 227
Green, Julian, 134
Griechen, 54, 238

Hallowell, J., 21
Harkness, Georgia, 91
Hartoch, Anna, 208, 234
Hebräer, 238
Hegel, 121
Heiden, Konrad, 219
Herzog, E., 208
Hitler, A., 12, 46, 74. 101, 147, 203, 212ff, 216ff, 273
Hobbes, Thomas, 15f, 147
Holland, 91
Horkheimer, 103, 241
Horney, Karen, 103, 142, 173, 179
Hughes, R., 34f
Hugo, Victor, 170
Huizinga, J., 54f
Hypnose, 185ff

Ideal, 258ff
Indien, 225
Individualpsychologie, 138, 238, 282
Individuation, 32ff, 44f, 231
Instinkt, 39f, 148f, 282
Italien, 12, 21, 52f

Jazz, 133
Jesaja, 170
Johnson, Howard, 236
Juden, 215, 223f

Kafka, Franz, 134
Kant, Immanuel, 116, 124
Kapitalismus, 19f, 25, 48f, 64ff, 91ff, 98ff, 105ff, 111ff, 122, 214, 288
Katholische Kirche, 49f, 60f, 72ff, 124
Konsumvereine, 130
Kulischer, 91

Lamprecht, Karl, 63, 65
Lasswell, H. D., 21, 207
Ley, R., 218
Linton, R., 21
Luther, Martin, 58f, 64, 70ff, 100ff, 113ff, 288
Lynd, Robert, s. 241, 287
Machiavelli, Nicolo, 116
Magischer Helfer, 173ff
Mannheim, K., 21
Markt, 19, 50, 68ff, 98, 120f, 127
Marx, Karl, 16, 121, 124, 287

Masochismus, 144ff, 208, 216ff, 236ff, 259f
Mead, M., 21, 68
Mickey Mouse, 133f
Milton, John, 27
Moeller-Bruck, 170
Monopole, 47, 60, 63
Monopolkapitalismus, 20, 125, 212, 214
Müller, E. F. K., 96
Mumford, L., 204
München, 226
Murphy, L. B., 234

Narzissmus, 118f, 208
Nazismus, 13, 134, 203ff
Neurosen, 18, 23, 96, 135, 138ff, 177, 195, 203ff, 252, 274 (s. a. Zwangsneurosen!)
Nietzsche, Friedrich, 16, 124

Occam, Wilhelm von, 77f
Ödipus-Komplex, 176
Otto, Max, 259

Piaget, Jean,
Pirandello, Luigi, 247
Planwirtschaft, 265ff
Positivismus, 241
Primäre Bindungen, 32ff, 42ff, 51, 141, 231, 250, 256

Ranulf, 101
Rationalisation, 100, 137, 145, 185f, 191, 212, 220ff, 240, 285
Rationalismus, 49
Rauschning, H., 172
Reich, Wilhelm, 150
Reklame, 129
Relativismus, 241, 258, 281
Renaissance, 20f, 52ff, 263
Robinson (Crusoe), 19, 28
Rorschach-Tests, 234

Sade, D. A. F. de, 157
Sadismus, 24, 144ff, 177ff, 214, 216ff, 226ff, 278
Sapir, 21
Schachtel, H., 208
Schapiro, 64
Schuman, F. L., 207
Schweiz, 124 (s. a. Demokratie!)

Scotus, Duns, 77f
Seeberg, R., 75, 78f
Sigismund v. Böhmen, 63
Sizilien, 53
Solidarität, 29, 38, 43, 238, 257, 274
Sombart, Werner, 60
Sozialpsychologie, 20ff, 138, 282
Stirner, Max, 124
Sublimierung, 18, 283f
Sullivan, H. St., 183, 282
Symbiose, 157ff, 232, 272, 282

Tawney, 60
Thomas von Aquin, 76ff
Todesinstinkt, 149ff
Traumdeutung, 17, 193ff, 198ff

Tridentinum, 78
Trinkhaus, Charles E., 55, 57
Troubadours, Ernst, 59
Troeltsch, Ernst, 58

Urchristentum, 85, 105, 287

Weber, Max, 58, 95, 98, 287
Weltgeschichte, 11, 20, 31, 39, 43f, 262

Zerstörungstrieb, 177ff, 216ff
Zünfte, 32, 59f, 62
Zwangsneurosen, 96, 98f, 143f (s. a. Neurosen!)

16.80 R
K/7